Valorisation d'entreprise et théorie financière

Éditions d'Organisation
1, rue Thénard
75240 Paris Cedex 05

Consultez notre site :
www.editions-organisation.com

CHEZ LE MÊME ÉDITEUR

Tom COPELAND, Tim KOLLER, Jack MURRIN, Mc KINSEY & Company, *La stratégie de la valeur, l'évaluation d'entreprise en pratique*, 2002.

Hervé HUTIN, *Toute la finance d'entreprise en pratique*, 2e édition 2002.

Jean-Claude TOURNIER, Jean-Baptiste TOURNIER, *Évaluation d'entreprise*, 3e édition 2002.

Florence PIERRE
avec la collaboration d'**Eustache Besançon**

Valorisation d'entreprise et théorie financière

Éditions d'Organisation

Table des matières

DEUXIÈME PARTIE

Les déterminants boursiers et économiques de la valeur 81

Préambule

En 1987, j'ai revu l'un de mes professeurs de finance à Northwestern University, Alfred Rappaport. Il venait de publier un livre intitulé *Creating Shareholder Value,* reprenant des idées qu'il enseignait avec une grande conviction dès les années soixante-dix. Gérer une entreprise avec l'objectif de maximiser la valeur du patrimoine des actionnaires est aujourd'hui, par-delà les débats idéologiques, largement admis comme règle de conduite. Cette dernière s'inscrit d'ailleurs dans le cadre cohérent et fiable de la théorie financière américaine qui a fait l'objet de nombreux développements. Mais sa mise en œuvre, dans la pratique, progresse de manière assez lente.

Contrairement aux manuels à vocation plutôt académique, le remarquable ouvrage d'Alfred Rappaport pose les vraies questions auxquelles les dirigeants d'entreprise sont régulièrement confrontés et propose à ces derniers l'amorce d'un cadre d'action afin de piloter la création de valeur.

J'ai alors partagé mes réflexions sur la lenteur avec laquelle l'application de ces principes, pourtant fort sains, se diffusait dans la pratique financière en France avec un analyste financier fort talentueux qui venait de rejoindre la BNP, Walthère Malissen – peu après, il opérait un changement de carrière radical, devenant publicitaire.

C'est ainsi que naquit l'idée de ce livre, afin de contribuer à la divulgation en France de la pratique financière inspirée par la théorie classique américaine, en privilégiant de réconcilier la théorie avec la pratique.

L'essentiel des développements était rédigé à l'automne 1987, à la veille du grand krach boursier. L'importance que nous avions accordée à la prise en compte optimiste par les marchés du facteur croissance des résultats dans la valorisation des entreprises s'est révélée particulièrement justifiée ; en effet, cette crise a été en partie due à une extrapolation abusive par les marchés de taux de croissance très élevés que l'économie ne pouvait en aucun cas soutenir sur le long terme.

La version précédente du présent ouvrage a été finalisée en 1993, lorsque j'ai quitté la Compagnie Financière Rothschild, avec l'aide d'Eustache Besançon, et il est sorti l'année suivante aux Presses Universitaires de France, dans un contexte de récession économique plus que boursière. Les modèles d'explication fonctionnaient aussi bien que lors du boom de 1987. Ceci montre que, dans un monde économique où tout paraît évoluer si vite, il n'en est pas ainsi pour certains concepts fondamentaux et que ceux-ci mettent très longtemps à faire évoluer la pratique : les entreprises étaient essentiellement survalorisées parce que leurs résultats baissaient. Des décalages d'adaptation par les marchés à la conjoncture étaient à nouveau constatés.

Alors que les bulles Internet et financière se dégonflaient, j'ai retravaillé avec Eustache Besançon la présente nouvelle version d'un ouvrage qui a été enrichi de manière substantielle. Ce projet a été un défi à plusieurs titres. D'une part, les deux auteurs sont des banquiers d'affaires actifs, métier peu compatible avec une capacité à dégager des plages de temps nécessaires à la réflexion académique et à une rédaction destinée à être publiée. Par ailleurs, l'éclairage de notre pratique nous pousse à questionner en profondeur les méthodes et la théorie. En effet, les outils restent largement insatisfaisants et nous savons pertinemment que la plupart des évaluations boursières, économiques et financières sont imprécises et même fausses. Les banquiers d'affaires se consolent en se disant qu'ils commettent tous les mêmes imprécisions et que l'important est de plus ou moins bien savoir où elles se situent et quelles sont leurs conséquences.

Le résultat est original car il couple un questionnement approfondi de la théorie financière à la mise en œuvre de méthodes de valorisation pragmatiques et opérantes. Par contre, nous ne sommes ni chercheurs, ni professeurs, nous ne disposons pas d'équipes à faire travailler sur de tels projets et nous avons préféré arbitrer notre temps limité aux questions de fond plutôt qu'au poli formel de certains sujets. C'est pourquoi nous demandons par avance l'indulgence de tous nos lecteurs, universitaires comme dirigeants, à qui nous avons souhaité avant tout faire partager, dans ce positionnement original, notre pratique fondée sur des bases théoriques et notre démarche critique et empirique débouchant sur des solutions pratiques et constructives.

*Je remercie mes collaborateurs Arnaud Cadart,
Alexandra Gerbault, Alexis Rouëssé et mon ancien collègue
Claude Ossart pour leur relecture si efficace et patiente.*

*Je remercie ma famille et surtout ma fille Marie
si solidaire et compréhensive.*

Introduction

L'objectif du présent ouvrage est de fournir un *cadre intégré et dynamique d'analyse et de valorisation de l'entreprise* permettant d'en améliorer la gestion financière.

Ce cadre est basé sur le double paradigme de la *théorie financière classique* mais il vise à *réconcilier théorie et pratique*.

Dans le modèle classique, le mandat de l'entrepreneur consiste à *maximiser la valeur du patrimoine des actionnaires* à long terme.

Par ailleurs, les *marchés financiers* sont, *sur une longue période,* suffisamment *efficients* pour que les décisions stratégiques, économiques et financières prises par l'entrepreneur se reflètent sur le cours des actions. Même si les marchés ne sont en réalité pas parfaits et si la Bourse n'a pas toujours raison à court terme, le cadre classique offre quelques concepts simples mais rigoureux et fondamentaux qui éclairent au mieux les responsables d'entreprise, dans les décisions complexes qu'ils ont à prendre.

En s'attachant à comprendre la nature du bien qu'un actionnaire acquiert lorsqu'il achète une action, on comprendra mieux pourquoi l'objectif du dirigeant est de maximiser la richesse de l'actionnaire et pourquoi, dans le cas d'une société cotée en Bourse, *la valeur boursière ne peut, à terme, que refléter les caractéristiques économiques fondamentales de celle-ci. Une telle démarche amène de surcroît à réconcilier deux points de vue souvent perçus comme antagonistes ou pour le moins éloignés l'un de l'autre, celui de l'industriel et celui des marchés.*

Lorsqu'un investisseur acquiert une obligation, il achète, de manière implicite, un flux de revenus prédéterminés, les intérêts, et une valeur de remboursement connue lors de l'achat du titre, le principal. Sur le plan juridique, il achète une créance. Par contre, l'acquisition d'une *action* correspond à l'achat d'un titre de propriété dans le capital d'une entreprise. Mais ce titre de propriété ne donne pas le droit à son propriétaire de vendre les actifs dans lesquels le capital de la société s'est immobilisé. Ce capital, devenu captif, ne donne plus droit qu'à des revenus futurs, des dividendes et un éventuel flux de revente.

Le lecteur ou l'actionnaire habitué des marchés financiers conclura alors que, si une obligation procure des flux de revenus certains et un flux de remboursement prédéterminé, une action procure des revenus et un flux de revente incertains. En réalité, la différence financière entre l'action et l'obligation concerne non seulement l'incertitude sur les revenus à percevoir mais également l'absence, pour l'action, d'un flux de remboursement. En effet, si du point de vue personnel de l'investisseur qui détient une action, celle-ci peut se revendre, du point de vue du marché de ces actions, *la revente d'une action n'est jamais un remboursement*. Lorsqu'un actionnaire anticipe un prix de revente, il fait implicitement l'hypothèse qu'un autre ou nouvel actionnaire se substituera à lui dans le portage de l'action. Ce titre n'est en réalité qu'un *droit à encaisser, dans le futur, une série de dividendes en principe perpétuels et néanmoins aléatoires*.

Les dividendes qui à priori sont assimilés à des flux financiers ne sont en réalité que l'*ultime concrétisation d'une longue chaîne d'exploitation des différentes ressources de l'entreprise* : ventes, production, consommation, salaires, investissements, financement, coût de l'argent, niveau de risque, etc., mises en œuvre dans le contexte d'une stratégie et d'une conjoncture économique. *Les dividendes encaissés par les actionnaires sont donc déterminés par les caractéristiques et les flux économiques et financiers de l'entreprise*.

Augmenter la " richesse " des actionnaires passe nécessairement par un accroissement de la série des dividendes futurs et de la valeur potentielle de revente des actions qu'ils détiennent. Mais cet accroissement implique, au préalable, des modifications au niveau des conditions de fonctionnement de l'entreprise considérée. Seules l'exploitation de capitaux supplémentaires et/ou l'amélioration de productivité ou de rentabilité économique et financière peuvent permettre une *création supplémentaire de valeur économique*.

Si l'objectif de maximiser la valeur du patrimoine des actionnaires est en général largement accepté, la manière d'y arriver fait l'objet de nombreux débats, et sa *mise en œuvre* se heurte en réalité à de fortes résistances. Cette situation a plusieurs causes : il n'est jamais aisé d'adapter une réflexion théorique à des sciences humaines telles que l'économie et la gestion ; l'adoption de nouveaux outils de gestion dérange toujours l'ensemble d'intérêts divergents que constitue une entreprise ; enfin, le cadre temporel de la théorie financière classique est le long terme alors que les dirigeants et les marchés financiers ont tendance à privilégier le court terme.

Mais on n'a pas trouvé de meilleur principe, plus susceptible de surcroît de mettre d'accord sur le long terme tous les partenaires économiques de l'entreprise (clients, fournisseurs, salariés, actionnaires, etc.). En effet, la capacité d'une entreprise à générer des richesses sur la durée est la meilleure garantie de sa survie et donc de sa capacité à remplir ses autres fonctions économiques. Elle implique par contre une discipline au niveau de la définition de la stratégie, de la planification et du contrôle que nombre de dirigeants ne supportent pas, préférant privilégier au présent des stratégies de puissance ou de précaution. Il en est toutefois de moins en moins ainsi, sous l'effet d'une forte amélioration des compétences en matière de gestion des entreprises, d'une meilleure transparence de l'information, de l'apparition des " raiders ", véritables arbitrageurs de valeur et de crises économiques structurelles, *obligeant les sociétés insuffisamment rentables à se restructurer* sans leur laisser d'autre choix.

Cet ouvrage a pour ambition d'identifier et de comprendre de manière plus précise les *ressources économiques et financières que l'entreprise doit optimiser* afin, en bout de course, de maximiser la valeur des actionnaires. Pour cela, la société doit générer plus de flux disponibles qu'elle n'en consomme. Il s'agit de détailler le fonctionnement de ces flux et des agrégats en découlant et de déterminer sur quels flux et de quelle manière contrôler l'entreprise, *afin de maximiser la richesse des actionnaires et donc la valeur de leurs actions.*

Dans ce but, la meilleure démarche consiste à considérer l'entreprise comme un ensemble d'*unités d'exploitation relativement indépendantes d'un point de vue stratégique et opérationnel, elles-mêmes constituées de projets d'investissements très divers* (nouvelle usine, projet de recherche, effort commercial, filiale ou acquisition). Les dirigeants d'entreprise ont l'habitude de procéder depuis des décennies à des *études de rentabilité d'investissements* industriels, traditionnellement réalisées sur de longues périodes (de sept à dix ans). Ces analyses sont basées sur l'*actualisation de flux fi-*

nanciers futurs investigués de manière approfondie. C'est précisément la méthode qui doit être privilégiée afin d'appréhender le plus correctement possible, dans un environnement économique et un contexte stratégique donnés, *l'évolution de la rentabilité et de la valorisation des sociétés.* En effet, cette approche analytique permet de s'assurer au mieux que la rentabilité globale continue à s'améliorer ou tout au moins se maintient à un niveau minimal, seule condition à la création ou au maintien de la valeur.

Il est clair que ce ne sont pas les indicateurs traditionnels de rentabilité, statiques et faussés par les règles de l'enregistrement comptable, l'effet de l'inflation et la non-prise en compte de l'obsolescence technologique ou d'opérations financières, qui sont susceptibles de révéler à temps la destruction de valeur. Cet ouvrage dépasse les concepts traditionnels de suivi de rentabilité et développe un véritable plaidoyer pour l'outil que constitue l'analyse détaillée des flux financiers futurs et des différents éléments constituant la valeur de l'entreprise.

Cette approche, si elle est de plus en plus utilisée lors de l'évaluation de projets particuliers de fusions et acquisitions, n'est pas systématiquement utilisée dans la gestion courante des sociétés, qui pratiquent encore peu le *suivi régulier de leur valeur actionnariale.* Cette discipline gagnerait à être plus souvent pratiquée, dans le cadre de la procédure de plan à moyen terme entre les différents responsables opérationnels, de manière aussi systématique et transparente que possible. Elle peut participer d'un nouveau mode de gestion par objectifs, basé sur un dialogue renouvelé et permettant de mettre en œuvre des politiques de rémunération plus appropriées que les stock-options.

Bien des outils de gestion entraînent des effets déviants. Les méthodes de pilotage de valeur doivent donc être mises en place de manière progressive, avec circonspection et dans toute la mesure du possible en continuité avec les méthodes habituelles. En effet, elles reposent sur des projections réalisées par des responsables opérationnels qui pourraient avoir tendance, selon la situation dans laquelle ils se trouvent à un moment donné, à embellir ou assombrir leurs plans futurs. L'auteur n'a bien entendu pas la prétention de savoir rationaliser le monde des affaires et surtout pas de minimiser le rôle des dirigeants et l'intuition indispensable à la prise de décision. Il souligne seulement l'importance, dans un environnement économique mouvant, de mettre en place des procédés d'échange d'informations (quelques cadres d'analyse simples, même simplificateurs) permettant d'agir rapidement. Ils ne remplacent pas le jugement in fine d'un responsable, aussi bien conseillé soit-il, mais l'éclairent et le complètent.

La double expérience de praticien de la banque d'affaires et d'enseignant de l'auteur permet de destiner le présent ouvrage à la fois au monde académique, professeurs et étudiants, nombre d'applications simples et chiffrées et les études de cas en facilitant la compréhension et aux dirigeants d'entreprise, y compris à leur action permanente de formation, sachant que l'auteur n'est qu'un banquier d'affaires et ne prétend à aucune pratique de gestion en direct ; les propositions de démarches et de modèles d'analyse restant à adapter au terrain.

Présentation résumée

Dans une *première partie*, les outils traditionnels d'analyse financière sont décrits et analysés d'un point de vue critique : l'actif net, le résultat net, la MBA, la rentabilité économique et financière, les différentes notions de marge, le résultat net par action, etc.

Ces indicateurs de performance souffrent essentiellement de deux faiblesses : d'une part, les limites de l'enregistrement comptable au coût historique qui peut être très différent de la valeur de marché ; d'autre part, le caractère instantané et figé de ces mesures qui n'intègrent pas la stratégie et les perspectives de développement futur des sociétés analysées.

Il convient d'insister sur le fait que la rentabilité présente d'une société n'est en aucune manière garante de sa rentabilité future.

Une étude détaillée des flux générés par l'entreprise est ensuite présentée, suivie d'un bref rappel des techniques de choix des investissements et d'une description générale des différentes méthodes d'évaluation des sociétés : actif net réévalué, rentabilité, « goodwill », méthodes boursières et comparatives et actualisation des flux disponibles.

La méthode fondée sur l'actualisation des flux financiers futurs analysés de manière approfondie permet le mieux de prendre en considération la stratégie et les perspectives des entreprises ainsi que leurs résultats futurs, seuls source de création de valeur in fine.

La *deuxième partie* présente les différents modèles d'évaluation des sociétés prenant en compte les prévisions de performances futures. Sont inclus : le modèle boursier de Gordon-Shapiro et son approche de la croissance, le modèle financier de Modigliani et Miller (insistant sur la contribution du facteur dette à la valeur) et le modèle global d'évaluation par actualisation des flux financiers disponibles (*free cash-flows*).

La description du modèle d'actualisation des flux établit une distinction entre les situations de non-croissance et de croissance. Ainsi, le rôle fondamental de la croissance des résultats dans la valorisation des sociétés est-il en particulier souligné. La présentation de ces différents modèles d'évaluation vise avant tout à démontrer que, si l'on accepte les hypothèses de la théorie financière américaine, il y a parfaite cohérence entre les trois approches de valorisation, et, notamment, qu'il y a parfaite réconciliation, du moins à terme, entre le modèle boursier et celui des flux financiers actualisés.

La *troisième partie* traite du coût du capital. L'influence du taux d'actualisation sur la valeur est primordiale. Ce taux d'actualisation est avant tout déterminé par les marchés et par les possibilités alternatives d'investissements qui s'offrent aux investisseurs. Le choix d'une variable à laquelle trop peu d'attention a été accordée à ce jour, tant par les chercheurs que par les praticiens, a fait l'objet de développements aussi systématiques que possible, tout en restant pragmatique. Une présentation complète est donnée de la théorie classique, du taux de rendement attendu par les investisseurs, y inclus la prime de risque du marché des actions, et du coût moyen pondéré du capital, souvent négligé alors qu'il est extrêmement sensible au niveau de la dette.

Après un bref retour sur les fondements de la théorie classique en matière de valorisation, une *quatrième partie* est consacrée aux deux méthodes d'évaluation les plus couramment pratiquées : les méthodes comparatives des multiples et celles de l'actualisation des flux disponibles. Elles sont décrites en détail et analysées de manière critique, dans le but d'émettre des recommandations pour leur application.

Les deux méthodes, selon le contexte de l'évaluation, les informations disponibles et l'horizon retenu, doivent en principe être compatibles et se compléter. Il est toutefois clair que la méthode d'actualisation des flux disponibles, quand l'on dispose des moyens pour la mettre en œuvre, se révèle à la fois la plus fondamentale et la plus riche en possibilités. C'est pourquoi nous l'avons enrichie de variantes telles que le modèle à Phases de Croissance Multiple© (déposé par Florence Pierre), le modèle de la période explicite et celui sans perpétuité.

L'ouvrage présente, pour terminer, dans une *cinquième partie*, les modèles plus récents de suivi de la création de valeur actionnariale : Valeur Ajoutée Économique (VAE) et Création de Valeur Actionnariale, inventée par Alfred Rappaport (CVA), et une proposition de Pilotage de la Valeur Actionnariale (PVA©), créée par Florence Pierre, mettant en œuvre l'interaction systémique entre la valeur des fonds propres et ses principaux déterminants que sont les résultats, la croissance et le taux de distribution sur des cas concrets de sociétés cotées.

Ce modèle de pilotage de la valeur de l'entreprise part de la capitalisation constatée sur les marchés. Il permet d'analyser les différentes composantes économiques et financières qui sous-tendent le modèle d'actualisation des flux financiers futurs et d'expliquer les écarts presque toujours constatés, à un moment donné, entre la valeur boursière et la valeur économique et financière fondamentale de l'entreprise.

PREMIÈRE PARTIE

Les outils d'analyse

CHAPITRE 1

Outils comptables pour appréhender la performance financière de l'entreprise

Nous examinerons dans un premier temps l'inadéquation et l'insuffisance des outils comptables pour appréhender la performance financière de l'entreprise. Quelles sont les informations dont dispose l'actionnaire afin de choisir dans quelles sociétés il investira et déterminer si le rendement global de ses investissements correspond bien à ses anticipations ? Cette question concerne également le dirigeant confronté à la conduite de la stratégie et de la gestion financière de l'entreprise.

L'information disponible est essentiellement de nature comptable. Les documents de base que sont *le compte de résultat et le bilan* sont présentés ci-après sous forme résumée.

Il convient de se demander si cette information comptable, et notamment la notion de résultats, fournit un support adéquat à la mesure du rendement attendu aussi bien par l'actionnaire que par les dirigeants. Sans remettre en cause la nécessité de la comptabilité, il est néanmoins permis de s'interroger sur sa capacité à refléter, de manière suffisante, le niveau des flux monétaires et financiers dégagés par l'entreprise. Et l'on sera amené à privilégier une analyse de l'exploitation économique et financière de la société par les *mouvements de liquidités que l'on appelle les flux.*

Bilan résumé

	N	N+1	N+2
ACTIF Écarts d'acquisition nets Autres immobilisations incorporelles nettes Immobilisations corporelles nettes Titres mis en équivalence Autres titres immobilisés et autres immobilisations financières			
Actif immobilisé Stock et travaux en cours Créances d'exploitation Impôts différés actif Créances financières à court terme Disponibilités Autres valeurs mobilières de placement			
Actif circulant			
TOTAL DE L'ACTIF			
PASSIF Capital Primes Réserves			
Capitaux propres part du groupe Intérêts minoritaires Produits différés et subventions Provisions Dettes financières à long terme Autres dettes à long terme			
Capitaux permanents Dettes d'exploitation Impôts différés passif Dettes financières à court terme			
Dettes à court terme			
TOTAL DU PASSIF			

Figure 1 – Bilan consolidé

Compte de résultat résumé

Nous présentons ci-dessous deux versions différentes du compte de résultat consolidé, la version française et l'anglo-saxonne. La différence entre ces deux présentations réside dans le fait que la présentation française différencie les charges par nature et non par fonction comme dans la présentation anglo-saxonne.

	N	N+1	N+2
Chiffre d'affaires Achats et charges externes Impôts et taxes Charges de personnel* Autres produits et charges d'exploitation			
Résultat brut d'exploitation Dotations aux amort. & prov.			
Résultat d'exploitation Charges et produits financiers			
Résultat courant Charges et produits exceptionnels Impôt sur les bénéfices			
Résultat net Intérêts minoritaires			
Résultat net, part du Groupe			

* Y compris participation des salariés.

Figure 2 – Compte de résultat consolidé, version française

	N	N+1	N+2
Chiffre d'affaires Coût des ventes Charges administratives et commerciales Autres produits et charges d'exploitation			
Résultat d'exploitation Charges et produits financiers			

Résultat courant Charges et produits exceptionnels Impôt sur les bénéfices			
Résultat net Intérêts minoritaires			
Résultat net, part du Groupe			

Figure 3 – Compte de résultat consolidé

1. Information comptable et financière

La comptabilité met en rapport *les produits et les coûts* engendrés par le fonctionnement de l'entreprise, dans le but principal de déterminer un *résultat imposable*. L'optique de la comptabilité est donc foncièrement fiscale.

En revanche, l'approche financière n'établit de distinction qu'entre les encaissements et les décaissements monétaires intervenant dans l'entreprise, dans l'optique de faire apparaître un surplus (ou un déficit) qui ne s'identifie pas nécessairement à un bénéfice (ou à une perte).

Dès l'instant où :

– les coûts pris en compte par la comptabilité n'ont pas nécessairement la nature d'une dépense,

– les produits pris en compte par la comptabilité n'ont pas nécessairement la nature d'une recette,

– les dépenses en capital apparaissent, du point de vue comptable et fiscal, comme les affectations d'un surplus déjà constitué et non comme des décaissements,

la comptabilité ne peut pas directement fournir réponse à toutes les préoccupations financières.

2. Coûts et décaissements

La comptabilité enregistre en coûts de l'entreprise des écritures qui viennent en diminution du résultat imposable mais qui n'ont cependant pas nécessairement un caractère de décaissement.

D'une part, certaines charges sont de simples écritures comptables qui ne correspondent pas à une transaction réelle : par exemple, les *dotations aux amortissements et aux provisions*.

D'autre part, en matière de comptabilisation des opérations réelles, on constate que :

– le poste achats englobe des fournitures qui ne sont pas encore réglées alors qu'il ne prend pas en compte le règlement intervenant dans l'année fiscale d'achats effectués l'année précédente (délais de règlement des fournisseurs) ;

– de manière identique, les consommations des divers services sont enregistrées en coûts, indépendamment de leur règlement effectif ;

– l'accroissement du stock de matières premières et de produits semi-finis est enregistré en diminution des consommations de l'exercice et donc contribue à la formation du résultat, alors qu'il entraîne un décaissement effectif.

3. Produits et encaissements

Des constatations analogues peuvent être formulées au niveau de l'enregistrement des produits.

Des écritures purement comptables sont intégrées aux revenus imposables de l'entreprise : les reprises de dotations aux amortissements et aux provisions.

De la même façon, les ventes sont intégralement enregistrées en produits, indépendamment de leur règlement effectif (délais de règlement des clients) et le paiement, intervenu durant l'année, de ventes facturées l'année précédente est omis.

Enfin, les variations des stocks et de la production immobilisée constituent une recette alors qu'elles traduisent un besoin de financement et non une ressource.

4. Les investissements

Le traitement des investissements touche au cœur de l'antagonisme entre, d'une part, l'approche comptable et fiscale et, d'autre part, l'approche en termes de flux monétaires naturelle à l'investisseur.

De manière générale, la comptabilité amène à considérer que l'entreprise dispose, à la fin de l'exercice, d'un *surplus* dont une partie sera prélevée au titre de l'impôt sur les sociétés. Ce solde net d'impôts, constituant le résultat net, « reste à la disposition » de l'entreprise, et il est incorporé, après distribution, à ses réserves. Il reflète l'accumulation de richesses de cette entité économique, et les réserves accumulées sont assimilées à un fond de ressources permettant à l'entreprise de faire face, en cas de difficultés, à ses engagements.

Or il n'en est pas tout à fait ainsi. Lorsque le surplus de l'année est constaté en fin d'exercice par la comptabilité, il est généralement déjà « dépensé ». De plus, les résultats de l'entreprise ne constituent pas de réelles réserves disponibles en cas de besoin. Elles peuvent être déjà affectées, c'est-à-dire, en termes financiers et non comptables, qu'elles sont « dépensées ».

Ainsi, lorsque le compte d'exploitation de l'exercice fait apparaître un résultat avant impôts d'un certain montant qui sera affecté pour une fraction au paiement de l'impôt au cours de l'exercice suivant, cela ne signifie pas que l'entreprise termine l'année avec ce montant en caisse.

Les dépenses *d'investissements* en capital fixe (au-delà du niveau de reconstitution permis par les dotations aux amortissements), comme les dépenses d'investissements en capital circulant supportées par l'entreprise pour faire apparaître ce bénéfice s'*imputent le plus souvent sur ce résultat* au fur et à mesure de sa constitution.

En effet, le montant des dotations aux amortissements ne correspond pas nécessairement au montant de l'ensemble des dépenses en capital, pour les raisons suivantes :

– la politique *d'amortissements* de l'entreprise est le plus souvent guidée soit par des considérations fiscales (avec majoration des charges d'amortissement), soit par la nécessité d'habiller le compte de résultat (avec minoration de ces charges) ;

– le *coût de remplacement* du capital fixe peut être, du fait de l'inflation et du progrès technique, très différent du coût initial de l'investissement (et s'établir à un niveau plus élevé ou moins élevé) ;

– de plus, si l'entreprise est sur un chemin de *croissance*, elle doit dégager les flux d'exploitation nécessaires à financer au moins une partie du surcroît de capital fixe requis par cette croissance ;

– enfin, les écritures comptables de dotations aux amortissements ne prennent pas en compte la nécessité pour l'entreprise de financer, année après année, l'augmentation de capital circulant résultant de modifications de son cycle d'exploitation ou de son rythme de croissance.

En conséquence, le montant de la dotation aux amortissements et le montant de la dépense de reconstitution du capital investi (fixe et circulant) peuvent diverger de manière significative dans un sens comme dans un autre.

Le seul surplus effectivement dégagé est celui que l'on peut distribuer aux actionnaires, c'est-à-dire celui qui peut « sortir » de l'entreprise. Cela signifie que, d'un point de vue financier et non strictement comptable, *les investissements sont des dépenses du même ordre que les consommations ou les salaires.* Il est possible de qualifier les premières de dépenses en capital fixe et les deuxièmes de dépenses en capital circulant. Comme on le verra ci-après, la seule différence entre les deux est leur vitesse de rotation. (Ce point sera approfondi au chapitre 3 de cette partie, consacré à la méthode d'analyse par le *tableau des flux.*)

5. Les mouvements de la dette

L'étude du tableau des flux fournira également une présentation approfondie de l'impact des fluctuations de la dette sur l'exploitation et le développement d'une société. En effet, ces mouvements, bien qu'ils n'apparaissent pas en tant que tels dans le compte de résultat, constituent l'une des sources importantes d'*encaissements et de décaissements* monétaires de l'entreprise : nouveaux emprunts venant gonfler les disponibilités en laissant le résultat inchangé alors que les remboursements viennent épuiser un surplus apparemment identique.

Ainsi, une société disposant d'une capacité d'emprunt large et inutilisée peut-elle aisément financer des dépenses d'investissements importantes, rendues nécessaires par exemple par une augmentation significative de la croissance ou par une nouvelle opportunité de développement. Par contre, la même société ayant déjà épuisé sa capacité d'emprunt se trouvera souvent dans l'impossibilité de financer toute croissance ou tout nouveau projet.

CHAPITRE 2

Rentabilité économique et financière

Les informations comptables dont dispose l'analyste ayant été décrites, nous aborderons les indicateurs comptables de rentabilité. La rentabilité est un concept qui permet de mesurer, sous la forme d'un ratio, la performance passée de l'entreprise, à partir de son solde de résultats.

La rentabilité économique mesure la performance industrielle et commerciale de l'entreprise en comparant le résultat d'exploitation avec les actifs qui permettent de l'obtenir ; par contre, la rentabilité financière privilégie la performance globale de l'entreprise en confrontant le résultat net, résultat financier et fiscal inclus, aux seuls capitaux propres mis en œuvre afin de produire ce résultat net.

1. Présentation de l'entreprise

Qu'est-ce qu'une entreprise ? Du point de vue économique, l'entreprise est définie comme l'entité propriétaire des moyens de production que sont les actifs physiques et intangibles. D'un point de vue financier, une entreprise, c'est la réunion de capitaux propres et empruntés, qu'on « immobilise » sous forme de capitaux physiques dans l'espoir qu'ils dégagent une rémunération « satisfaisante ». La forme première du capital est en effet financière et liquide. Décider de créer une entreprise consiste *tout d'abord à assumer le risque de transformer un capital liquide en un capital captif.*

Des personnes physiques qui mettent en commun des économies pour fonder une société et qui les investissent en machines, stocks, etc. prennent un premier risque de perte de liquidité de leur épargne. Dès qu'un montant de capital financier est investi sous forme de capital physique, la récupération rapide de cette somme par la vente hypothétique des actifs devient aléatoire.

À partir du moment où les marchés monétaires et financiers procurent à l'épargne liquide une rémunération réelle positive, toute décision d'immobiliser, donc de priver un capital de sa liquidité, s'appuiera nécessairement sur la *perspective de gains supérieurs* à ceux offerts par les marchés. C'est ainsi que le risque d'entreprendre, parce qu'il est rémunéré, s'est développé.

Le premier risque à rémunérer est donc un risque d'illiquidité.

En effet, on peut retransformer de manière immédiate un instrument financier en disponibilités monétaires, avec un risque croissant lorsque l'on passe des dépôts d'épargne aux obligations puis aux actions. Par contre, le marché « d'occasion » des équipements industriels, des fonds de commerce et des stocks n'étant pas organisé, il n'est pas aussi liquide. Tout équipement industriel, après son acquisition, ne pourra, en général, être revendu en l'état que dans un certain délai et avec une décote pouvant être élevée.

En conséquence, afin que l'entrepreneur ait intérêt à transformer de l'épargne monétaire en capital physique, l'exploitation de ce capital doit permettre de rémunérer le capital financier investi en actifs industriels. Cela signifie que l'entreprise doit dégager une *rentabilité économique* permettant de rémunérer :

– d'une part, les capitaux empruntés à un taux conventionnel ;

– d'autre part, les capitaux propres mis en œuvre à un taux tel qu'il rémunère l'investisseur de son risque d'entreprendre, définissant ainsi la rentabilité financière de l'entreprise.

Examinons successivement les deux indicateurs de performance de l'entreprise que sont la rentabilité économique et la rentabilité financière. Il convient, d'entrée de jeu, de souligner que ces indicateurs sont largement déterminés par des informations d'origine comptable et donc qu'ils en intègrent les limites.

2. La rentabilité économique

Également connu sous le nom de *Return on Capital Employed* (Roce) dans la littérature anglo-saxonne ou Rentabilité opérationnelle

© Éditions d'Organisation

des capitaux employés, la rentabilité économique correspond au rapport entre :

- la marge dégagée par l'exploitation de l'entreprise avant la prise en compte de la rémunération des capitaux apportés et empruntés ;
- et la valeur du stock de capital physique mis en œuvre dans l'exploitation.

La rentabilité économique est généralement calculée par le rapport du résultat d'exploitation après impôt à l'actif économique mais est souvent décomposée entre la marge d'exploitation et la rotation de l'actif économique :

$$Roce = \frac{RE(1-x)}{K} = \frac{RE(1-x)}{CA} \times \frac{CA}{K}$$

La rentabilité économique est ainsi un rapport entre un flux de revenus et la valeur du stock de capital qui a permis de dégager ce flux.

Il s'agit alors de définir de manière précise la mesure des deux termes de ce rapport : la marge d'exploitation et le stock de capital.

a) La marge d'exploitation

Si, selon la formule de David Ricardo, on définit un *revenu* comme ce que l'on peut dépenser sans s'appauvrir, il s'ensuit que la marge d'exploitation ne peut être mesurée que *nette de la dépense de renouvellement du capital utilisé dans le cycle de production.*

On remarquera que cette dépense est souvent, en première approximation, assimilée au montant de la *dotation aux amortissements* de l'exercice.

Même s'il est extrêmement difficile, surtout pour l'analyste extérieur, de disposer d'une estimation plus fiable, il ne faut jamais oublier que le montant des amortissements, couramment utilisé à défaut d'autres informations, ne constitue pas une solution satisfaisante.

En tout état de cause, le principe fondamental suivant doit être retenu : l'actionnaire ne saurait être rémunéré sans mettre en péril la poursuite de l'exploitation, tant que la dépense d'entretien et de renouvellement du stock de capital n'a pas été effectuée.

En termes comptables, la marge brute, figurant au numérateur de la rentabilité économique, ne peut correspondre qu'au résultat d'exploitation (RE), ou excédent net d'exploitation (ENE), dégagé par le compte de résultat.

Dans la mesure où l'analyste financier dispose de toute l'information nécessaire, il est bien sûr souhaitable, comme cela a été précisé dans le chapitre précédent, de dépasser l'optique comptable et de mesurer la *marge d'exploitation,* ou *résultat économique*, par la *marge brute, ou RBE, diminuée* non pas de l'écriture comptable que constitue la dotation aux amortissements mais de *la dépense d'investissements de reconstitution effective* de l'investissement existant (y compris la variation de besoin en fonds de roulement).

En effet, si l'on prend en considération, d'une part l'inflation et, d'autre part, le progrès technologique, le coût de remplacement de l'investissement d'exploitation peut être très différent du coût initial de celui-ci (il pourra, en l'occurrence, être aussi bien plus élevé que moins élevé).

Il est toutefois nécessaire de souligner que si ce concept est le plus satisfaisant, il est assez difficile à mettre en œuvre, même pour l'analyste opérant à l'intérieur de l'entreprise.

Calcul de la marge d'exploitation

Produits
− Consommation intermédiaire
= Valeur ajoutée
− Salaires
= Résultat brut d'exploitation (RBE)
− Investissements
(à défaut, dotation aux amortissements)

_____

= Marge d'exploitation

La consommation intermédiaire doit être comprise comme la consommation effective pour réaliser l'ensemble de la production ; elle diffère des achats effectués pendant l'exercice par la variation des stocks.

Il est précisé que, dans cette présentation, les produits et les charges s'entendent nets des provisions courtes, c'est-à-dire des provisions pour dépréciation d'actifs circulants, qui sont destinées à faire face à des risques ou charges à échéance de moins d'un an ;

bien entendu, les provisions longues courantes sont prises en considération dans le calcul de la marge d'exploitation, si elles ne correspondent pas à des provisions à caractère de réserves (qui ne feront donc pas l'objet de décaissements futurs).

Dans une optique purement comptable de calcul de rentabilité économique, l'investissement de reconstitution n'inclut que le remplacement de capital fixe et non pas la totalité de la dépense de reconstitution du capital investi, qui comprend le capital fixe et circulant. Dans ce cas, le résultat d'exploitation sert d'approximation à la marge économique et, de manière trop imprécise, de numérateur au calcul de la rentabilité économique.

Il serait toutefois plus souhaitable de tenir compte de la variation du capital circulant dans le calcul d'une notion plus précise de marge économique, qui est différente du résultat d'exploitation, égal au RBE amputé des seules dotations aux amortissements et aux provisions longues.

La définition de la marge d'exploitation à retenir comme numérateur de la rentabilité économique est donc la suivante :

Marge d'exploitation = RBE
  – Investissements de reconstitution
  – Variation du capital circulant

b) Le stock de capital

Le stock de capital à prendre en compte dans la mesure de la rentabilité économique doit correspondre à celui qui a été mis en œuvre afin de générer la marge d'exploitation. Il est recommandé de privilégier un raisonnement en termes de *stock-outil de capital* réel, physique et économique.

Dans un environnement stable, sans inflation et sans croissance, il est égal, pour une année donnée, à la *somme des immobilisations d'exploitation brutes, des stocks et des créances clients,* soit, *comptablement, à l'actif d'exploitation brut* inscrit au bilan.

À ce stade, il est nécessaire d'examiner plusieurs questions :

■ Tout d'abord, pourquoi prend-on en compte *les immobilisations brutes* et non les immobilisations nettes ? Les immobilisations nettes procurent un reflet inexact du capital accumulé puisqu'elles sous-estiment, en général (mais c'est parfois l'inverse), les actifs contribuant à l'exploitation de l'entreprise.

27

Pour des raisons fiscales et comptables, la prise en compte de la dépréciation de l'actif immobilisé est étalée dans le temps à travers la dotation aux amortissements. Mais l'usure effective du capital, qui nécessite de le remplacer, intervient de manière irrégulière.

Une machine destinée à fonctionner dix ans pourra n'être comptabilisée, au bout de cinq ans, que pour 30 % de sa valeur dans les immobilisations nettes alors qu'elle continuera à contribuer pleinement à la formation de richesse dans l'entreprise pendant encore cinq ans. C'est le cas par exemple des sociétés de location de camions : même lorsqu'ils sont totalement amortis, ils sont encore utilisés quelques années.

Par contre, dans un contexte d'obsolescence technologique rapide, un équipement peut très rapidement ne même plus valoir en réalité le montant inscrit en immobilisations nettes. Par exemple, le matériel informatique qu'il est conseillé d'amortir rapidement.

■ Ensuite, les immobilisations d'exploitation brutes reflètent-elles suffisamment bien l'outil contribuant à la production et à la commercialisation de l'entreprise ? Comme on vient de le voir, étant donné l'existence de l'*obsolescence technologique et de l'inflation*, il serait plus satisfaisant de calculer la rentabilité économique à l'aide d'un dénominateur mesurant les capitaux d'exploitation à leur *coût de renouvellement* (et non à leur valeur brute comptable) et au niveau permettant de satisfaire à l'accroissement de l'activité de l'entreprise, c'est-à-dire historique. Mais dans la pratique, il est très difficile d'évaluer l'outil de production à son coût de renouvellement.

■ Que recouvre exactement la notion d'*immobilisations d'exploitation brutes* ? Les immobilisations incorporelles, si elles recouvrent des *non-valeurs*, ce qui est assez fréquent, doivent être éliminées ; elles ne doivent être conservées que si elles correspondent à un actif réel – par exemple, un fonds de commerce ou un portefeuille de brevets dont on peut justifier la valeur. En revanche, il ne faut pas omettre de *réintégrer les actifs incorporels non comptabilisés qui recèlent une véritable valeur* – par exemple, une marque de grande notoriété appartenant à une société très rentable.

Cette notion de « goodwill », ou *survaleur non comptabilisée,* amène à poser la question plus vaste, et mal résolue dans la pratique tant de la comptabilité que de l'analyse financière, des distorsions relevées entre actifs créés par l'entreprise et acquis par elle. Les méthodes comptables ne reconnaissent pas à priori les *valeurs créées de manière interne* et progressive alors que, en cas d'*acquisition, ces mêmes réalités, par exemple un fonds de commerce, se voient immédiatement conférer des valeurs comptables substantielles.* Étant donné l'importance qu'a connue la croissance externe, en particulier depuis une quinzaine d'années, ces divergences faussent nombre d'analyses financières, en particulier celles qui sont faites à l'extérieur de l'entreprise.

L'ensemble des immobilisations corporelles doit être pris en compte, à l'exception des *immobilisations non directement liées à l'exploitation* telles que des investissements immobiliers ou en capacités de production utilisés à d'autres fins que l'exploitation principale de l'entreprise ou à l'extérieur de celle-ci, qui doivent être éliminées. Il convient, en revanche, de réintégrer les actifs d'exploitation financés en crédit-bail.

Enfin, les immobilisations financières ne doivent être prises en compte, si elles relèvent de l'exploitation générale de la société, qu'à condition de réintégrer dans la marge d'exploitation les produits financiers (dividendes et intérêts) reçus de ces participations.

Les postes *clients et stocks* doivent être retenus pour leur valeur brute. En effet, la fraction des créances clients et des stocks passée en provision doit être financée au même titre que la fraction non provisionnée.

■ Pourquoi le poste *fournisseurs* n'a-t-il pas été soustrait du total des capitaux investis qui sert de dénominateur dans le calcul de la rentabilité économique – la mesure du capital investi ou de l'actif brut d'exploitation retenue étant la somme des immobilisations brutes, des stocks et des clients et non la somme des immobilisations brutes et du besoin en fonds de roulement (BFR) ? L'analyste externe a trop souvent tendance à considérer le crédit fournisseur comme une avance de trésorerie gratuite. Dans le cadre d'une méthode où l'on choisit de bien distinguer les flux économiques et les flux financiers, il apparaît clairement qu'il existe un véritable *arbitrage à opérer entre crédit bancaire et crédit fournisseur.* En effet, ce dernier a un coût qui peut être approché par le calcul des remises pour paiement comptant. Bien souvent, il peut être plus avantageux de régler ses fournisseurs comptant et d'emprunter auprès des banques plutôt que de recourir au crédit fournisseurs. À partir du moment où le niveau de ce dernier reflète non seulement des habitudes sectorielles mais un choix de financement, il ne paraît pas approprié d'intégrer le poste fournisseurs en diminution des capitaux investis.

La logique financière ne permet pas en principe d'introduire, dans la mesure de la rentabilité économique, l'influence des choix de financement effectués par les dirigeants de l'entreprise.

c) Formulation

La rentabilité économique d'un point de vue strictement comptable est égale à :

$$Roce_1 = \frac{RE(1-x)}{\text{Actifs d'expl.}}$$

Ce ratio a pour objet de mesurer le revenu que dégage un stock d'actifs donné.

Comme on l'a montré, il serait plus opportun d'utiliser la formulation suivante, reposant sur une analyse plus précise du capital utilisé et des flux financiers réellement dégagés par l'exploitation de la société :

$$Roce_2 = \frac{RE(1-x) - \text{Inv. Rempl.} - \Delta\text{Actifs circ.}}{\text{Immos br. d'expl.} + \text{Stocks} + \text{Clients}}$$

Les actifs circulants couvrent les stocks et les clients.

À défaut de connaître les investissements nécessaires au remplacement annuel de l'actif immobilisé, on peut tenter d'extrapoler le différentiel relevé les années passées entre les dotations aux amortissements et les investissements, en les rapportant par exemple au taux de croissance du chiffre d'affaires.

En fait, l'analyste financier externe, ne disposant pas de l'information relative au crédit fournisseur, sera le plus souvent obligé d'utiliser plutôt cette troisième formulation :

$$Roce_3 = \frac{RE(1-x) - \text{Inv. Rempl.} - \Delta\text{BFR}}{\text{Immos br. d'expl.} + \text{BFR}}$$

En résumé, la rentabilité économique mesure d'un point de vue financier la *capacité de l'entreprise à générer des flux permettant*, sans que celle-ci ne perde de substance en termes d'actifs d'exploitation, *de rémunérer l'ensemble des capitaux apportés, qu'ils soient empruntés ou propres.*

Bien entendu, on le verra ultérieurement, la rentabilité économique ne peut s'apprécier en elle-même ; elle doit être comparée à d'autres indicateurs financiers appliqués à l'entreprise considérée. Par exemple, elle s'apprécie en fonction des immobilisations requises par l'exploitation d'une société, une intensité capitalistique élevée requérant une marge élevée.

d) Rentabilité économique et intensité capitalistique

L'intensité capitalistique mesure le rapport entre les immobilisations brutes d'exploitation et la valeur ajoutée dégagée par l'exploitation.

$$IC = \frac{\text{Immos brutes}}{\text{VA}}$$

Soit une entreprise dont l'intensité capitalistique est égale à 1 et qui investit 100 pour produire une valeur ajoutée de 100. Elle dégage une rentabilité (mesurée, pour simplifier, par le rapport RBE/VA) de 10 %. Supposons qu'elle amortisse ses immobilisations sur dix ans ; cela signifie qu'en l'absence de toute croissance la couverture chaque année des dépenses de reconstitution du capital investi absorbe 10 % de la valeur ajoutée. On voit immédiatement que l'entreprise décrite fait face à un gros problème. La rentabilité qu'elle dégage ne suffit même pas à couvrir les dépenses de reconstitution du capital.

Par contre, une entreprise dont l'intensité capitalistique est de 0,1, qui amortit son capital sur dix ans et dont la rentabilité est de 8 % n'a à priori aucun problème à absorber 1 % de dépense annuelle de reconstitution du capital investi.

Si l'on introduit la notion de croissance, par exemple à un taux de 5 %, la situation de la première entreprise décrite s'aggrave encore. En effet, elle doit alors non seulement soustraire de la valeur ajoutée 10 % afin de reconstituer le capital investi, mais elle doit également soustraire 5 % afin de financer la croissance constatée.

En revanche, la deuxième entreprise est à priori tout à fait en mesure de financer sa croissance.

31

Dans cette analyse, il faut, dans la mesure du possible, d'un côté, réévaluer les immobilisations brutes au titre de l'inflation et, de l'autre, mesurer les effets de l'obsolescence technologique.

Il est de surcroît prudent de prendre en compte, dans une telle analyse, les besoins en fonds de roulement.

De manière générale, la *rentabilité économique d'une entreprise doit être d'autant plus élevée que l'intensité capitalistique de celle-ci est importante.*

Cet indicateur de performance, examiné en relation avec la rentabilité, permet également d'appréhender le coût d'entrée dans une industrie et donc la relative protection des marges. Il est clair qu'il est beaucoup plus difficile d'entrer dans une activité lourdement capitalistique.

3. La rentabilité financière

La rentabilité financière de l'entreprise correspond au rapport entre :

– la marge dégagée par l'exploitation après rémunération des capitaux empruntés et de l'État ;

– et la valeur des capitaux propres.

a) Le résultat net courant

La *marge d'exploitation* prise en compte dans le calcul de la rentabilité économique (RBE – investissements de reconstitution) est affectée à la rémunération de deux catégories d'apporteurs de capitaux : les créanciers et les actionnaires.

Ce solde d'exploitation sera ainsi prioritairement *amputé du montant des frais financiers qui rémunère la dette financière totale selon un taux fixé contractuellement.* Ces frais financiers s'entendent nets des produits financiers perçus sur les créances à court terme, dans lesquelles la société a investi sa trésorerie excédentaire. Le résultat économique, diminué de la rémunération nette du capital emprunté, viendra alors rémunérer l'État et les *actionnaires* selon un partage fixé par la puissance publique.

Le solde disponible, après paiement des frais financiers et de l'impôt, correspondrait, dans l'hypothèse où le coût de reconstitution du capital serait égal à la dotation aux amortissements, au résultat net courant apparaissant sur le compte de résultat.

Ce résultat net courant intègre donc toutes les limites comptables propres au résultat d'exploitation.

La principale difficulté supplémentaire de ce solde réside dans l'analyse des *charges et produits exceptionnels*. D'une part, d'un point de vue comptable, les plus- ou moins-values de cessions d'actifs sont automatiquement considérées comme des éléments exceptionnels ; or certains métiers commandent un flux régulier de cessions qui contribuent de manière importante aux résultats – par exemple, le renouvellement de la flotte de camions d'un transporteur. D'autre part, les controverses restent nombreuses sur le traitement des charges de restructuration, ouverture, fermeture, déménagement, etc. qui sont à priori traitées comptablement en éléments courants d'exploitation ; les analystes financiers les reclassent souvent en éléments exceptionnels.

b) Les capitaux propres

Le total des capitaux propres pris en compte est celui qui ressort sur le bilan du début de l'exercice, c'est-à-dire le bilan de la fin de l'exercice précédent après affectation des résultats.

Cette grandeur comptable pose, en matière d'analyse financière, un problème fondamental. *Les capitaux propres ne fournissent pratiquement jamais une appréciation réelle des capitaux mis en œuvre dans l'exploitation de l'entreprise.*

Il en est ainsi pour deux raisons essentielles :

– le montant comptable des capitaux propres totalise une suite d'enregistrements parfois assez anciens, de flux de capitaux, à leur valeur historique ; ce sont essentiellement des augmentations de capital et des profits accumulés ;

– les actifs financés par ces capitaux ne sont en général pas réévalués, qu'il s'agisse des incorporels dont le rôle est croissant dans l'économie et qui sont rarement comptabilisés, des immeubles, voire des capacités de production lorsqu'elles ne sont pas technologiquement obsolètes.

Ces remarques impliquent que les capitaux propres comptables des sociétés sont quasiment toujours *sous-évalués*.

Les autres corrections traditionnellement apportées par les analystes financiers sont les suivantes :

- réintégration des subventions d'investissements et de la part des *provisions réglementées* qui ne subira pas l'impôt sur les sociétés ;

- incorporation des *quasi-fonds propres* tels que les actions à dividendes prioritaires, certaines obligations convertibles (OC) et les *produits hybrides* tels que les « emprunts perpétuels » ; ce sujet s'est révélé, ces dernières années, sous l'effet de la multiplication des produits hybrides, particulièrement délicat, nombre de groupes intégrant ces émissions afin de présenter des ratios avantageux. La doctrine comptable est en tout cas désormais précisée : seules les dettes non amortissables et dont la rémunération n'est pas due sont assimilables aux fonds propres. Cela signifie que seules les actions et les obligations remboursables en actions peuvent prétendre rejoindre la catégorie des fonds propres, le traitement des OC dépendant du niveau du cours par rapport au prix d'exercice.

La rentabilité financière telle qu'on l'entend ici, comme outil traditionnel d'analyse financière, est le plus souvent calculée à partir des capitaux propres comptables. La principale raison de cet état de fait est que les analystes n'ont en général pas accès aux informations nécessaires à leur revalorisation. Même les dirigeants n'en disposent pas toujours au sein de l'entreprise.

Ainsi, de ce fait, non seulement les fonds propres sont sous-évalués mais les *rentabilités financières sont surestimées*.

Pour pallier cet inconvénient, il est recommandé, chaque fois que cela est possible, de calculer les rentabilités par rapport aux capitaux propres correctement réévalués et corrigés afin de se rapprocher le plus possible des réalités de l'exploitation de chaque société étudiée.

c) Formulation

La formulation de la rentabilité financière est :

$$r = \frac{\text{Res. net courant}}{\text{Capitaux propres}}$$

Cet indicateur calculé à partir des comptes intègre les limites de l'enregistrement comptable. Les deux termes du rapport sont affectés, en particulier les capitaux propres qui sont sous-valorisés.

La rentabilité financière mesure le rapport entre l'accroissement du capital des actionnaires pendant l'exercice et celui-ci en début de période.

Ce ratio peut être assimilé à un *taux de reproduction des fonds propres*. Il fixe, en l'absence d'augmentation de capital, le *taux de croissance maximal des fonds propres* de l'entreprise et, *pour une structure financière donnée,* le taux de croissance maximal du total du bilan *et donc du total des actifs.* Bien sûr, si des dividendes sont distribués, ce taux de croissance sera inférieur au taux de rentabilité. D'où l'intérêt de travailler sur des capitaux propres réévalués.

En d'autres termes, la rentabilité financière mesure la *capacité* de l'entreprise à générer des flux permettant, après avoir rémunéré les créanciers et l'État, de *rémunérer immédiatement les actionnaires* sous forme de dividendes. Ces flux peuvent également être utilisés à accroître le potentiel de rémunération futur des actionnaires, à travers la réinjection d'une partie (le cas échéant de la totalité) du potentiel distribuable (qui ne sera alors pas distribué aux actionnaires) en fonds propres.

Mais l'indicateur de rentabilité financière est également limité par son caractère statique, ne mesurant une capacité bénéficiaire que sur un exercice donné.

Ce flux disponible de manière discrétionnaire vient financer la croissance interne ou externe de l'entreprise. On verra plus loin que cet arbitrage entre revenu immédiat et revenu futur plus élevé dépend de la capacité qu'auront ces nouvelles *activités de croissance* à créer, pour les actionnaires, un *supplément de richesse,* réalité qui n'est pas bien mesurée par la notion de rentabilité financière. En effet, la *rentabilité financière* ne permet d'appréhender, qu'à structure financière donnée, la *performance* financière passée d'une entreprise sur une période donnée, période assimilée à l'*exercice écoulé.*

La rentabilité financière présente ne saurait, en aucun cas, fournir une indication de la rentabilité future de l'entreprise. À fortiori la rentabilité financière est incapable de fournir une mesure de la seule réalité financière fondamentale à terme, à savoir, la contribution d'un exercice à la création de valeur dans l'entreprise et donc de richesse pour l'actionnaire.

d) Le bénéfice net par action

À ce stade, il convient de dire un mot du bénéfice net par action (BNPA), indicateur très utilisé par les dirigeants de sociétés cotées. Il semble surtout utilisé comme mesure de croissance des résultats et donc dans l'esprit tant des dirigeants que des analystes, comme indicateur de bonne performance. Or une croissance du résultat, même calculé par action, n'est en aucune manière garante d'une augmentation de la valeur des actionnaires. Le BNPA intègre toutes les limites du résultat net courant comptable ou même corrigé ; il est également statique et ne fournit aucune indication quant à la rentabilité future d'une entreprise.

Il n'a d'utilité que relative et parce qu'il est très pratiqué. Une baisse du BNPA doit attirer l'attention de l'analyste sur une dégradation à l'instant de la productivité du capital. Si la dilution consécutive à une opération financière est rapidement absorbée, il y a à priori création de valeur, à condition que cette création de valeur soit bien due aux investissements ainsi financés. Mais le BNPA ne l'indique pas précisément, seules des études complémentaires permettent de formuler de telles conclusions.

Nous verrons plus loin que l'on dispose de plusieurs méthodes, toutes basées sur l'actualisation de flux financiers futurs, pour appréhender la véritable performance financière de l'entreprise.

e) Comptes de la société mère et comptes consolidés

La généralisation des comptes consolidés n'est pas sans poser de nombreux problèmes d'analyse.

Dans les *groupes de sociétés,* on ne prend en considération, pour le calcul de la rentabilité financière, que la part groupe des fonds propres ; les capitaux propres totaux servent, eux, à mesurer la performance d'exploitation d'un groupe. D'un point de vue financier, seule la *part groupe* n'a de sens, les intérêts minoritaires trouvant leur propre rémunération dans les dividendes qui leur sont versés par les filiales.

Dans le cas des sociétés qui réalisent la majeure partie de leur croissance par acquisition, il convient d'examiner avec attention les comptes de la maison mère.

Il ne faut pas perdre de vue qu'une société n'acquiert normalement pas d'autres sociétés, dans l'unique but de gonfler son bénéfice déclaré mais bien pour, au bout du compte, accroître sa capacité à distribuer des dividendes.

Un investissement opérationnel, même s'il prend la forme d'un rachat d'actions et s'il est ainsi assimilé à un investissement financier, doit cependant être évalué comme un investissement industriel (par exemple, une nouvelle unité de production) en ce qui concerne sa profitabilité.

Le résultat de la société mère ne prend en compte que la partie du bénéfice des filiales qui lui revient sous forme de dividendes. De ce fait, la rentabilité financière de la société mère d'un groupe dont le périmètre de consolidation s'élargit aura sans doute une nette tendance au déclin, à moins toutefois que la politique de croissance externe soit financée de manière significative sur ressources empruntées, limitant par là même la progression des fonds propres de la société mère.

On peut effectivement considérer que la juste appréciation de la rentabilité financière de la société mère d'un groupe passe par la prise en compte du *résultat consolidé*, mais on peut néanmoins faire remarquer que cette *faiblesse apparente de la rentabilité financière de la société mère traduit l'accent mis sur une croissance en volume plutôt que sur une distribution accrue.*

Cette catégorie de situations, fort répandue, pose, surtout aux analystes et aux évaluateurs, des problèmes ardus d'appréhension des marges brutes d'autofinancement et plus encore des flux financiers disponibles. Alors que l'on raisonne par exemple naturellement en termes de chiffres d'affaires consolidés, il n'est pas correct de retenir les flux disponibles consolidés. Cette position requiert de mener des études complémentaires détaillées, et l'on verra dans le chapitre suivant que la méthode du tableau des flux se prête bien à ces travaux.

f) Capitaux propres et capitalisation boursière

En analyse financière traditionnelle, *la rentabilité financière d'une entreprise n'est jamais calculée à partir du montant de la capitalisation boursière.*

Or toute valorisation de l'entreprise, et donc sa capitalisation boursière, implique une rentabilité financière.

La question fondamentale et qui est au cœur du sujet de ce livre, est de comprendre la relation entre une *rentabilité financière cal-*

culée à un moment donné, comme on vient de le voir, même dans un contexte statique, difficile à préciser, et la *rentabilité financière implicite à toute valeur donnée à une société*.

Nous reviendrons sur ce point crucial de la création de valeur par l'entreprise lors des développements ultérieurs sur les différents modèles de valorisation.

4. L'effet de levier

La description des indicateurs de performance économique puis financière que sont la rentabilité économique et la rentabilité financière met en évidence l'existence d'un lien entre les deux concepts.

La relation entre la rentabilité économique et financière est fonction du montant des charges financières et du taux d'imposition. Elle est déterminée par la manière dont l'actif total d'exploitation est financé et donc par le ratio d'endettement de l'entreprise.

Soit :

K, les capitaux utilisés

C, les capitaux propres

D, l'endettement total

e, la rentabilité économique

r, la rentabilité financière

D/C, le ratio d'endettement

i, le taux d'intérêt

x, le taux d'impôt

(L'ensemble des abréviations utilisées tout au long du présent ouvrage, est repris en annexe 2.)

Rappelons la formulation de la rentabilité financière :

$$r = \frac{\text{Res. net courant}}{\text{Capitaux propres}}$$

Le résultat net courant peut également être défini comme la rentabilité économique, e, multipliée par le montant total de l'actif d'exploitation, dont on déduit les frais financiers, le tout corrigé de l'impact fiscal de l'impôt sur le revenu ; ainsi on obtient :

$$r = \frac{eK - iD(1-x)}{C}$$

puisque K = D + C, on a :

$$r = \frac{e(C+D) - iD(1-x)}{C}$$

$$r = e + [e - i(1-x)]\frac{D}{C}$$

Le développement de la formule de la rentabilité financière montre que, tout étant égal par ailleurs et *à prime de risque de l'entreprise constante* :

– la rentabilité financière est directement fonction de la rentabilité économique ;

– plus la rentabilité économique est supérieure au taux d'intérêt, plus la rentabilité financière est élevée ;

– à partir du moment où la rentabilité économique est supérieure au taux d'intérêt de la dette, il semblerait que la société ait inévitablement avantage à emprunter ;

– plus le ratio d'endettement est important, plus la rentabilité financière est élevée.

Il est donc possible de tracer une typologie des sociétés, selon que leur rentabilité économique est supérieure ou non au loyer de l'argent, et selon que leur endettement est positif (cas d'une société endettée) ou négatif (cas d'une société « tirelire » bénéficiant d'excédents de trésorerie).

Pour une société dont la rentabilité économique est supérieure au taux d'intérêt, il semblerait que l'on ait inévitablement avantage à *augmenter le ratio d'endettement de l'entreprise afin d'améliorer sa rentabilité financière*. Une dette négative, c'est-à-dire un excédent de trésorerie, aurait pour effet de diminuer la rentabilité financière de l'entreprise. À la limite, il vaudrait mieux théoriquement financer l'intégralité de l'activité en dettes. Or il ne peut en être ainsi, l'augmentation de la dette au-delà d'un ratio raisonnable entraînant inéluctablement une *augmentation du risque de l'entreprise*, donc une augmentation du taux d'intérêt appliqué à la dette. On examinera ultérieurement la relation entre l'endettement et le coût du capital. Le recours à l'effet de levier a donc pour contrainte que plus la société s'endette, plus elle doit produire une rentabilité économique élevée. Le moment où l'effet de levier négatif s'appliquera arrivera d'autant plus rapidement.

À l'inverse, si la rentabilité économique de l'entreprise est inférieure au taux d'intérêt, l'endettement paraît être néfaste à la société. Celle-ci aura intérêt à conserver une trésorerie positive, car plus ses excédents de trésorerie seront importants, plus sa rentabilité financière augmentera.

La relation établie entre les rentabilités économique et financière montre que, si la rentabilité financière découle bien de la rentabilité économique, elle n'en est cependant pas une fonction homothétique. En effet, on verra qu'interviennent des variables *exogènes,* déterminées tant par les marchés boursiers et financiers que par l'État.

La principale critique que l'on peut adresser à l'utilisation des concepts de rentabilité développés ci-dessus est qu'une telle analyse ne s'inscrit pas dans une perspective dynamique : il est bien évident que ni la rentabilité économique d'une société ni le loyer de l'argent ne sont stables dans le temps, et qu'une politique d'endettement avisée doit tenir compte de ses variations.

Exemples numériques

Nous présentons un exemple chiffré mettant en œuvre les concepts de rentabilité économique et financière et d'effet de levier qui viennent d'être présentés.

Tout au long de l'ouvrage, les exemples d'application numérique seront tirés d'une société type aux caractéristiques simplifiées, que nous appellerons KTYP. Les comptes et données financières résumées de cette société sont présentés ci-contre et repris, pour référence ultérieure, en annexe 3.

Rentabilité économique :

$$e = RE\ (1 - x)\ /\ K = 150\ (1 - 33{,}4\ \%)\ /\ 800 = 12{,}5\ \%$$

Rentabilité financière :

$$r = BEN\ /\ C = 84\ /\ 500 = 16{,}8\ \%$$

Détermination du niveau de rentabilité financière par l'effet de levier :

$$r = e + [e - i(1 - x)]\frac{D}{C}$$

$$r = 12{,}5\ \% + [12{,}5\ \% - (8\ \% \times 66{,}67\ \%)]\ (300\ /\ 500) = 16{,}8\ \%$$

5. Les autres indicateurs de performance

On peut encore juger une entreprise selon trois critères de performance, classés par degré d'exigence : l'entreprise est-elle viable ? Est-elle solvable ? Est-elle rentable ? Ou encore, le sera-t-elle ?

a) Viabilité

Une entreprise ne peut être viable durablement que lorsque l'RBE finance au moins le coût de renouvellement du stock de capital fixe et circulant. Cela signifie qu'une entreprise ne peut perdurer qu'à condition de dégager une rentabilité économique égale ou supérieure à zéro. Dans le cas inverse, quelle que soit la structure financière de l'entreprise, celle-ci serait amenée à disparaître par perte de substance.

Théoriquement, une entreprise dont la rentabilité économique serait exactement égale à zéro, c'est-à-dire qu'elle serait tout juste capable de renouveler, à l'identique, son stock de capital fixe, pourrait, à condition d'être entièrement financée en fonds propres, survivre un certain temps.

Bien entendu, les actionnaires ne tireraient aucune rémunération de leur capital investi, égal dans ce cas-là au total du bilan et qui finirait par s'éroder sous l'effet de l'inflation. Mais *l'absence de versements de dividendes ne saurait, en théorie, mettre une société en faillite.*

b) Solvabilité

C'est l'existence de capitaux empruntés qui impose à une entreprise de respecter, au-delà de la contrainte de viabilité, une contrainte de solvabilité. Est solvable une entreprise capable, grâce à sa rentabilité économique, de financer l'intégralité de sa charge financière (remboursement de la dette + frais financiers).

De manière immédiate, cela signifie qu'une société endettée devra dégager une marge industrielle supérieure à celle d'une entreprise identique exerçant son exploitation sans recours à l'emprunt.

c) Rentabilité

Une entreprise viable et solvable est-elle nécessairement rentable ?

Il a été montré que, dès l'instant où l'amortissement économique et la charge financière n'épuisent pas intégralement la marge industrielle, l'entreprise dégagera une rentabilité des fonds propres.

41

Cependant, une entreprise ne sera considérée comme rentable que si sa *rentabilité financière*, ou taux de reproduction des fonds propres, atteint un certain niveau, qualifié de « normal » ou « satisfaisant ». Ce *niveau de satisfaction* est très largement déterminé en dehors de l'entreprise. C'est une *donnée exogène* imposée par les marchés financiers aux dirigeants. Ces marchés sont constitués par l'ensemble des marchés boursiers, c'est-à-dire des places où s'émettent, s'achètent et se revendent les titres de propriété du capital que sont les actions, mais également les obligations. La fonction quotidienne d'évaluation des cours du capital que remplit ce marché fixe à tout instant les taux de *rendement exigés par les actionnaires* d'une société donnée. Ceux-ci sont déterminés par les taux de rendement constatés pour les différents secteurs d'activité par les intervenants sur le marché.

À ce stade, il est difficile d'approcher de manière plus précise les déterminants de ce niveau de rendement attendu par les actionnaires, mais ce sujet sera traité ultérieurement. Toutefois, on peut déjà affirmer que le rendement minimal attendu sera égal au *taux d'intérêt réel* perçu sur des investissements sans risques, c'est-à-dire les créances d'État, auquel il conviendra d'ajouter un complément de taux appelé *prime de risque*, rémunérant le risque d'entreprendre. Cette prime de risque est propre à chaque marché et à chaque catégorie d'entreprise.

Cela signifie déjà que l'entreprise rentable, c'est-à-dire celle dont la rentabilité financière est égale ou supérieure au niveau de rémunération attendu par les actionnaires, serait nécessairement solvable si elle était intégralement financée sur fonds empruntés (ce qui supposerait que le coût des fonds empruntés soit inférieur au coût du capital de la société considérée).

La *rentabilité financière* se décompose en :

– rentabilité économique ;

– taux d'endettement ;

– frais financiers.

Elle *doit donc être supérieure au coût du capital*, ce qui caractérise les économies de marché.

Il y aura, toutes choses égales par ailleurs, des modifications du rendement exigé par le marché qui pèseront sur la rentabilité financière que devront dégager les entreprises.

Si le recours à l'effet de levier financier peut permettre d'accroître une rentabilité économique pour améliorer in fine la rentabilité financière, c'est toujours en définitive de la marge industrielle que proviendra la rémunération des fonds propres et donc des actionnaires. Cette marge industrielle qui mesure une productivité économique, et sur laquelle agissent ou tentent d'agir les dirigeants, sera sans cesse confrontée à des taux de rendement exigés déterminés non seulement en dehors de l'entreprise concernée mais également en dehors même de la sphère industrielle.

À partir du moment où les taux d'intérêt deviennent des instruments de la politique monétaire interne et externe des gouvernements, l'entreprise sera sans cesse contrainte de se mesurer à des rendements financiers non seulement déterminés à l'extérieur d'elle-même mais également largement erratiques. À la viscosité constatée des marges industrielles s'oppose la volatilité des taux qui provoquent, en alimentant la spéculation, la volatilité des marchés et des valeurs.

On voit que ce concept de rentabilité dynamique, confrontant taux de rendement attendu par les actionnaires et taux de rentabilité future de l'entreprise, est assez éloigné de la notion traditionnelle de rentabilité financière calculée à partir des données comptables. Il faut simplement en être bien conscient.

6. Calcul financier et choix des investissements

a) Quelques éléments de calcul financier

Ces bases de bon sens méritent, à une époque qui cultive la complexité, d'être rappelées car leurs conséquences simples et déterminantes sont trop souvent négligées.

Capitalisation

Le principe de capitalisation des intérêts et les résultats qu'il produit sont particulièrement importants dans la compréhension des outils financiers de base.

La capitalisation d'une somme à 15 % par an permet de doubler la mise initiale en cinq ans, alors qu'à 10 %, il faut compter un peu plus de sept ans et qu'à 7 %, il en faut plus de dix.

Cette capacité de doubler son capital en cinq ans n'est pas sans relation avec la « frénésie des 15 % » qui sévit depuis le milieu des années quatre-vingt-dix et qui n'a, sauf exception, aucune réalité industrielle.

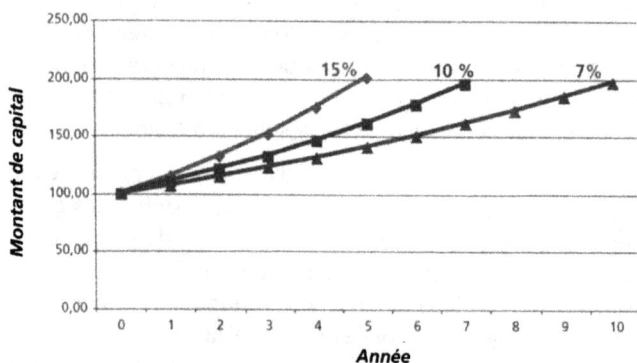

Figure 4 – Évolution d'un capital initial en fonction du taux de croissance annuel composé

Inflation

Dès lors que les flux doivent être actualisés, la question se pose de choisir entre des flux et des taux courants ou constants.

Il est à priori indifférent de raisonner en termes courants (ou nominaux) ou en termes constants (ou réels), à condition de bien s'assurer que :

– l'actualisation de flux évalués en monnaie courante soit faite à un taux d'actualisation nominal ;

– de manière alternative, l'actualisation de flux évalués en monnaie constante soit faite à un taux d'actualisation réel.

Hormis le cas d'une forte inflation qui introduit des déviations sur les flux d'une entreprise, notamment le décalage entre investissement et amortissement, pour plus de simplicité, il est usuel, chez les praticiens, de procéder aux calculs en francs courants.

Dette obligataire

La dette peut être levée de deux façons différentes par l'entreprise :

– de façon contractuelle en ayant recours à un emprunt bancaire que l'on a coutume d'appeler emprunt indivis ;

– en ayant recours aux marchés de la dette obligataire, l'entreprise faisant face cette fois-ci à une multitude de contreparties. Cette dette est constituée d'un ensemble de valeurs mobilières appelées obligations, c'est-à-dire librement échangeables sur un marché organisé.

L'obligation peut être caractérisée par son prix et son taux facial. Sur les marchés obligataires, la baisse des taux faciaux des nouvelles obligations émises fait augmenter le prix des obligations déjà existantes. Inversement, l'augmentation du taux facial des nouvelles obligations émises fait baisser le prix des obligations déjà existantes. Les flux d'une obligation étant connus à l'avance dans l'obligation à taux fixe, la variable d'ajustement du prix de l'obligation est le taux actuariel de l'obligation.

Dans l'exercice d'évaluation, il ne faut pas oublier de retenir la dette de type obligataire pour sa valeur de marché.

b) Choix et rentabilité des investissements

Le concept de rentabilité financière est également très pratiqué afin d'évaluer la performance financière des investissements entrepris par les différentes unités opérationnelles au sein des sociétés. On parle alors de rentabilité des investissements.

La pratique de l'analyse des investissements est l'une des plus anciennes dans l'entreprise. Elle a d'abord été comptable : acquisition d'un actif dans le but qu'il procure un supplément de bénéfice. Les limites de ce critère d'analyse de performance sont nombreuses : il dépend des politiques d'immobilisation et d'amortissement, il ne prend pas en compte la durée de vie des projets, leurs délais de mise en œuvre, le rythme auquel ils généreront des flux, sans parler de la manière dont ces investissements sont financés.

La méthode du délai de remboursement du capital investi s'est ensuite imposée. Une première version consistait à calculer le nombre d'années nécessaires à récupérer l'investissement initial. Mais cette méthode ne prenait pas en compte le décalage dans le temps entre les décaissements et les encaissements y afférents.

Une version plus sophistiquée du délai de remboursement, visant à pallier l'insuffisance de la précédente, prend en compte les flux actualisés. Mais elle reste imprécise, ignorant la contribution des flux postérieurs à la période de remboursement.

Malgré ses imperfections, ce type de méthode s'est largement propagé, grâce à sa facilité et à sa rapidité de calcul.

Par ailleurs, la pratique du choix des investissements a progressé, et le recours à l'actualisation des flux financiers dégagés par un projet industriel s'est généralisé. En effet, seule l'actualisation de l'ensemble des flux permet de prendre en considération la préférence à priori de tout investisseur pour un encaissement aujourd'hui plutôt que demain, sans négliger la création globale de valeur.

Deux principales méthodes coexistent : la valeur actuelle nette (VAN) et le taux de rendement interne (TRI).

- La valeur actuelle nette (VAN) est égale à la différence entre les flux actualisés de dépenses et de recettes. Si celle-ci est positive, l'investissement est rentable. Cette solution présuppose la détermination d'un taux d'actualisation, et c'est là la limite de la méthode, une certaine incertitude régnant sur l'estimation précise d'un taux intégrant effectivement l'ensemble des risques du projet.

- Le taux de rendement interne (TRI) est le taux qui égalise la somme actualisée des recettes et des dépenses relatives à l'investissement. Cette approche offre en principe l'avantage de ne pas avoir à choisir de taux d'actualisation et donc de ne pas être tenté d'en influencer le niveau. Le TRI est ensuite comparé au taux de rendement attendu par l'investisseur, le problème du taux étant donc reporté sur ce dernier.

On détermine ce taux, pour lequel la VAN d'un projet d'investissements est nulle, par l'équation suivante :

$$\sum_{i=1}^{N} Ri(1 + TRI)^{-i} = 0$$

où I est la dépense initiale d'investissements.
Ri, le revenu prévisionnel de l'année i engendré par l'investissement.
N, le nombre d'années.

Par exemple, pour une dépense de 1000 en année 0 engendrant un revenu de 300 par an pendant cinq ans, le TRI de l'investissement est égal à 15,24 %.

Ces deux méthodes sont maintenant utilisées de manière très systématique, même si, en dernier recours, les décisions ne sont pas prises sur la base de leurs résultats. La démarche paraît avoir presque plus de valeur que les conclusions qu'elle produit.

La présentation de ces deux dernières méthodes montre clairement qu'en principe le critère de sélection des investissements en est la rentabilité attendue.

Si les fondements théoriques du choix des investissements sont relativement simples, leur mise en œuvre est plus compliquée.

■ Le montant de capital investi

Pour quel montant total, quel échelonnement des dépenses, quels coûts de démarrage, quels investissements induits (par exemple, l'investissement en actifs circulants qu'est la variation de BFR) et pour quelle durée de vie et obsolescence ?

■ Les flux encaissés

Quel délai de mise en route, comment évolueront les courbes d'apprentissage, quelle sera la valeur résiduelle de l'investissement, etc. ?

■ Le choix d'un taux d'actualisation

Quel est le coût du capital investi, comment appréhender les risques industriels et financiers ?

■ Le choix du financement

Il est nécessaire de distinguer l'investissement financé sur ressources propres de celui financé par accroissement de la dette.

Enfin, ces méthodes n'intègrent pas suffisamment certains aspects difficilement quantifiables, comme les considérations stratégiques ou l'évaluation des risques.

Les techniques de choix des investissements n'ont pas de valeur absolue, elles constituent un outil d'aide à la décision. Bien que les méthodes basées sur l'actualisation soient plus précises, on observe, dans un environnement économique excessivement mouvant, un regain d'intérêt pour des approches inspirées du délai de récupération du capital investi. Nombre de dirigeants préfèrent privilégier un investissement dont le taux de rendement s'avère légèrement inférieur à un autre, mais qui se « repaiera » plus vite (intégration du facteur risque).

Toutefois, si l'actualisation reste couramment utilisée au niveau des projets d'investissements individuels, elle l'est plus rarement au niveau de l'appréhension de la performance d'une division. Une telle démarche demanderait une généralisation de la méthode et une consolidation de projets de natures diverses, discipline à laquelle nombre de dirigeants opérationnels, souvent parce qu'ils n'ont pas suffisamment été sensibilisés à ce type de démarche, rechignent à se plier. On se contente, dans le meilleur des cas, d'appliquer à une division un critère de rentabilité des capitaux globalement investis. Là se trouve l'un des principaux obstacles à la mise en œuvre d'un pilotage financier de l'entreprise intégré, basé sur l'actualisation des flux disponibles.

La divulgation des techniques de choix des investissements a néanmoins contribué au développement de la pratique de l'évaluation des sociétés par l'actualisation des flux financiers et de la nécessité d'en analyser les diverses composantes économiques et financières, d'argumenter plusieurs séries d'hypothèses et de procéder à des analyses de sensibilité.

En conclusion, la rentabilité économique est encore, dans bien des cas, l'unique critère de suivi de l'utilisation des capitaux de l'entreprise par ses principaux responsables opérationnels. Le taux minimal servant de critère de jugement est souvent déterminé par la pratique et ainsi reconduit d'année en année, sans que plus personne ne se pose la question de sa signification. À part dans quelques grands groupes, il n'est en général pas relié à un taux reflétant le coût du capital, et il est encore plus rarement explicitement validé par une approche de valorisation.

CHAPITRE 3

Le tableau des flux

Parce qu'elle vise avant tout à faire apparaître un résultat imposable, la comptabilité distingue dans l'activité de l'entreprise les *charges* des *produits*. Cette opposition n'est pas nécessairement la plus pertinente lorsque le point de vue adapté à la fois pour juger et prévoir les performances de l'entreprise devient celui du financier. Pour celui-ci, l'entreprise, qu'il en possède ou non une partie ou qu'il soit mandaté pour la diriger, représente un capital dont il attend une rémunération sous la forme de *flux monétaires*.

Ces flux ne seront positifs qu'à condition que l'entreprise ait décaissé moins d'argent qu'elle n'en a encaissé durant la période de référence qui est normalement l'exercice comptable. Dès l'instant où l'on constate que les notions d'*encaissements* et de *décaissements* ne recouvrent pas celles de produits ou de charges, les états comptables ne peuvent pas fournir un « modèle » de fonctionnement de l'entreprise qui puisse satisfaire le financier.

Une représentation financière de l'entreprise nécessite la construction d'un modèle qui raisonne en termes d'entrées et de sorties d'argent et qui débouche non pas sur la mesure d'un solde imposable mais plutôt sur la mise en évidence d'un besoin ou d'une ressource de liquidités.

Dans cette optique, trois grandes approches peuvent être distinguées : le tableau de financement défini par le plan comptable général (PCG), le tableau pluriannuel des flux financiers (TPFF) développé par Geoffroy de Murard et, enfin, l'approche anglo-saxonne, la plus répandue à l'heure actuelle.

Le tableau de financement (ou tableau d'emplois et ressources) obéit à la logique suivante : en partant de la comptabilité et plus précisément du résultat net, ce tableau montre comment la marge brute d'autofinancement doit permettre de couvrir au minimum la variation du besoin en fonds de roulement et le montant des investissements.

Il nous semble que l'approche la plus intéressante pour pallier les carences du tableau de financement a été élaborée par Geoffroy de Murard dans son tableau pluriannuel des flux financiers.

Ce modèle présente deux caractéristiques essentielles :

– il raisonne en termes de flux monétaires et non d'écritures comptables ;

– il établit une décomposition originale de ces flux entre la sphère industrielle et la sphère financière de l'entreprise.

Quant au tableau anglo-saxon, il se rapproche du tableau précédent en distinguant bien les flux provenant de l'activité (*operating cash-flows*) des flux d'investissements-désinvestissements (*investing cash-flows*) et, enfin, des flux de financements (*financing cash-flows*)

La doctrine comptable évolue d'ailleurs dans le sens d'une généralisation de l'utilisation de tableaux de variations du disponible en remplacement du tableau de financement.

Plutôt que d'aborder le tableau des flux de manière purement théorique pour ne l'appliquer que dans un deuxième temps, nous avons choisi de « descendre », avec le lecteur, le tableau des flux d'une société donnée, choisissant ainsi d'aller du particulier au général.

Les comptes de la société KTYP sont repris au fur et à mesure des développements suivants dans les exemples numériques.

1. Analyse du tableau des flux

Le tableau des flux est présenté ci-après.

Le tableau pluriannuel des flux financiers représente l'activité de l'entreprise sous la forme d'une « cascade » qui s'articule autour de *trois soldes* : le solde *industriel*, le solde *financier* et le solde *distribuable*.

Le solde industriel, qui n'incorpore que des flux liés à l'exploitation, mesure ce qui reste (ou manque) à l'entreprise du produit encaissé de ses ventes après qu'elle ait à la fois décaissé les coûts liés à la production de biens et/ou de services et assuré la dépense de maintien et de croissance du capital fixe et circulant.

Le solde financier mesure à l'inverse l'apport ou la ponction du système bancaire et financier au regard des deux dépenses « improductives » que constituent la charge financière et le paiement de l'impôt.

Le solde distribuable est la résultante de ces deux soldes. Il mesure exactement les liquidités générées par l'activité de l'entreprise à travers à la fois sa fonction industrielle et sa fonction financière.

Ce solde est donc, comme nous le verrons tout au long de ce chapitre, le *triple reflet d'une rentabilité économique, d'une structure financière et d'un taux de croissance.*

Opérations d'exploitation:	N	N+1	N+2
Résultat net, part du Groupe			
Eléments de rapprochement du résultat net et de la trésorerie nette provenant des opérations d'exploitation			
Dotations aux amortissements et provisions pour dépréciation des immobilisations			
Opérations d'exploitation:			
Dotations aux provisions financières			
Plus-values de cessions d'immobilisations			
Résultats des sociétés mises en équivalence nets des dividendes reçus			
Impôts différés			
Intérêts minoritaires			
Variation nette du besoin en fonds de roulement			
Trésorerie nette provenant des opérations d'exploitation			
Opérations d'investissement :			
Investissements industriels			
Cessions de biens industriels			
Acquisitions d'immobilisations financières			
Cession de titres immobilisés de l'activité portefeuille			

Trésorerie nette affectée aux opérations d'investissement **Opérations de financement :** Variation nette des emprunts à court terme Augmentation des dettes financières long terme et autres dettes long terme Remboursement des dettes financières long terme et autres dettes long terme Augmentation de capital Rachats d'actions propres Dividendes versés en numéraire Achat / vente de valeurs mobilières de placement (VMP) Variation nette des créances financières Autres dettes à long terme **Trésorerie nette affectée aux opérations de financement** Effet de change **Total des flux de trésorerie** **Trésorerie** **Ouverture** **Clôture**			

Figure 5 – Tableau des flux, approche classique

	N	%	N+1	%
Chiffre d'affaires + Δ Stocks produits finis				
PRODUCTION				
– Achats de matières premières – Δ Stocks de matières premières – Autres charges externes				
VALEUR AJOUTÉE				
+ Subventions d'exploitation – Impôts et taxes – Charges de personnel (1)				

RBE			
+ Δ Stocks de produits en cours (2) + Δ Clients − Δ Fournisseurs + Δ Autres BFR (3) **• BFR GLOBAL**			
ETE			
- Investissements nets (4)			
SURPLUS INDUSTRIEL			
Δ Dettes à court terme + Δ Dettes à long terme − Charges financières nettes (5) − Investissements financiers nets (6) − Impôt sur les sociétés			
+ SURPLUS FINANCIER SOLDE DISTRIBUABLE			
− Dividendes			
SOLDE DISPONIBLE			
− Δ Capital + Ajustements (charges excep. nettes) (7) = Δ Liquidités (8)			

Figure 6 – Tableau pluriannuel des flux financiers, approche de Geoffroy de Murard

EXPLOITATION	Résultat + dotations aux amortissements = CAF − Variation du BFRE = Flux générés par l'activité (a)
INVESTISSEMENT	Cessions d'actifs − Dépenses d'investissement = Flux liés à l'investissement (b)
FINANCEMENT	Nouveaux emprunts − Remboursements d'emprunts − Charges financières − Variations des placements financiers + Produits financiers + Augmentation de Capital − Dividendes distribués = Flux liés au financement (c) (a)+(b)+(c) = Variation du disponible

Figure 7 – Tableau de financement de l'Ordre des experts-comptables français, approche anglo-saxonne

Notes explicatives

Le tableau des flux ne fait pas de distinction entre la part revenant au Groupe et celle revenant aux minoritaires du résultat de l'exercice ou des capitaux propres puisqu'il a pour fonction d'expliquer la variation globale de la trésorerie.

(1) Les frais de personnel comprennent la participation des salariés.

(2) Calcul de la variation du BFR au sens strict ou BFR d'exploitation :

Δ Stocks

+ Dotations aux provisions pour dépréciation des stocks nettes des reprises

+ Δ Créances clients

+ Dotations aux provisions pour dépréciation des créances clients nettes des reprises

− Δ Fournisseurs

= Δ BFR exploitation

(3) Calcul de la variation du BFR hors exploitation :

Δ Autres créances (y compris charges constatées d'avance et charges à répartir)

− Δ Autres dettes (y compris produits, constatées d'avance)

+ Δ Créances diverses

− Δ Dettes diverses

= Δ BFR hors exploitation

(4) Ne sont pris en compte au niveau du solde industriel que les investissements en immobilisations corporelles ou incorporelles. Calcul des investissements de la période :

Δ Immobilisations corporelles et incorporelles nettes

+ Dotation aux amortissements sur immobilisations corporelles et incorporelles

+ Valeur comptable des immobilisations corporelles et incorporelles cédées

(5) Le résultat des sociétés intégrées et mises en équivalence est inclus dans les charges financières nettes.

(6) Calcul des investissements financiers de la période :

Δ Immobilisations financières nettes

+ Dotations aux provisions pour dépréciation des immobilisations financières

+ Valeur comptable des immobilisations financières cédées

(7) Constituent également des sorties de trésorerie liées aux charges exceptionnelles nettes les opérations de gestion telles que les pénalités, les amendes fiscales et pénales, les rappels d'impôt hors IS, les subventions accordées.

(8) Calcul de la variation des liquidités :

Δ crédits bancaires courants et soldes créditeurs de banque

+ Δ Valeurs mobilières de placement

− Δ Disponibilités

a) Le surplus industriel

Le solde industriel est la différence, positive ou négative, entre les ventes de l'entreprise et l'ensemble des dépenses relatives aussi bien au cycle de production qu'à celui de l'investissement.

Il est conditionné par le rapport entre la marge industrielle dégagée (RBE) et la dépense entraînée par la reconstitution et la croissance des capitaux investis.

Il est une fonction à trois paramètres : le taux de marge, l'intensité en capital et le taux de croissance.

La marge industrielle

La marge industrielle (ou RBE) est la fraction de la valeur ajoutée qui n'est pas absorbée par la rémunération de la force de travail. Le taux de marge industrielle est égal au rapport du résultat brut d'exploitation sur la valeur ajoutée (RBE/VA). Il désigne la répartition de la richesse créée entre deux facteurs qui ont participé à la formation de cette richesse : le travail et le capital.

Produits

– Charges externes

= Valeur ajoutée

– Charges de personnel

= RBE

On pourrait penser à priori que ce partage de la valeur ajoutée entre le travail et le capital reflète celui de la richesse créée entre les salariés et les capitalistes, ceux-ci étant entendus dans un sens large d'apporteurs de capitaux monétaires, qu'ils soient propriétaires du capital ou créanciers. Mais indépendamment de toute connotation idéologique, il n'en n'est pas ainsi. En effet, cette marge brute n'est pas disponible immédiatement pour venir rémunérer les apporteurs de capitaux monétaires. Elle doit être utilisée de manière prioritaire à la *reconstitution du capital physique* qui a été consommé dans le processus de production.

Ainsi, en lui-même, le taux de marge industrielle ne suffit pas à caractériser un état donné de la répartition des revenus entre salariés et capitalistes, que ce soit au niveau microéconomique ou au niveau macro-économique. Une augmentation du taux de marge peut s'accompagner d'une détérioration relative de la ponction des capitalistes, pour peu qu'elle compense insuffisamment la croissance du besoin de renouvellement du capital physique (par exemple lié à la hausse de l'intensité capitalistique).

Le taux de marge n'a donc en lui-même aucune signification. Pour être interprété, il doit être rapporté au stock de capital engagé par l'entreprise dans le cycle de production et à sa durée de vie.

Pour qu'une entreprise soit viable, il ne faut pas que s'instaure de *contradiction* entre la contribution respective du *travail* et du *capital* à la *création de la valeur ajoutée* et la répartition de cette valeur ajoutée entre les deux facteurs.

L'excédent de trésorerie d'exploitation (ETE)

Cet agrégat permet de mesurer le flux de liquidités réellement produit par le cycle de revenu, c'est-à-dire l'excédent de recettes encaissé sur les dépenses courantes décaissées.

RBE

– Variation des stocks

– Variation des postes clients

+ Variation des postes fournisseurs

– Variation du BFR hors exploitation

= ETE

Il marque dans le tableau de flux le *décrochage entre la logique comptable et la logique financière* pour corriger le RBE des charges et des produits constatés qui n'ont pas entraîné un encaissement ou un décaissement effectif. Tel qu'il figure dans le compte d'exploitation, le RBE enregistre des éléments qui ne correspondent pas à l'encaissement d'un flux alors qu'il omet, à l'inverse, des résultats monétaires encaissés durant l'exercice et non enregistrés.

Le RBE inclut ainsi la variation positive des stocks de produits finis qui, si elle constitue un investissement physique, n'a pas été encaissée.

À l'inverse, il considère comme une dépense négative la variation positive du stock de matières premières qui, bien que venant en déduction des achats, a néanmoins été payé.

Le RBE enregistre, à travers le chiffre d'affaires, des ventes qui n'ont pas été réglées. À l'inverse, il omet le paiement des ventes facturées l'année précédente et qui ont donné lieu à un crédit.

Le RBE enregistre en coûts des achats qui, facturés lors de l'exercice, ne seront réglés qu'ultérieurement du fait des délais de paiement accordés par les fournisseurs. À l'inverse, le règlement durant l'année d'achats facturés lors de l'année précédente n'apparaît pas.

Le *passage de la marge calculée à la marge encaissée* impose ainsi de redresser le RBE de plusieurs variations :

– la variation des stocks ;

– la variation du poste client ;

– la variation du poste fournisseur ;

soit finalement la variation du besoin en fonds de roulement.

De l'ETE au surplus industriel

L'ETE va être affecté, dans la logique du tableau des flux, au financement de l'investissement. S'il est vrai que l'affectation de flux monétaires à des dépenses particulières ou privilégiées peut revêtir un caractère arbitraire, elle permet néanmoins de faire apparaître un solde économique ou industriel qui ne prend en compte que les dépenses et les recettes liées au cycle de commercialisation et de production, indépendamment des conditions de financement de celui-ci.

ETE

– Inv.

= Surplus industriel

L'investissement pris en compte dans le calcul du solde industriel regroupe indistinctement les dépenses liées à la reconstitution du *stock de capital fixe* comme celles liées à son *accroissement*, ceci dans le cadre de son activité opérationnelle normale. De ce fait, il nécessite pour être interprété d'être rapporté au taux de croissance de l'entreprise qui conditionne la dépense en capital fixe et circulant. De même que le RBE ne peut s'apprécier que relativement au stock de capital mis en œuvre dans la production, le solde industriel ne peut s'apprécier qu'en regard de la croissance de ce stock de capital.

Ne sont pris en compte, ici, que les investissements liés à la croissance interne ou opérationnelle et consolidés par la méthode globale. En effet, si l'on retenait les investissements financiers, il deviendrait impossible de porter un jugement sur le niveau du solde industriel. Ceux-ci seront pris en compte soit dans le calcul du flux financier, si ces investissements sont jugés relever de l'activité normale de la société, soit dans un solde d'ajustement de trésorerie, dans le cas contraire, l'investissement étant alors valorisé séparément.

b) Le surplus financier

Le surplus industriel additionne et soustrait des flux économiques : recettes encaissées, coûts décaissés, investissement en capital fixe et en capital circulant.

Le surplus financier mesure quant à lui la différence entre les apports du système financier et bancaire et ce que l'entreprise, sur un exercice, lui rembourse et lui verse en charges financières nettes.

Alors que le solde industriel s'appuie encore, au moins au départ, sur la logique comptable, le solde financier lui tourne carrément le dos et la contredit. Le surplus financier met, en effet, en relation des débours ayant la nature d'un coût (les frais financiers) et un « encaissement » relevant du cycle du capital (l'accroissement des dettes).

De la sphère financière l'entreprise ne perçoit en effet, au cours de l'exercice, qu'un seul encaissement : celui correspondant à son *apport net en capitaux* lorsqu'il est positif. Ce sont les liquidités reçues du système financier lors de l'obtention de crédits ou lors de l'émission de papier financier de type obligataire, nettes des remboursements de créances.

Ce que l'on appelle la ponction du système financier et bancaire dans le tableau des flux agrège deux catégories de débours à priori hétérogènes : les *intérêts versés* au système bancaire (nets des produits financiers reçus) et l'*impôt* sur le revenu des sociétés.

Si les premiers apparaissent naturellement comme une ponction du système bancaire, on peut s'interroger sur la nature des seconds. Ils ont pourtant une particularité essentielle en commun, leur caractère d'affectation d'un surplus préalable auquel ils n'ont pas participé. Ce sont des dépenses improductives au niveau de l'entreprise, ce qui se traduit par le fait qu'elles viennent en diminution du résultat et donc de l'actif.

À noter que, par souci de simplification, la charge afférente à la participation des salariés n'est pas prise en compte au niveau du surplus financier mais elle est ajoutée au poste « salaires et charges sociales ».

c) Le solde distribuable et le solde disponible

Le solde distribuable est égal à la *somme des surplus industriel et financier.*

Le *solde disponible* ou *variation des liquidités* est égal au solde distribuable amputé des dividendes distribués et de la variation des capitaux propres. En effet, hors impact fiscal, on peut assimiler les fonds propres, que les actionnaires réinvestissent, à un dividende négatif.

Il est précisé que les éléments exceptionnels se traduisant par un encaissement ou un décaissement ne sont pas retenus dans le tableau des flux. En effet, l'optique de l'ouvrage étant avant tout financière et la démarche suivie privilégiant la notion de valeur, les éléments exceptionnels, qui sont par nature non récurrents et par conséquent non prévisibles, ne peuvent être pris en compte.

2. Interprétation du tableau des flux

L'objectif de l'entreprise est, à partir des capitaux investis, de dégager un *surplus monétaire distribuable à l'actionnaire.*

Par ailleurs, l'entreprise peut être décomposée en deux circuits exprimés en termes monétaires : un circuit *industriel* et un circuit *financier.*

Le tableau des flux montre que ce surplus total, que nous appellerons le solde distribuable, est la somme du surplus généré par la fonction industrielle (surplus industriel) et du surplus généré par la fonction financière (surplus financier).

Dans le *cas le plus général*, c'est-à-dire celui qui correspond au comportement moyen observé sur les sociétés françaises, le surplus global sera la différence entre un *surplus industriel positif* et un *surplus financier négatif.*

En effet, ces entreprises (et la plupart des entreprises) sont caractérisées par :

– un surplus des recettes liées au cycle de production sur les dépenses en capital fixe et circulant, soit un *surplus industriel positif* ;

– un excédent de la « ponction financière » (intérêt et impôt) sur l'apport du système financier et bancaire sous forme d'accroissement net de la dette, soit un *solde financier négatif.*

Concrètement, ceci signifie que, pour l'ensemble des entreprises, le surplus industriel est en partie absorbé par la fraction des frais financiers et de l'impôt non couvert par la dette nouvelle.

Toutefois, cette donnée empirique ne doit pas se transformer en une norme. Il est même concevable, on le verra par la suite, qu'une entreprise structurellement déficitaire au niveau des flux industriels puisse faire apparaître un surplus global positif et distribuable grâce à un apport net du système financier et bancaire.

Ce *surplus global,* égal à la somme de deux soldes, le surplus industriel et surplus financier, s'identifie à la *distribution potentielle* de l'entreprise. La seule affectation possible de ce surplus final est en effet soit la distribution aux actionnaires, soit l'accroissement du stock de liquidités. Sur longue période, à condition bien sûr que l'entreprise industrielle n'ait pas pour vocation de se transformer en établissement financier, ce surplus devra être distribué.

Le tableau pluriannuel des flux financiers montre bien que l'actionnaire achetant le titre d'une entreprise achète un droit sur une suite infinie de soldes distribuables résultant de la somme des surplus industriels et financiers dégagés. Dans le cas le plus courant où l'entreprise produit un surplus industriel positif et un surplus financier négatif, l'actionnaire achète au travers d'une action un droit sur un flux distribuable égal à l'excès du surplus industriel positif sur le surplus financier négatif.

Toutefois, la possibilité existe de voir une entreprise dégager un surplus global à partir d'un surplus industriel négatif. Dans ce cas, le flux final produit par l'entreprise proviendra intégralement du système financier et bancaire. L'entreprise distribue alors un flux emprunté et non dégagé par son activité industrielle et commerciale propre.

Avant d'aborder les méthodes d'évaluation des sociétés et en conclusion sur les différents indicateurs de performance, il convient d'insister à nouveau non seulement sur les limites, en matière d'analyse financière, des principaux soldes de rentabilité produits à partir des enregistrements comptables, mais également sur le caractère statique des soldes et ratios couramment pratiqués. L'un des principes de base de la pratique d'une analyse financière et de valeur fiable est que *la rentabilité présente d'une société n'offre en aucune manière d'indication sur sa rentabilité financière future et ne saurait en aucun cas la garantir.*

CHAPITRE 4

Introduction à la valorisation

La fonction financière a pour finalité d'aider l'entreprise *à utiliser de manière optimale les ressources économiques* mises en œuvre et donc à *maximiser la valeur de son capital*.

C'est pourquoi, après avoir procédé à une analyse critique des principaux outils d'analyse financière, nous abordons l'exercice complexe mais très important de valorisation. Nous préciserons le contexte dans lequel cette démarche se situe, puis nous présenterons de manière succincte les différentes méthodes d'évaluation des entreprises les plus couramment utilisées.

1. Contexte de l'évaluation

Le processus d'évaluation d'une entreprise, comme de tout bien susceptible d'avoir une valeur marchande, se révèle délicat pour plusieurs raisons :

- la valeur est une grandeur économique fondée sur la *rareté et l'utilité*, concepts eux-mêmes abstraits ;

- c'est une notion entachée de *subjectivité* puisqu'elle dépend de l'aptitude du bien évalué à satisfaire les besoins de son utilisateur ;

- le processus d'évaluation aboutit à un *montant chiffré*, censé à lui seul fournir une représentation synthétique d'une réalité multiforme et organique : l'entreprise ;

- enfin, il ne faut pas confondre les notions de *valeur et de prix*, la première étant une réalité subjective et la seconde, une réalité monétaire concrète et objective ; en effet, la valeur ne devient un prix que lorsqu'il y a eu transaction.

Ainsi la démarche de valorisation d'une entreprise, comprise dans le sens le plus large de *valorisation économique et financière fondamentale,* ne peut-elle s'affranchir du contexte dans lequel elle est menée. Les *circonstances peuvent être multiples :*

– acquisition ou cession globale du contrôle ou d'une participation minoritaire d'une société ;

– rapprochements et restructurations de toutes sortes telles que fusion, scission, apport partiel d'actif ;

– offre publique d'achat (OPA) ou offre publique d'échange (OPE) ;

– acquisition ou cession d'une branche d'activité, d'une filiale ou d'un actif ;

– introduction en Bourse, augmentation de capital ou émission de dette à composante d'actions (obligations convertibles ou bons), émission de trackers portant sur une filiale, etc. ;

– reprise financée par effet de levier (LBO) ou par les salariés (RES) ;

– privatisations ;

– transmission d'entreprise ;

– évaluation fiscale ;

– mise en place d'un système d'intéressement en capital pour les salariés ;

– gouvernance d'entreprise et suivi de la valeur actionnariale.

Chaque situation correspond à un problème spécifique qui détermine l'approche et la méthodologie à retenir. Le seul point commun à toutes ces situations est que chaque partie à la *négociation* défend des intérêts divergents et que la valeur retenue in fine sera le résultat des négociations. Celle-ci sera le prix de la transaction qui, pour des raisons spécifiques à une transaction donnée, peut différer d'une valeur économique et financière fondamentale à laquelle les différentes parties pourraient rationnellement adhérer : par exemple, s'il y a une concurrence effrénée sur la cible ou si l'acquéreur peut, de par son positionnement, justifier de payer une prime stratégique exceptionnelle ou le dégagement de synergies particulières.

En dehors des circonstances relatives à une opération particulière, les directions générales affichent de manière croissante le souci, à des fins de bonne gestion, de suivre l'évolution de la valeur des sociétés, qu'elles soient cotées ou non, dont elles ont la responsabilité. Tout d'abord, les sociétés cotées souhaitent *piloter leur cours de Bourse* et donc l'analyser en regard de leur valorisation économique et financière fondamentale. Ceci leur permet de prendre les mesures nécessaires afin de corriger une cotation non optimale, par le biais d'actions de communication, par exemple l'annonce d'une nouvelle stratégie, d'une modification de la politique de distribution de dividendes, etc., ou de déterminer le moment le plus approprié pour réaliser des opérations en capital.

Par-delà le suivi du cours de Bourse, il s'agit ici de prolonger la démarche traditionnelle de contrôle du choix et de la rentabilité des investissements industriels. Il serait vertueux que toute société d'une taille minimale se considère en permanence comme un portefeuille de projets et que ses dirigeants aient le souci de piloter (dans le sens du terme anglais, *to monitor*), *l'usage qui est fait, aux différents niveaux de l'entreprise, de l'ensemble des capitaux utilisés*, d'où l'apparition d'outils tels que l'EVA, et de s'assurer que les différents projets constitutifs de la société créent de la valeur et n'en détruisent pas. Cette attitude implique de ne pas se satisfaire de contrôler la performance à posteriori mais de bien piloter les rentabilités futures. C'est ce que l'on appelle désormais la gestion de la valeur actionnariale. À cette condition, une entreprise ne devrait jamais de manière générale détruire de la valeur mais au contraire en créer, ce qui est bien, sur la durée, l'objectif de l'acte d'entreprendre. On verra plus loin que, dans cette optique, les démarches de valorisation basées sur l'*actualisation des flux financiers futurs disponibles* sont particulièrement adaptées à cet objectif et riches de multiples possibilités.

Pour revenir à notre propos général, l'évaluation d'une entreprise ne peut en aucun cas consister à appliquer des recettes précises afin de trouver un chiffre qui ne signifiera rien dans l'absolu. Évaluer une entreprise implique d'adopter une *démarche analytique globale*. Celle-ci fournit avant tout aux équipes de direction de l'acquéreur, du vendeur et à leurs banquiers d'affaires, l'opportunité d'obtenir de façon systématique une *connaissance approfondie de l'entreprise* concernée et, dans le meilleur des cas, de disposer d'un champ commun d'informations permettant aux discussions de progresser.

L'analyse détaillée, plus qualitative que quantitative, qui doit être menée inclut :

- l'ensemble des *éléments d'exploitation* tels que, de manière non exclusive : les marchés, les produits, la technologie, la position concurrentielle, la stratégie de développement, les capacités de production, les réseaux de distribution, l'organisation, l'équipe de dirigeants et les ressources humaines, la gestion des contraintes en matière de conservation de l'environnement ou de responsabilité juridique, l'image et la communication, etc. ;
- les *données financières* telles que le niveau d'activité, les résultats, la structure financière, les engagements hors bilan ;
- sans oublier les circonstances de la transaction projetée, les actionnaires de la société et les actionnaires minoritaires, etc.

Les *principales méthodes* de valorisation qui se sont développées depuis quelques décennies et les plus couramment pratiquées peuvent être regroupées selon la typologie de valorisation suivante :

- patrimoniale ;
- de rentabilité ;
- mixte ;
- de capitalisation ;
- d'actualisation de flux disponibles.

La première approche de valorisation par l'*actif net réévalué*, autrefois prédominante, est aujourd'hui surtout utilisée comme *méthode de validation* en comparaison avec les autres valeurs calculées. Sa principale faiblesse réside dans l'absurdité économique qu'il y aurait à détenir un actif de valeur qui ne serait pas susceptible de produire des résultats futurs sur une longue durée. Par contre, comme nous le verrons, le développement des activités de service et la constitution d'actifs incorporels importants confèrent un nouvel intérêt à ce modèle.

La méthode la plus universelle et assez aisément simplifiable est celle fondée sur le modèle de Gordon-Shapiro, d'actualisation du *résultat*. La valeur est généralement calculée pour les sociétés non cotées à partir du bénéfice net et pour les sociétés cotées en actualisant les dividendes. L'un des propos du présent ouvrage est de démontrer qu'au-delà des apparences il n'y a pas, sur le long terme, de différence entre les deux méthodes. Les méthodes de rentabilité sont critiquées car jugées limitées : l'on dispose uniquement d'un solde de bénéfice actuel, et, en l'absence d'informations suffisantes, toute extrapolation de celui-ci est risquée et le choix d'un taux d'actualisation se révèle encore plus délicat.

Les méthodes boursières se heurtent aux mêmes difficultés et elles souffrent de surcroît des comportements erratiques de la Bourse.

Les méthodes de capitalisation couvrent les valorisations par application de multiples boursiers et de multiples appelés comparatifs s'ils sont dérivés de sociétés non cotées. Si elles élargissent le champ des possibilités en matière d'évaluation, elles combinent les difficultés du choix des soldes de résultats, des fluctuations boursières, des ajustements dus aux différences de taux et de prime de risque selon les marchés et de la comparabilité entre différentes sociétés.

Les méthodes mixtes ou dites de rente du goodwill combinent une approche d'actif net et d'actualisation d'une rente de super-résultat. Elles étaient tombées en désuétude mais, comme l'actif net et en partie pour les mêmes raisons, elles reprennent de l'intérêt. L'EVA, nous le verrons, peut être perçue comme une méthode de rente de goodwill plus sophistiquée.

Le recours à la dernière méthode, tant il s'est finalement généralisé, est devenu indispensable. Il ne faut pas oublier que, il y a quinze ans, son utilisation en France était encore assez peu répandue ; elle s'est diffusée avec l'intervention des grandes banques anglo-saxonnes lors des premiers grands dossiers de privatisation. L'AFD requiert certes de disposer de prévisions des flux financiers futurs, exercice que tout le monde s'accorde à qualifier de lourd et de hasardeux, et de choisir un taux d'actualisation. Mais c'est la méthode d'investigation la plus riche qui existe, permettant de parvenir à une véritable connaissance approfondie d'une entreprise en croisant les approches, les simulations sur différentes variables économiques et les analyses de sensibilité.

Enfin, il convient d'insister sur deux points :

▪ Il n'y a pas de recettes prédéterminées en matière d'évaluation, et les méthodes qui sont retenues après que l'évaluateur a procédé à un diagnostic économique et financier complet doivent découler de la nature des activités et des nombreuses caractéristiques propres à la société à évaluer.

■ De manière générale et, à nouveau, selon la nature des sociétés concernées, il est nécessaire de procéder à une approche multi-critères et de recouper les résultats des différentes méthodes d'évaluation ; les montants auxquels elles aboutissent n'ont pas de signification absolue à eux seuls, mais la confrontation des méthodes qui permet de justifier et de réconcilier les différentes approches est plus riche d'enseignement que les seules valeurs obtenues par chacune des différentes méthodes prises séparément.

2. Méthodes patrimoniales

Cette méthode, qui autrefois se réduisait à l'approche de la valeur d'une société par son *actif net corrigé*, a retrouvé, avec le développement de nouvelles méthodes de valorisation par la rentabilité, un regain d'intérêt parce que son résultat s'est enrichi au regard de ceux fournis par les autres méthodes.

Aujourd'hui, cette méthode est plutôt présentée comme consistant à *additionner la valeur des différents biens composant le patrimoine de l'entreprise et à en retrancher les dettes* ou sommes dues à des tiers. L'approche se révèle particulièrement intéressante lorsqu'il s'agit d'évaluer des groupes extrêmement complexes car composés de nombreux actifs ou filiales, ou de holdings diversifiés.

L'*actif net comptable* s'obtient au bilan par la différence entre le total de l'actif et le passif dit exigible. Ce montant est égal à la valeur comptable des capitaux propres (après affectation du résultat de l'exercice en cours).

Or, de par les règles comptables, la valeur d'actif net figurant au bilan ne correspondra que rarement à la *valeur d'usage actuelle ou vénale* des biens utilisés par l'entreprise, pour les raisons suivantes, en partie déjà évoquées :

– enregistrement comptable effectué au coût historique ;

– prédominance fiscale de la comptabilisation des amortissements et provisions ;

– valeur des incorporels inscrits au bilan et absence de certains incorporels au bilan ;

– valeur des titres de participation ;

– actifs hors exploitation ;

– passifs latents, etc.

Il est donc nécessaire d'analyser et de corriger les éléments d'actif et de passif concernés, ce qui permettra d'estimer l'actif net corrigé.

La réévaluation des éléments concernés doit être réalisée dans le cadre de la *poursuite de l'exploitation* de l'entreprise et conduit à une valeur d'usage ou vénale. À défaut, on se retrouverait dans un contexte de cessation d'activité et de liquidation et il ne suffirait pas d'additionner la valeur des différents éléments, il conviendrait également de retrancher tous les coûts de liquidation et des passifs potentiels qu'une cessation d'activité est susceptible d'entraîner.

Il faut préciser que la valorisation par l'actif net réévalué est très *lourde*. Elle ne peut pas être conduite par des analystes extérieurs à la société et sur la seule base des comptes. Elle implique des investigations longues et méticuleuses des différents postes d'actif et de passif concernés et le recours à des spécialistes dans des domaines aussi variés que l'immobilier, les marques, les technologies, les contrats juridiques, etc.

Enfin, il est nécessaire d'imputer aux revalorisations effectuées les *impôts* relatifs aux plus-values potentielles.

La méthode de l'actif net réévalué a fait l'objet de nombreuses critiques, la principale restant que l'on ne peut pas évaluer un actif sans se soucier de sa *rentabilité*, c'est-à-dire sa capacité à générer les revenus garantissant sur le long terme sa conservation. Par ailleurs, l'approche statique convient mal à une époque de mutations très rapides et souffre de surcroît de son caractère analytique. Elle produit une valorisation réductrice d'une entité complexe et globale par la sommation de ses parties, la somme des éléments constitutifs n'étant pas égale au tout.

Cette méthode n'en reste pas moins utile comme *validation des autres méthodes*. Il est important de chercher à expliquer, par exemple, pourquoi des méthodes de valorisation par la rentabilité produiraient des valeurs inférieures à celles de l'actif net réévalué. De plus, cette méthode peut se révéler particulièrement utile dans les cas d'évaluation de sociétés momentanément non profitables ou de groupes complexes et de holdings diversifiés. Ainsi, depuis deux ans, on assiste au développement de l'*embedded value*, nouvel outil d'évaluation des compagnies d'assurance, pour mesurer leur « valeur à la casse ».

3. Valorisation par la rentabilité

L'évaluation des sociétés par la rentabilité s'est beaucoup développée à partir des années soixante-dix, les professeurs de finance français rapportant des États-Unis la théorie financière classique.

Ces méthodes sont basées sur les prémisses suivantes :

– l'actionnaire d'une société est non seulement propriétaire de ses titres mais, plus encore, il a un droit sur les résultats de celle-ci ;

– la valeur du capital ne s'apprécie qu'à l'aune des résultats qu'il peut dégager.

Ainsi, d'un point de vue strictement financier, la *valeur d'une société est égale à la valeur actualisée des flux financiers futurs disponibles et prévisibles.*

On peut formuler la valeur de la manière générale suivante :

$$\text{VAL} = \sum_{n=1}^{\infty} \frac{\text{Flux}}{(1+t)^n}$$

où VAL est la valeur actualisée de la société

Flux, le flux financier perpétuel

t, le taux d'actualisation

n, le nombre d'années

La valorisation par la rentabilité pose au minimum deux séries de problèmes :

– la disponibilité de prévisions fiables ;

– le choix d'un taux d'actualisation.

Comme il n'est pas envisageable d'obtenir des prévisions économiques et financières sur la société à évaluer pour l'éternité, dans la pratique, les analystes bornent la période de prévisions à quelques courtes années et recourent à un modèle d'évaluation faisant ressortir une *valeur résiduelle* ou valeur de revente.

Pour ce qui concerne le non moins délicat sujet du taux d'actualisation, nous nous bornerons à déclarer qu'il s'agit du taux de rendement attendu par les actionnaires.

À ce stade, nous ne chercherons pas non plus à préciser la notion de flux à retenir, sachant que c'est par cette variable qu'est captée la rentabilité de la société à évaluer et qu'il peut s'agir de l'éventail des soldes de résultats connus : résultat net, dividendes, résultat d'exploitation, marge brute d'autofinancement (cash-flow ou *free cash-flow*, etc.).

Le modèle de valorisation incorporant la valeur résiduelle de la société devient :

$$VAL = \frac{Flux}{(1+t)} + .. + \frac{Flux}{(1+t)^i} + .. + \frac{Flux}{(1+t)^n} + \frac{VALRESID}{(1+t)^n}$$

où VALRESID est la valeur résiduelle,

n, le nombre d'années de la période de prévision

Enfin, si le *flux financier* dégagé par la société à évaluer est *constant* à perpétuité, la formule générale de valorisation par la rentabilité peut se simplifier de la manière suivante :

$$VAL = \frac{Flux}{t}$$

Malgré les difficultés évoquées, les méthodes de valorisation par la rentabilité se sont fort développées, les analystes les ayant transformées en méthodes apparemment équivalentes mais beaucoup plus faciles à utiliser.

La *capitalisation des résultats,* par opposition à leur actualisation, consiste à évaluer un capital qui, placé à un taux donné, procurerait à l'investisseur un revenu égal au résultat de la société. On verra lors de développements ultérieurs que cette méthode est tout à fait valable pour autant que l'on garde bien à l'esprit ses *fondements théoriques.*

L'avantage de la capitalisation est sa simplicité d'utilisation ; elle ne comporte que deux variables :

VAL = Flux x k

k étant le coefficient de capitalisation.

Dans cette formulation, il convient de remarquer que, par rapport à notre formulation de base de la valeur :

$$VAL = \sum_{n=1}^{\infty} \frac{Flux}{(1+t)^n}, \text{ simplifiée en } VAL = \frac{Flux}{t}$$

le coefficient de base k est *égal à 1/t.* La formule est d'autant plus facile à utiliser que lorsque l'on retient comme solde de résultats à capitaliser le résultat net, le coefficient k, n'est autre que le très vulgarisé PER ou *price earning ratio* que nous francisons en ratio prix sur bénéfice ou P/B.

Dès lors, cette méthode devient non seulement facile à utiliser mais elle permet de valoriser « sur un coin de feuille et en un instant » pratiquement n'importe quelle société, y compris les sociétés non cotées, en faisant l'économie des deux principaux problèmes rencontrés, à savoir l'obtention et l'analyse de projections financières et la détermination d'un taux d'actualisation. Il suffit de relever l'une des informations boursières les plus faciles à recueillir, le P/B, et de l'appliquer au résultat net de la société à évaluer.

En théorie, cette grandeur dérivée d'un cours boursier incorpore le *futur*. Mais cette méthode doit être utilisée à bon escient, à titre indicatif et avec toutes les précautions qui s'imposent, ce qui n'est souvent pas le cas. Les principales failles sont :

– l'application d'un ratio P/B relevé sur une société non comparable ;

– un résultat net non représentatif de la capacité bénéficiaire future ;

– sans oublier le fait que la Bourse peut, à court terme, connaître des mouvements erratiques (souvent causés par des facteurs exogènes aux sociétés cotées).

Pour une utilisation efficace de ce type d'instrument, il est absolument nécessaire d'identifier le panel d'entreprises présentant une grande similitude, en termes d'actifs, avec l'entreprise étudiée. L'utilisation d'un comparatif fondé sur un panel plutôt que sur une seule entreprise offre des résultats d'une plus grande solidité.

Universitaires et praticiens sont unanimes pour reconnaître le caractère plus fiable d'un multiple de comparaison fondé sur l'EBE ou sur le REX plutôt que sur le résultat net, qui est beaucoup plus facilement manipulable.

4. Méthodes mixtes ou de rente du goodwill

Ces approches, dites « mixtes » parce qu'elles combinent les approches précédentes de valorisation de l'entreprise, cherchent à éviter les reproches faits à ces deux dernières. Les méthodes de goodwill tiennent compte en effet de la valeur patrimoniale *et* de la rentabilité de l'entreprise.

Elles ne sont plus guère pratiquées telles quelles mais nous verrons qu'elles apportaient un éclairage complémentaire utile sur la rentabilité des capitaux mis en œuvre puisque de nouvelles approches comme la valeur ajoutée économique (EVA) ne sont pas sans les rappeler.

À l'actif net corrigé est ajouté un goodwill (W) ou survaleur, correspondant à la différence constatée entre la valeur globale de l'entreprise (V) et sa valeur patrimoniale corrigée (ANC).

W = V – ANC

Cette survaleur, imputable à la capacité bénéficiaire de l'entreprise, correspond à l'écart entre la rentabilité dégagée par l'exploitation *t'* et la rentabilité normative des fonds propres *t'*.

Les « méthodes » dites de goodwill, qui n'ont jamais été très largement utilisées et qui le sont de moins en moins, font l'objet de sérieuses critiques. Ces approches constituent, plus qu'une méthode rigoureuse d'évaluation, une tentative de rapprochement entre les méthodes patrimoniale et de rentabilité. Elles doivent être au mieux considérées comme permettant de valider les résultats obtenus par d'autres méthodes pures.

Parce que la rente du goodwill est calculée différemment selon la pondération retenue entre la valeur patrimoniale et la valeur de rentabilité, on distingue plusieurs méthodes, dont les principales sont :

– la méthode des praticiens ;

– la méthode des Anglo-Saxons ;

– la méthode de la rente du goodwill.

a) La méthode des praticiens

Cette méthode était la plus couramment appliquée du fait de sa facilité d'utilisation, mais elle est tombée en désuétude.

En effet, elle tient compte à part égale de la valeur de l'actif net et de la rentabilité dans son calcul du goodwill :

$$V = \dfrac{ANC + \dfrac{(BEN - t \times ANC)}{t'}}{2}$$

où ANC est l'actif net corrigé

BEN, le bénéfice net

t, le taux d'actualisation

Ainsi, le goodwill résulte de la moyenne entre le bénéfice net actualisé et l'actif net corrigé.

Les principales difficultés soulevées par cette méthode résident dans la fiabilité du bénéfice de l'année n et du taux d'actualisation choisi et dans le manque d'unicité des concepts, puisque l'on peut arguer que l'actif net corrigé appréhende déjà en partie les résultats.

b) La méthode des Anglo-Saxons

Celle-ci diffère de la précédente en ce que le goodwill correspond à un super bénéfice actualisé, lui-même égal à la différence entre le bénéfice net et ce que rapporterait l'actif net corrigé placé sur le marché à un taux d'intérêt i.

$$V = \frac{ANC + \left[\frac{1}{t} \times (BEN - iANC)\right]}{2}$$

où i est le taux d'intérêt de la dette

Parce que cette méthode est proche de celle des praticiens, les mêmes critiques peuvent lui être adressées quant au caractère arbitraire des paramètres retenus.

Ces méthodes ne sont plus utilisées mais de nouvelles approches les ont remplacées, notamment, comme nous le verrons, celle de la VAE.

5. Méthodes de capitalisation

Ces méthodes, qui privilégient toutes la rentabilité, ont été développées à partir de l'analyse des marchés boursiers, notamment américains. Elles incluent la valeur de rendement, le modèle de Gordon-Shapiro et sa variante de croissance perpétuelle, la valorisation par le ratio prix sur bénéfice (P/B) et le modèle de Bates.

a) La valeur de rendement

Le modèle boursier de rendement appréhende la valeur du capital d'une société en *actualisant à l'infini les dividendes* futurs anticipés au taux de rendement exigé par les actionnaires.

Le modèle de rentabilité de base devient :

$$VAL = \sum_{n=1}^{\infty} \frac{DIV_n}{(1+t)^n}$$

où DIV est les dividendes annuels versés

Dans l'hypothèse où le montant de *dividendes* versés cette année est *constant pour l'éternité*, le modèle devient :

$$VAL = \frac{DIV}{t}$$

b) Le modèle de Gordon-Shapiro

Ce modèle, plus sophistiqué, suppose que le *flux de dividendes croît régulièrement* chaque année à un taux donné.

La valeur du capital de la société évaluée est fournie par l'équation :

$$VAL = \frac{DIV}{t-g}$$

Le modèle de Gordon-Shapiro *implique un taux de croissance constant et inférieur au taux de rendement attendu par les actionnaires*.

c) Le modèle de Bates

Ce modèle a connu son heure de succès car il était simple d'utilisation, si l'on se dispensait d'entrer dans la boîte noire, mais il n'est plus très utilisé.

Il consistait à relier la valeur boursière actuelle à la valeur future dans n années en prenant entre-temps en compte l'actualisation des dividendes distribués. La valeur future était déterminée par un multiple de P/B.

d) La valorisation par les multiples et les comparatifs

Les sociétés cotées en Bourse disposent à tout moment d'une valeur fournie par le marché. C'est la valeur boursière ou *capitalisation boursière*, obtenue en multipliant le nombre d'actions par le cours de Bourse.

Cette méthode d'évaluation apparaît, en regard de ce que nous avons décrit jusqu'ici, à la fois la plus simple et la plus objective. Certes, les cours de Bourse fluctuent au jour le jour et peuvent même être assez volatils, mais on peut toujours observer des cours moyens permettant de lisser de tels mouvements.

Par ailleurs, on a vu que les analystes boursiers privilégient la notion de *multiple prix sur bénéfice* ou *P/B*. Cet indicateur est calculé à partir de la capitalisation boursière et du résultat net courant ou, ce qui revient au même, à partir du cours de Bourse et du bénéfice net courant par action.

P/B = VAL/BEN

À condition que le multiple P/B soit correctement calculé, à partir d'une moyenne des cours de Bourse sur une période suffisamment longue (annuelle, éventuellement trimestrielle ou semestrielle) et d'un bénéfice net courant ayant fait l'objet des retraitements nécessaires, cet indicateur peut se révéler un outil d'évaluation pratique et utile.

Dans ce cas, la valeur d'une société est égale au produit de son résultat net par le multiple P/B.

Il n'en reste pas moins que cette méthode doit toujours être considérée comme une méthode soit indicative, soit complémentaire à d'autres démarches plus approfondies.

Le ratio P/B ainsi que d'autres ratios boursiers à définir (prix sur MBA, prix/chiffre d'affaires, prix sur situation nette) sont en particulier susceptibles d'enrichir tout exercice d'évaluation portant sur une société non cotée.

Après avoir bien explicité les limites d'une valorisation par le multiple de bénéfice net, nous présenterons dans la 4e partie, plus détaillée sur l'évaluation, les différentes approches d'évaluation comparatives permettant de contribuer à valoriser des sociétés en appliquant à certains de leurs soldes d'exploitation les multiples ad hoc.

6. Actualisation des flux disponibles (AFD)

La méthode de l'actualisation des flux disponibles consiste, à actualiser des *flux d'exploitation* (avant financement et fiscalité) par opposition à des dividendes ou résultats, comme dans les modèles boursiers, à un taux de rendement correspondant plutôt à un *coût des capitaux utilisés* dans l'entreprise qu'au coût du capital propre à l'actionnaire.

Cette méthode est particulièrement bien adaptée à l'appréciation de sociétés dans le contexte de transactions portant sur le contrôle du capital, car les investigations qu'elle nécessite mettent bien en valeur la véritable substance générée par l'exploitation des moyens d'exploitation de l'entreprise.

L'AFD requiert de travailler sur un modèle analytique assez détaillé, en particulier en ce qui concerne le numérateur du modèle. Celui-ci correspond à la notion américaine de *free cash-flow*, en français, marge brute d'autofinancement disponible, c'est-à-dire amputée des investissements et de la variation du besoin en fonds de roulement. Ce solde correspond, dans l'analyse du tableau des flux, au solde distribuable ; nous l'appellerons *flux disponibles*.

Cette démarche se heurte, elle aussi, à un certain nombre de limites :

■ La fragilité des *prévisions* d'exploitation et financières que l'on s'efforce par prudence de limiter à une période de raisonnable visibilité ; dans un environnement mouvant, on a tendance à retenir trois à cinq ans ; en général, les sociétés produisant des plans à moyen terme sur trois ans, on essaie de l'extrapoler, avec l'aide des dirigeants, sur deux années supplémentaires, voire plus si l'activité est suffisamment stable.

■ On bute alors sur le problème de la part très importante dévolue dans le modèle, par construction, à la *valeur résiduelle*. Celle-ci étant elle-même calculée par actualisation ou capitalisation d'un solde de résultats en fin de période de prévisions, elle incorpore la fragilité de projections que l'on s'est refusé à prolonger. De plus, la capitalisation d'un résultat futur, solution la plus souvent retenue, présente la faiblesse supplémentaire de devoir recourir à un multiple P/B futur que l'on est dans l'incapacité de prévoir. C'est pourquoi il est recommandé de privilégier le calcul de la valeur résiduelle par actualisation du dernier solde de flux de la période de projections. Encore faut-il que celui-ci soit normalisé et donc représentatif du futur et que l'on soit en mesure de lui affecter un taux de croissance éternelle (à long terme, on ne se trompera plus guère en retenant des taux proches des taux de croissance de l'activité économique, tel celui du PIB).

■ La question du *taux d'actualisation* et de la détermination de la prime de risque de l'entreprise reste entière et elle est même encore compliquée par l'introduction du concept de *capitaux investis* par rapport aux capitaux propres. Pour le calcul de la valeur résiduelle, le facteur le plus sensible reste l'estimation d'un taux d'actualisation et du taux de croissance perpétuel qu'il implique.

- Enfin, le recours à la valorisation par l'AFD oblige à se poser la question de la prise en compte ou non de la *structure financière*. Le plus couramment, on devrait privilégier la valorisation de l'entreprise et non de son capital, et donc l'actualisation des flux disponibles avant charges financières. On retranche ensuite les dettes de la valeur calculée afin d'obtenir la valeur du capital. Mais ce sujet reste l'objet de nombreux débats au cours des négociations, les évaluateurs procédant souvent à des valorisations directement sur les flux nets des charges financières. Certains de ces points ne faisant pas toujours l'unanimité, cette approche peut conduire à des *erreurs d'appréciation considérables, surtout sur des sociétés lourdement endettées.*

Malgré toutes ces difficultés, nous verrons au cours de différents développements au fil de cet ouvrage que l'AFD se révélera in fine la plus riche de possibilités. Il en est ainsi parce qu'elle pose le plus grand nombre de questions et qu'en forçant à y répondre, elle ne cesse, dans le cadre de la théorie financière classique, de progresser. Cette *méthode est la plus proche de la véritable problématique de l'évaluation,* qui ne vise pas à obtenir des réponses absolues mais qui cherche à mettre en œuvre des *modèles systémiques cohérents* et à en approfondir les mécanismes de fonctionnement en multipliant les *hypothèses*, les *simulations* et les *analyses de sensibilité.* C'est une démarche certes astreignante mais qui permet aux dirigeants et aux responsables financiers de prendre des décisions en matière de politique et d'opérations financières, en étant le mieux éclairés. La méthode de l'AFD est particulièrement adaptée au cas de l'acquisition ou de la cession mais elle offre également les fondements d'un suivi régulier, sur une période donnée, de la valeur créée par l'entreprise.

Cette brève présentation montre la *diversité des méthodes d'évaluation* et des variantes propres à chacune d'elles. Il faut en retenir, d'une part, que les méthodes sont déterminées par les caractéristiques économiques et financières des sociétés et ne doivent pas être appliquées de manière mécanique ou arbitraire et, d'autre part, elles ne fournissent pas de valeurs ayant une signification absolue. C'est dans l'exercice de croisement et de réconciliation des valeurs estimées à partir des différentes méthodes que l'évaluateur parachève son travail et est enfin en mesure de conclure à la valeur qu'il défendra et qui, rappelons-le, ne sera pas nécessairement égale à la capitalisation boursière ou au prix d'une transaction de la société concernée.

Nous reviendrons longuement dans cet ouvrage sur les deux principales catégories de méthode d'évaluation que sont les modèles boursiers et l'actualisation des flux financiers.

PARTIE 2

Les déterminants boursiers et économiques de la valeur

L'objectif de l'entreprise étant, selon la théorie financière américaine, de maximiser la richesse des actionnaires, il est indispensable de pouvoir mesurer la valeur de l'entreprise et plus encore de mesurer les déterminants de cette valeur.

Qu'est-ce que la valeur d'une entreprise ? C'est un concept qui alimente de nombreux débats, notamment dès que l'on s'intéresse à des sociétés non cotées. Pour les sociétés cotées, la question de leur valeur peut à priori être résolue à chaque instant par le marché. D'entrée de jeu, il convient toutefois de préciser que la valeur d'une société (et par cela on entend la valeur d'une participation significative, minoritaire ou majoritaire, dans le capital de ladite société) est donnée de manière encore plus objective que par la Bourse, lorsqu'il y a transaction, par le prix auquel cette transaction se réalisera, malgré tous les facteurs subjectifs qui s'y attachent.

Pour une société cotée, le prix de transaction pourra assez souvent être différent du prix reflété par le cours de Bourse, ou même par un cours moyen du moment.

Le problème se pose en revanche pour les sociétés non cotées. Une société non cotée, si elle a sans aucun doute implicitement une valeur, n'est évaluée que lorsqu'elle fait l'objet d'une transaction (cession, succession).

Dans ces occasions, il s'agira pour les parties en présence d'arriver à se mettre d'accord sur le prix d'un actif qui, en l'absence d'un marché organisé, n'est pas instantanément valorisé. La seule solution, même si elle est difficile à pratiquer, consiste à se demander ce que vaudrait la société si elle était cotée. On s'aperçoit alors que, pour fixer une valeur à la société, il est presque toujours nécessaire de recourir à des modèles similaires à ceux utilisés pour valoriser une société cotée.

En anticipant sur les développements qui suivront, il est possible d'énoncer que la valeur d'une société, qu'elle soit cotée ou non, est toujours égale à la valeur actualisée d'une série de flux financiers futurs disponibles, dégagés par le cycle d'exploitation de l'entreprise, que ces flux soit ou non distribués sous la forme de dividendes. On entend par flux disponibles (traduction de free cash-flow), les flux financiers nets des dépenses d'investissements nécessaires au maintien de l'exploitation.

CHAPITRE 1

Le modèle boursier

1. Le modèle de Gordon-Shapiro

a) Présentation du modèle

Le modèle boursier classique appréhende la valeur du capital d'une société, ou plutôt le prix d'une action de cette société, en actualisant à l'infini les dividendes futurs anticipés au taux de rendement attendu par les actionnaires.

La formulation de base de cette méthode d'évaluation d'une action traitée sur le marché boursier est :

$$VAL = \sum_{n=1}^{\infty} \frac{DIV_n}{(1+t)^n}$$

VAL est la valeur actualisée nette

DIV_n, les dividendes versés pour l'année n

t, le rendement attendu par l'actionnaire

Cette définition de base attire une remarque immédiate : son application nécessiterait de connaître le dividende de chaque année future pour l'éternité, ce qui rend à l'évidence la formulation de base inutilisable en pratique.

Gordon et Shapiro ont résolu ce problème en recourant à l'hypothèse simplificatrice d'un dividende (DIV), croissant pour l'éternité à un taux constant g. En effet, si le dividende croît à un taux régulier g, la formule de calcul de la valeur peut s'écrire :

$$VAL = \lim \left[\frac{DIV}{(1+t)} + \frac{DIV(1+g)}{(1+t)^2} + \ldots + \frac{DIV(1+g)^n}{(1+t)^{n+1}} \right],$$

où DIV est le prochain dividende escompté, qui sera alors égal; dans deux ans à DIV (1+g), dans trois ans à DIV $(1+g)^2$, etc.

Sur une période de temps infinie, cette suite tend vers :

$$VAL = \frac{DIV}{t-g},$$

à condition, bien entendu, que le taux de croissance du dividende estimé sur cette période perpétuelle demeure inférieur au taux d'actualisation choisi.

Dans le cas où le taux de croissance futur des dividendes est nul, la valeur de la société est alors égale à :

$$VAL = \frac{DIV}{t}.$$

Le modèle de Gordon-Shapiro permet donc à l'investisseur ou au responsable financier de déterminer, sur la base d'un dividende représentatif de la capacité bénéficiaire de l'entreprise et en fonction du taux de rendement qu'il exige, la valeur de l'action. Celui-ci peut ensuite comparer la valeur de l'action calculée à celle constatée sur le marché, à celle exigée par le cédant ou à celle d'autres valeurs de caractéristiques comparables, disponibles sur le marché.

Ce modèle boursier classique implique des marchés parfaitement efficients, c'est-à-dire définis par :

— un comportement rationnel des intervenants ;

— la transparence des marchés, soit un niveau d'informations disponibles équivalent pour tous les opérateurs ;

— des anticipations homogènes sur la performance financière future des sociétés,

et, à terme, un marché à l'équilibre. Ces trois conditions permettent l'efficience des marchés et une meilleure capacité à prévoir les comportements collectifs.

Ainsi, le t*aux de rendement attendu par les intervenants du marché est-il nécessairement égal à la rentabilité anticipée* des sociétés. Il est rappelé ici que cette dernière n'entretient qu'un lien ténu avec le concept comptable, assez limité mais largement utilisé, de rentabilité financière instantanée, mesurée par le ratio résultat net sur fonds propres. En effet, une société étant considérée comme un portefeuille de projets économiques et financiers, la rentabilité d'un exercice donné n'intègre pas nécessairement la rentabilité future de l'ensemble des projets actuellement en cours.

Le taux de rendement attendu par les investisseurs est néanmoins déterminé en partie par des données exogènes à toute entreprise :

- la classe de risque économique à laquelle elle appartient ;

- l'endettement ou risque financier ;

- les marchés monétaires et financiers déterminant les taux d'intérêt ;

- données générales du marché boursier au moment où l'analyse est menée.

Dans ce cadre, un éventuel décalage entre le taux de rendement exigé par les investisseurs et la rentabilité financière prévisible serait ajusté de la manière suivante : si le taux de rentabilité financière d'une société s'avère supérieur au taux de rendement, les investisseurs achèteront tous les titres d'une telle société ; son cours s'appréciera, ce qui se traduira par une baisse du taux de rentabilité attendue, jusqu'à ce qu'il redevienne égal au taux de rendement. À l'inverse, une rentabilité financière insuffisante se traduirait par une baisse de cours lui permettant d'égaliser le taux de rendement.

Dans la réalité, les marchés n'étant pas parfaitement synchronisés, on verra plus loin qu'il peut y avoir effectivement décalage à un moment donné entre la rentabilité financière d'une société, même intégrant les rentabilités financières futures des différents projets économiques de cette entité économique, et le taux de rendement attendu par le marché.

Dans les *développements qui suivent, r est bien la rentabilité* financière relevée lors d'une année donnée à partir des informations comptables que sont le résultat net et les capitaux propres, ces derniers étant éventuellement corrigés, et *t est le taux de rendement attendu.* Ce dernier taux correspond dans la théorie à la rentabilité financière anticipée par les actionnaires sur le futur, concept précieux mais grandeur excessivement difficile à calculer, même pour l'analyste interne à la société. On relèvera donc des différences de niveaux entre t et r et, en conséquence, comme on le verra plus loin, entre le montant des capitaux propres et la valeur du capital d'une société.

Afin de rendre le modèle suffisamment opérant malgré ces difficultés d'adaptation entre la théorie et la pratique, un concept de *rentabilité financière marginale* sera introduit ; il correspond au taux de rentabilité requis à un moment donné dès lors que la direction de l'entreprise décide de réinvestir au-delà des montants nécessaires à la reconstitution de l'outil de travail existant.

Enfin, précisons que l'on utilise le plus couramment, dans le calcul de valeur actualisée nette, un taux de rendement nominal, ce qui implique également de choisir un taux de croissance nominal. Cette méthode est la plus pratique, bien qu'elle ne permette pas de résoudre le problème de l'évolution future de l'inflation.

Exemple n° 1

À partir des données de la société type, KTYP, décrite en annexe 3, dont les caractéristiques sont :

BEN = 84

DIV = 54

t = 12 %

g = 6 %

on obtient une valeur de l'action ou du capital :

$$VAL = \frac{54}{12\% - 6\%} = 900$$

Exemple n° 2

Supposons maintenant que le taux de rendement exigé par l'actionnaire passe à 13 %, on obtient alors :

$$VAL = \frac{54}{13\% - 6\%} = 771$$

Une augmentation du taux d'actualisation de 1 % entraîne une diminution de valeur de 14,3 %, ce qui est très significatif.

La mise en œuvre des exemples précédents appelle plusieurs remarques :

– le taux de rendement exigé et la valeur varient en sens inverse ; plus le taux de rendement exigé par l'actionnaire est élevé, plus la valeur est faible ;

– en revanche, le taux de croissance des dividendes et la valeur varient dans le même sens ; plus les perspectives futures de croissances sont importantes, plus la valeur est élevée.

Comme on vient de le faire remarquer, la formule VAL = DIV/t correspond au cas particulier où la société analysée n'offre aucune perspective de croissance réelle sur le long terme.

Le taux de croissance des dividendes ne peut être supérieur au taux de rendement attendu par les actionnaires. C'est une limite propre au modèle. Lorsque le taux de croissance moyen pour l'éternité approche le taux de rendement, la valeur de l'action tend vers l'infini.

Tant l'observation de la réalité économique que de la réalité mathématique confirment d'ailleurs que la croissance à long terme des dividendes de la société ne peut être supérieure au taux de rendement attendu par les actionnaires. En effet, gardant à l'esprit un taux de rendement attendu indicatif, par exemple aujourd'hui égal à environ 11 à 12 %, il est aisé d'apprécier qu'il est pratiquement impossible de trouver des sociétés à qui l'on pourrait attribuer un taux de croissance réel moyen à très long terme de l'ordre de ce taux de rendement attendu. Toute entreprise, même si elle connaît à un certain moment et pendant quelques années une période de forte croissance, (à un taux de 10, 20 voire 30 %), ne peut connaître qu'une croissance tendant au mieux vers celle du PIB, soit 5 à 6 % en terme nominal sur le long terme.

Exemple n° 3

Afin d'illustrer la conséquence de l'anticipation d'un taux de croissance des résultats trop inspiré d'un taux de croissance qui peut être à un moment donné très élevé, la valeur de la société type est recalculée en faisant varier le taux de croissance futur des dividendes de 6 à 9 %, soit de 3 points.

$$VAL = \frac{54}{13\% - 9\%} = 1800$$

La valeur, passant de 900 à 1800, a ainsi doublé.

b) Reformulation du modèle – Phases de croissance multiples

S'il n'est pas très aisé de déterminer le taux de croissance moyen à long terme des dividendes versés par une société, il est possible de réécrire le modèle de Gordon-Shapiro de valorisation du capital d'une société en distinguant plusieurs périodes de croissance. Cette approche correspond mieux à la réalité des entreprises et des décisions stratégiques qu'elles doivent régulièrement prendre afin de maintenir leur potentiel de croissance via les avantages compétitifs requis et une rentabilité suffisante. C'est à ces conditions qu'elles continueront à créer de la valeur.

Pour simplifier, retenons d'abord le cas d'une société dont on pourrait mieux appréhender la croissance des résultats à long terme en distinguant deux phases. Pour deux périodes de croissance, l'expression de la valeur devient $V = V_1 + v_2$, soit :

$$V = \underbrace{\sum_{n=1}^{n=n_1+1} \frac{DIV(1+g_1)_{n-1}}{(1+t)}}_{V1} + \underbrace{\sum_{n=n_1+2}^{n=\infty} \frac{DIV(1+g_1)_{n_1}(1+g_2)_{n-n_1-1}}{(1+t)^n}}_{V2}$$

g_1 étant le taux de croissance pour les n_1 premières années et g_2 celui pour les périodes suivantes.

Exemple n° 1

Soit une action dont :

le prochain dividende sera égal à 54,

le taux de rendement exigé est de 12 %,

le taux de croissance g_1, pour une première période de cinq ans, est de 15 %, ce qui reflète un avantage compétitif substantiel,

et le taux de croissance g_2 au-delà, à l'infini, est de 6 % :

$$VAL = \underbrace{\sum_{n=1}^{n=6} \frac{54(1+15\%)^{n-1}}{(1+12\%)^n}}_{V1} + \underbrace{\sum_{n=7}^{n=\infty} \frac{54(1+15\%)^5(1+6\%)^{n-6}}{(1+12\%)^n}}_{V2}$$

On trouve :

VAL = 1328

dont V1 = 356

et V2 = 972

Exemple n° 2

Soit maintenant un taux de croissance g1 bien inférieur pour la première période, et par exemple égal à 9 % :

$$VAL = \underbrace{\sum_{n=1}^{n=6} \frac{54(1+9\%)^{n-1}}{(1+12\%)^n}}_{V1} + \underbrace{\sum_{n=7}^{n=\infty} \frac{54(1+9\%)^5(1+6\%)^{n-6}}{(1+12\%)^n}}_{V2}$$

on obtient alors : VAL = V1 + V2 = 295 + 744 = 1039

Exemple n° 3

Soit, enfin, une première période de croissance à 9 %, d'une durée de dix ans :

$$ \text{VAL} = \underbrace{\sum_{n=1}^{n=6} \frac{54(1+15\%)^{n-1}}{(1+12\%)^n}}_{\text{V1}} + \underbrace{\sum_{n=7}^{n=\infty} \frac{54(1+15\%)^5(1+6\%)^{n-6}}{(1+12\%)^n}}_{V_2} $$

VAL = V1 + V2 = 507 + 649 = 1156

Souvent deux phases de croissance ne suffisent pas à prévoir sérieusement le parcours de croissance d'une société, et il est utile de penser à recourir à un découpage en trois phases. Ceci confère à la démarche d'analyse un plus grand degré de précision. À noter que l'appréciation de la croissance d'une entreprise à perpétuité ne sera jamais totalement satisfaisante. Mais une approche par phases successives de taux normés permet en général de retomber sur un taux de croissance implicite global cohérent avec celui sous-tendu par les valorisations boursières. Mieux, elle permet de détecter et d'expliquer le cas échéant les incohérences qui apparaissent, notamment en termes de croissance des résultats entre les valeurs de marché et les valorisations plus intrinsèques et fondamentales dérivées de l'AFD.

Un tel découpage permet de souligner que la croissance g est souvent appréciée de manière beaucoup trop optimiste par le marché, qui surévalue ainsi les sociétés à forte croissance. En effet, les investisseurs boursiers privilégient trop le court terme, projettent sur une trop longue période des taux de croissance soutenus au départ et ne gardent pas assez à l'esprit l'idée de perpétuité qu'implique le modèle d'évaluation de Gordon-Shapiro et le poids mathématique des taux composés.

c) Croissance, taux de rendement et rentabilité financière

On reviendra dans le dernier chapitre de cette partie sur les déterminants de la croissance du dividende. Mais il convient d'ores et déjà de préciser que celle-ci dépend à la fois du *taux de croissance des bénéfices*, qui est lui-même dépendant de l'évolution du *taux de rentabilité* de l'entreprise et du taux de *mise en réserve des bénéfices* de l'entreprise.

Soit α le taux de rétention des bénéfices, le dividende peut alors s'exprimer de la manière suivante :

DIV = BEN $(1 - \alpha)$

La formulation de la valeur du capital d'une société selon Gordon et Shapiro devient alors :

$$VAL = \frac{BEN(1-\alpha)}{t-g}$$

Les bénéfices non distribués sont en principe nécessairement affectés à un *accroissement des investissements* et doivent normalement entraîner une augmentation des bénéfices, des dividendes futurs et donc de la valeur du capital de la société. Il n'en sera ainsi que si *la rentabilité financière des nouveaux projets est au moins égale à celle des projets passés.*

Croissance

En effet, chaque année, l'entreprise a le choix entre distribuer ses résultats ou les intégrer à ses capitaux propres, c'est-à-dire les réinvestir.

Si les nouveaux projets d'investissements envisagés permettent de dégager une rentabilité financière supérieure à celle des projets en cours, l'entreprise doit réinvestir. Dans ce cas, les actionnaires verront la valeur de l'entreprise qu'ils possèdent augmenter. Ceci n'est vrai également que pour des projets appartenant à une classe de risque équivalente aux précédents.

Par contre, si les nouveaux projets d'investissements n'offrent pas au moins le niveau de rentabilité actuel, les actionnaires ont avantage à recevoir des dividendes et à les réinvestir en Bourse dans des titres offrant le niveau de rendement attendu.

Si les actionnaires adoptent un comportement collectif parfaitement rationnel décrit plus haut, il y a parfaite cohérence entre l'approche de la valeur par les résultats et par les dividendes.

Revenons au cadre de la *théorie financière classique. Le taux de rentabilité financière* d'une entreprise constaté pour une année donnée, et calculé par rapport à sa capitalisation boursière et non à ses capitaux propres, n'est égal *au taux de rendement exigé par les actionnaires* que si cette entreprise conserve, au fur et à mesure des nouveaux projets d'investissements qu'elle décide et sur une période infinie, les mêmes caractéristiques de rentabilité et de bilan.

Mais les marchés financiers ne détiennent pas à tout moment toute l'information nécessaire pour apprécier le potentiel futur d'une entreprise, ne sont pas parfaitement transparents, et les anticipations des investisseurs varient grandement en fonction de l'appréciation du facteur risque. La valeur des capitaux propres boursiers intègre donc le plus souvent une survaleur par rapport aux capitaux propres comptables.

Le taux de rendement exigé par les actionnaires devrait prendre en compte à la fois la performance opérationnelle et financière de l'entreprise sur une période future très longue, intégrant notamment ses différentes phases de croissance et les données exogènes propres aux marchés financiers.

Si le futur était parfaitement prévisible, il n'y aurait pas de risque et non seulement une entreprise dégagerait, année après année, le même taux de rentabilité, mais toutes les entreprises afficheraient le même taux de rentabilité, qui serait le taux de rendement attendu par le marché. Dès que les résultats d'une entreprise s'amélioreraient, sa valeur boursière augmenterait, ce qui aurait pour effet d'aligner sa rentabilité sur celle du marché. En réalité, il n'en est pas tout à fait ainsi, l'avenir étant imprévisible de la même manière pour tout le monde et les marchés étant imparfaits. De surcroît, à tout moment une société peut bénéficier d'avantages compétitifs qui lui permettent sur une période certes limitée de faire mieux que le marché.

On verra, enfin, plus loin que le modèle classique boursier dit de croissance équilibrée implique que la société garde une *structure du capital constante*. Cela signifie, dans l'hypothèse où l'endettement ne varie pas, que *le taux de croissance des dividendes ou des résultats borne celui des fonds propres*.

Dans ce modèle financier de croissance stable, les résultats (BEN), capitaux propres (C) et dividendes (DIV) croissent au même taux g.

Chaque année, les capitaux propres augmentent du montant des résultats mis en réserve. Ce dernier s'écrit : (αrC) et les capitaux croissent de (gC)

D'où l'égalité suivante :

$gC = \alpha rC$

conduisant à l'égalité fondamentale :

$g = \alpha r$

La croissance est donc bornée par la combinaison du taux de rentabilité et du taux de rétention.

Rentabilité financière

Les modèles de Gordon-Shapiro et Brealey-Myers (VOPC) sont des modèles généralisateurs. Ils soulignent bien que, *si une entreprise ne dégage pas une rentabilité financière suffisante, elle ne doit pas effectuer de nouveaux investissements de croissance, c'est-à-dire hormis ceux indispensables au maintien de l'outil de production. Si la rentabilité financière n'est pas supérieure au taux de rentabilité attendu par les actionnaires, elle doit distribuer en dividendes l'intégralité de son surplus disponible, c'est-à-dire de son bénéfice.*

Il convient de souligner que la rentabilité utilisée dans l'égalité $g = \alpha r$, n'est pas la rentabilité financière calculée en rapportant le résultat net aux capitaux propres tels qu'ils ressortent dans le bilan comptable qui correspond à un instant donné, à priori à la rentabilité moyenne de tous les investissements passés encore en vie.

La rentabilité dont nous avons là besoin est plutôt une estimation de la rentabilité financière à long terme d'un nouvel investissement au moment où il est décidé par l'entreprise, et qui doit alors correspondre au minimum au taux de rentabilité attendu par les actionnaires.

L'évaluateur doit donc estimer cette rentabilité marginale et de long terme, notée r', qui s'appuie sur les caractéristiques fondamentales de l'industrie :

– concurrence, nombre d'acteurs ;

– force de négociation des clients et des fournisseurs ;

– barrières à l'entrée ;

– maturité de l'industrie.

Ce concept de rentabilité doit, dans des sociétés ayant un historique de résultats passés, se situer entre la rentabilité financière passée, calculée de manière classique et reflétant celle du portefeuille d'actifs et de projet courant, et le taux de rendement attendu par les actionnaires.

Par exemple, dans une industrie mature et à rendements d'échelle décroissants, comme l'automobile ou l'aéronautique, il est possible d'estimer que r' est proche du coût du capital ou taux de rentabilité passée.

L'industrie étant relativement peu compétitive, un acteur n'ayant pas d'avantage concurrentiel particulier, l'investissement dans ce secteur rapportera à priori un rendement proche de celui attendu par l'actionnaire.

Cependant, une analyse ex post dudit investissement pourra mettre en évidence une *rentabilité anormale*, c'est-à-dire différente de celle qui aura été formulée ex ante. Ce serait le cas si un constructeur automobile avait investi dans une usine où il aurait fabriqué un modèle ayant rencontré un grand succès commercial.

Par contre, dans un secteur comme le luxe, la marque constitue une barrière à l'entrée et peut « bonifier » durablement la rentabilité d'un nouvel investissement. Dans ce cas, les acteurs ayant développé des avantages compétitifs certains, il est possible de retenir un taux supérieur à t, le taux de rendement exigé par l'actionnaire et plus proche du taux historique constaté.

Dans le luxe, r' tend vers r : l'accumulation d'actifs incorporels (marque, position de marché) constitue des barrières permettant à l'entreprise de dégager des rentabilités supérieures ou même de véritables rentes de monopole, au sens de l'analyse microéconomique classique.

Le principe de travailler sur une notion de rentabilité marginale rencontre quelques difficultés de mise en pratique mais, si l'on accepte une approche pragmatique et normative, elles sont assez faciles à surmonter.

En effet, de quelle rentabilité financière et de quel taux de rendement attendu par les actionnaires parle-t-on ?

Sur ce dernier point, l'on ne peut en principe que se fier au marché et retenir le taux de rendement attendu à un instant donné par le marché. En effet, on part du principe que le marché anticipe la rentabilité et les risques futurs d'une valeur, quitte à en corriger l'appréciation du jour au lendemain, parfois de manière inattendue. Il faut juste sélectionner la donnée la plus juste possible.

Pour ce qui concerne la rentabilité financière de la société analysée, la difficulté réside dans le fait que le calcul à un instant donné de la rentabilité financière globale d'une société est la résultante de tous ses projets d'investissements passés et ne laisse en aucun cas préjuger de la rentabilité future des projets déjà engagés et de ceux que l'entreprise s'apprête à engager ou engagera à l'avenir.

Partant du principe que la Bourse voit clair, compte tenu de l'information disponible, l'on pourrait être tenté d'y recourir afin d'apprécier la rentabilité future de l'entreprise en fonction de la valeur donnée par le marché des capitaux propres envisagés.

La rentabilité serait alors estimée par le résultat net rapporté à la capitalisation boursière.

Cette solution plus sévère amène immédiatement l'entreprise au cas de l'équilibre classique. Cette situation est caractérisée par l'entrée dans une phase stable, où la croissance équilibrée ne dégage plus de « super-bénéfice » par rapport au taux de rentabilité attendu par les actionnaires.

La solution est à priori trop conservatrice et ne reflète pas nécessairement la réalité de l'entreprise. Une variante consisterait à raisonner sur la base des normes du marché, en comparant la rentabilité financière de l'entreprise à un moment donné avec la rentabilité constatée sur l'ensemble du marché.

La solution que nous préférons est de calculer une rentabilité marginale sur une période limitée à quelques années passées, pour autant que celle-ci ait été représentative de l'activité en régime de croisière. Ce ratio s'obtient en rapportant le supplément de résultats dégagé par l'entreprise pendant la période retenue à la variation, en général positive, de capitaux immobilisés dans l'entreprise durant cette même période.

2. Le « rendement » d'une action

Dans l'hypothèse de marchés parfaits, le modèle classique boursier permet également au responsable financier de déterminer le *taux de rendement exigé* par les investisseurs, qui est également le *coût des capitaux propres* de l'entreprise. Celui-ci se déduit implicitement de la valeur de l'action telle que constatée en Bourse ou proposée par un acquéreur ou un cédant. En effet,

$$\text{VAL} = \frac{\text{DIV}}{t-g} \Rightarrow t = \frac{\text{DIV}}{\text{VAL}} + g$$

Exemple :

En reprenant l'exemple précédent, on retrouve bien le taux de rendement attendu par les actionnaires :

$$t = \frac{54}{900} + 6\% = 6\% + 6\% = 12\%$$

À raisonner ici du point de vue du rendement et non plus du point de vue de la valeur, on est immédiatement confronté à un reproche souvent formulé à l'égard du modèle de Gordon-Shapiro : l'achat d'une action reflète bien davantage l'espérance d'un gain en capital que d'un revenu en dividendes. Il semble que le rendement recherché par l'actionnaire soit avant tout constitué par *la plus-value en capital* qu'il espère réaliser.

Cette constatation pourrait conduire à rejeter toute méthode d'évaluation basée sur le flux des dividendes futurs. Mais nous allons montrer que, si chaque actionnaire, pris individuellement, achète bien explicitement une plus-value anticipée, le marché, dans son ensemble, achète, implicitement au moins, une série de dividendes.

Le rendement annuel d'une action, anticipé par l'investisseur, est fonction à la fois du *dividende* perçu et du *prix de revente* anticipés du titre.

Cette notion de rendement s'exprime par l'équation suivante :

$$t^* = \frac{DIV_1 + P_1}{P_0} - 1$$

où P_0 est le prix d'acquisition du titre

P_1, le prix de revente escompté après un an

DIV_1, le dividende de la première année

L'observation des marchés financiers, faite sur une période récente, montre que, dans les rendements obtenus, le poids de la valorisation du capital $(P_1 - P_0)$ est infiniment plus élevé que celui du revenu (DIV_1). La première preuve en est l'observation du rendement moyen des valeurs cotées sur la Bourse de Paris ; calculé comme le rapport du dividende par action sur le cours de Bourse, il est généralement compris entre 3 et, au mieux, 5 %. Ce seul rendement ne peut suffire à motiver les investisseurs boursiers, et, si l'on garde à l'esprit le taux de rémunération des obligations d'État sans risques, il est clair que ceux-ci doivent trouver un complément majeur de rendement dans les plus-values en capital à réaliser.

L'équation présentée ci-dessus signifie qu'inversement, étant donné un rendement désiré t*, un prix anticipé de l'action P_1 et un dividende anticipé DIV_1, le prix P_0 que sera prêt à payer un investisseur pour l'achat du titre sera :

$$P_0 = \frac{DIV_1 + P_1}{1 + t^*}$$

L'observation des marchés financiers, tels qu'ils fonctionnent aujourd'hui, fait ressortir qu'à travers la formation des rendements, tant anticipés que réalisés, le prix d'une action reflète bien davantage une espérance de gain en capital sous forme de plus-value que de revenus distribués sous forme de dividendes.

Cela signifie que, dans la détermination du prix d'acquisition de l'action, le poids du prix de revente anticipé est largement supérieur au poids des dividendes escomptés.

En s'arrêtant à cette constatation, on pourrait être conduit à rejeter l'idée d'une évaluation basée sur des flux de dividendes actualisés.

Il n'en est pas ainsi parce qu'il existe une *différence d'optique* très importante entre les investisseurs industriels et boursiers. En effet, le *dirigeant* d'entreprise se place dans l'optique d'une valorisation à *très long terme*, qu'il va être responsable de maximiser pendant de nombreuses années en étant responsable des résultats dégagés.

En revanche, les intervenants sur les marchés boursiers, même s'ils perçoivent des dividendes, gèrent leurs portefeuilles d'actions d'abord en fonction de considérations à très court terme. L'apparent paradoxe vient du fait que la valeur fondamentale d'une action est essentiellement déterminée par ses caractéristiques économiques à long terme alors que la valeur boursière peut fluctuer à chaque instant, non seulement en fonction des données économiques mais également en fonction d'événements exogènes à l'entreprise, politiques, sociaux ou économiques, le principal étant le niveau des taux d'intérêt, qui détermine largement l'évolution au jour le jour de la Bourse.

Mais le caractère perpétuel des actions traitées en Bourse est validé par le fait que toute transaction de cession d'un titre sur le marché implique une transaction d'achat réciproque.

Revenant à la formulation du rendement attendu par les actionnaires en fonction de la valeur, du dividende et du taux de croissance, cela signifie que le prix P_1 peut à son tour s'exprimer sous la forme d'un dividende attendu DIV_2, d'un prix de revente anticipé P_2 et du rendement exigé par l'investisseur.

$$P_1 = \frac{DIV_2 + P_2}{1 + t^*}$$

On peut donc réécrire l'équation de P_0 en remplaçant P1 par sa nouvelle formulation :

$$P_0 = \frac{DIV_1 + \dfrac{DIV_2 + P_2}{1 + t^*}}{1 + t^*}$$

$$P_0 = \frac{DIV_1}{1 + t^*} + \frac{DIV_2 + P_2}{\left(1 + t^*\right)^2}$$

Si on remplace maintenant P_2 par sa nouvelle valeur, et ainsi de suite, on obtient une évaluation du prix de l'action P_0 sous la forme :

$$P_0 = \frac{DIV_1}{1 + t^*} + \frac{DIV_2}{\left(1 + t^*\right)^2} + \frac{DIV_3}{\left(1 + t^*\right)^3} + \ldots + \frac{DIV_n + P_n}{\left(1 + t^*\right)^n}$$

Le caractère perpétuel de l'action repousse vers l'infini la plus-value finale.

Or, à l'infini, cette somme donne bien la valeur fournie par le modèle de Gordon-Shapiro.

Cela signifie alors que, si un individu achète effectivement avant tout une plus-value, le comportement global du marché est, lui, déterminé par une série de dividendes futurs. Au-delà des apparences, les deux points de vue ne sont pas contradictoires. Il en est ainsi pour une raison fondamentale qu'il convient toujours de garder à l'esprit : en acquérant une action, l'investisseur entre en possession de titres qui ne donnent génériquement droit à rien d'autre qu'à un flux de dividendes, voire à un boni de liquidation.

Il ne faut donc pas confondre le comportement individuel de l'investisseur et le comportement collectif du marché.

En conséquence, soit l'on reconnaît qu'évaluer une part du capital d'une société représentée par des actions revient à évaluer une série de dividendes futurs aléatoires, soit l'on considère que le marché est non seulement inefficient, mais également irrationnel, c'est-à-dire qu'il achèterait quelque chose qui n'existe pas, une action qui procurerait à l'ensemble des actionnaires autre chose qu'une espérance de dividendes.

On constate également que le *taux de rendement observé sur le marché est souvent inférieur à celui que l'investisseur se fixe* à priori afin de prendre une décision.

Ceci nous ramène à souligner la tendance qu'ont les investisseurs *à surévaluer le facteur taux de croissance futur des résultats et à survaloriser les sociétés cotées.*

Une seconde explication réside dans la composante spéculative des marchés, sans parler de certaines périodes d'euphorie.

Enfin, une participation dans une société cotée offre à l'investisseur la garantie qu'il pourra réaliser à tout moment son investissement, c'est pourquoi celui-ci est prêt à payer une prime dite de liquidité par rapport à un investissement non coté.

CHAPITRE 2

Le modèle économique
sans croissance

Si on reconnaît, dans le cadre de la théorie classique, l'identité entre la valeur du capital et la somme actualisée de ses dividendes futurs, il convient alors de s'interroger en premier lieu sur les *déterminants du niveau des dividendes.*

Nous allons démontrer dans ce chapitre et dans le suivant qu'il y a parfaite cohérence entre la détermination de la valeur du capital d'une entreprise à partir des dividendes qu'elle distribue et la détermination de sa valeur à partir des flux financiers opérationnels générés par son exploitation. En effet, un niveau de dividendes est le reflet d'une *rentabilité* future et d'un *taux de croissance.* Toutes choses égales par ailleurs, plus la rentabilité sera élevée, plus la *distribution* pourra être *importante.* Et toutes choses égales par ailleurs, plus le *taux de croissance* sera *élevé*, plus le niveau des *dividendes* sera *faible.* Une croissance soutenue signifie donc que les dirigeants de l'entreprise privilégient l'*investissement* aujourd'hui au détriment de la distribution future des résultats.

L'objectif final de l'entreprise étant de *maximiser la valorisation du capital de ses actionnaires*, la croissance résulte nécessairement d'*un arbitrage pour ceux-ci entre moins de dividendes aujourd'hui et beaucoup plus demain.*

La question centrale, que doivent se poser les dirigeants mandatés pour maximiser la création de richesse par l'entreprise, est celle de *l'enrichissement procuré par la croissance.*

Autrement dit, *l'espérance de croissance « vaut-elle la peine » de la renonciation immédiate à une partie des dividendes immédiatement encaissables ? Ou encore les investissements réalisés aujourd'hui contribueront-ils à augmenter la valeur de l'entreprise ?*

Afin de résoudre cette question, nous allons développer un *modèle d'évaluation économique à partir du tableau des flux*.

Et, dans le but de mieux éclairer l'arbitrage à effectuer entre croissance et non-croissance, il semble plus fructueux d'*aborder ce modèle économique d'évaluation en deux étapes*.

Dans ce chapitre, nous allons aborder l'évaluation de l'entreprise lorsqu'elle est *sans croissance* ; dans le chapitre suivant, nous observerons les modifications apportées à sa valeur lorsqu'elle est placée sur un *sentier de croissance*.

Sans le justifier encore, on peut affirmer que la valeur d'une entreprise se décompose en :

- une valeur de rendement égale à la valeur de l'entreprise en *situation de croissance zéro ;*

- plus ou moins l'enrichissement ou l'appauvrissement apporté par la *croissance*.

En effet, la croissance ne sera bénéfique qu'à condition que le surcroît de dividendes futurs justifie la renonciation immédiate à un revenu.

En préalable, il convient d'opérer une distinction entre ce que les Anglo-Saxons appellent *value of the firm et value of the equity*. Ces termes peuvent être traduits en français respectivement par *valeur de l'entreprise* et *valeur du capital de la société* ou, pour simplifier, *valeur du capital*.

La *valeur du capital* correspond à la richesse des actionnaires, investie dans l'entreprise. Il s'agit de la *valeur marchande de leurs actions*. Tous les modèles boursiers d'évaluation visent à appréhender cette valeur. À chaque fois que l'on cherche à évaluer une société, c'est cette valeur que l'on essaie de déterminer. Il existe cependant une manière détournée pour appréhender la valeur du capital : elle consiste à calculer la valeur de l'entreprise et à en déduire le montant de son endettement.

La *valeur de l'entreprise* correspond à la *valeur des actifs* mis en œuvre par celle-ci, considérée comme une entité économique distincte de ses actionnaires. Il s'agit de la valeur économique de l'entreprise, qui est destinée à être partagée, non seulement entre les actionnaires mais aussi avec les créanciers.

Il en découle l'égalité fondamentale,

Valeur du capital = Valeur de l'entreprise – Dettes

Dans nos conventions de notation, cette égalité devient :

VAL = VALe – D

Où VALe est la valeur de l'entreprise.

Dans un bilan financier ultra-simplifié, valeur d'entreprise, valeur du capital et valeur de la dette apparaîtraient comme sur le schéma de la figure 8.

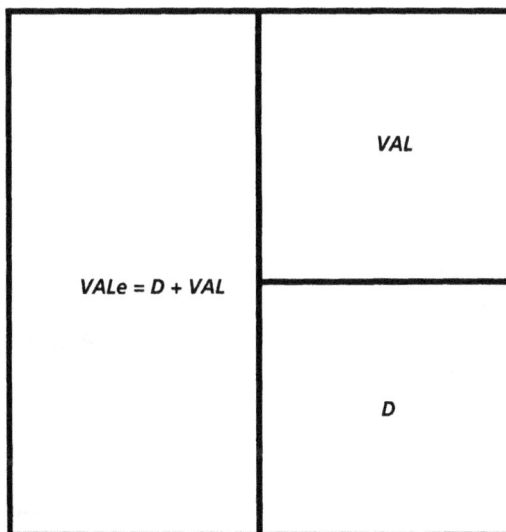

Figure 8 – Valeur d'entreprise, valeur des fonds propres et valeur de la dette

Le concept de valeur de l'entreprise est très prisé des auteurs anglo-saxons. Il permet en effet de rendre comparables des sociétés ayant des structures d'endettement différentes. Nous allons y avoir largement recours dans cet ouvrage. Cependant, il ne faudrait pas perdre de vue que, dans un contexte d'évaluation, la valeur que l'on cherche à déterminer n'est jamais la valeur de l'entreprise, mais la valeur du capital. Ces deux valeurs sont liées par une relation simple, mais ne sont pas identiques et ne doivent pas être confondues : quand la valeur de l'entreprise augmente, la valeur du capital augmente à structure d'endettement constante. Toutefois, pour une valeur du capital donnée, la valeur de l'entreprise augmente si l'endettement augmente. Enfin, la valeur du capital des actionnaires diminuera si la dette augmente alors que la valeur de la société reste constante.

Si l'on revient au modèle d'évaluation boursière de Gordon-Shapiro,

$$VAL = \frac{DIV}{t-g}$$

où DIV est le dividende initial

t, le taux de rendement

g, le taux de croissance

En croissance zéro, CRo,

$$VAL = \frac{DIV}{t}$$

En effet, si l'entreprise n'a pas de perspectives de croissance, elle distribuera à perpétuité le même flux de dividendes qu'aujourd'hui, à condition toutefois que sa politique financière reste inchangée.

Notre propos est maintenant d'essayer de déterminer, à partir du *modèle des flux* (cf. partie 1, chapitre 3), le *niveau de dividendes* à retenir dans le cas de la croissance zéro. Il correspondra au *solde distribuable* que fait apparaître le tableau des flux de l'entreprise sans croissance.

On ne se préoccupera qu'ultérieurement de la détermination du taux de rendement attendu par les actionnaires, t, qui n'est pas seulement dépendant de l'exploitation de l'entreprise et de son taux de croissance et qui est largement exogène.

1. Tableau de flux en croissance zéro

Le *solde distribuable* qui sert de base à l'évaluation d'une société en croissance zéro est la *somme d'un surplus industriel et d'un surplus financier*.

a) Le surplus industriel en croissance zéro

Le surplus industriel de l'entreprise en croissance zéro reste égal à la marge d'exploitation ou RBE, diminué uniquement du montant de l'investissement de remplacement.

Si on se place dans le cas, certes théorique, où les conditions du cycle d'exploitation ne changent pas (durée du cycle de production, délais de règlement et de paiement), la variation du BFR étant purement liée à la croissance, l'hypothèse de croissance zéro implique une autoreproduction du bas du bilan à travers le cycle d'exploitation normal.

Autrement dit, *la marge d'exploitation correspond dans ce cas précis à une marge encaissée.*

En l'absence d'inflation et de progrès technologique, c'est-à-dire à intensité capitalistique identique, le besoin d'investissements de l'entreprise en croissance zéro est uniquement égal au montant nécessaire à la reproduction du capital fixe usé au cours du cycle de production.

Le solde industriel est obtenu dans le tableau des flux de la manière suivante :

Surplus industriel CRo = RBE

– Inv. de reconstit.

– Δ BFR

Dans le cas de croissance zéro, l'hypothèse est que l'investissement est égal à la dotation aux amortissements et que la variation de besoin en fonds de roulement est nulle.

Ainsi, ce *solde industriel* correspond en comptabilité classique au *résultat d'exploitation* (RBE – Amortissements) dès lors que *l'amortissement* reflète l'usure effective du capital, c'est-à-dire le nécessaire *investissement de reconstitution*.

On rappelle que la rentabilité économique est égale au résultat brut d'exploitation diminué des investissements (ou surplus industriel) après impôts et divisé par la somme des capitaux investis, soit : $[(RBE – INV.)(1 – x)] / K$; K représentant l'ensemble des immobilisations brutes d'exploitation, ou capital fixe, et le capital circulant nécessaires à l'exploitation.

L'équation du solde industriel de croissance zéro peut alors être reformulée de la manière suivante :

Surplus industriel CRo = $(e \times K) / (1 – x)$

Exemples :

Les exemples qui suivent sont construits à partir du tableau des flux de la société KTYP.

Rappel des principales caractéristiques financières de cette société :

RBE = 250

Résultat net = 84

Amortissements = 100

Taux d'impôt = 33,4 %

K = 800

e = 12,5 %

SURPL. IND. CRo

= RBE – AM.

= 250 – 100 = 150

= (e × K) / (1 – x) = (12,5 % × 800) / (1 – 33,4 %)

Surplus industriel = 150

Surplus financier = – 24 – 42 = – 66

Solde distribuable = 84

b) Le surplus financier en croissance zéro

Le surplus financier est égal à la différence positive ou négative entre la variation des dettes et la somme de la charge financière nette et de l'impôt.

À partir du moment où l'on se place en croissance zéro, la variation des dettes ne peut être que nulle, sous peine de modifier, dans un sens ou dans un autre, la structure de l'entreprise.

Surplus financier CRo =

Δ Dettes

– Frais fin.

– Impôt

En l'absence de croissance, la variation de dettes est nulle.

Le surplus financier de croissance zéro est alors nécessairement négatif et égal à la somme des frais financiers nets et de l'impôt.

Exemple :

Surpl. fin. = – Frais fin. – Impôt

= – 24 – 42 = – 66

c) Le solde distribuable et distribué

Dans le cas d'une entreprise à croissance zéro, le solde distribuable est égal à :

Solde distribuable CRo =

RBE

– Inv. reconstit.

= Surplus ind. (1)

– Frais fin.

– Impôt

= Surplus fin. (2)

(1) + (2) = Solde distribuable

Le lecteur aura noté que *le solde distribuable est égal au résultat net courant.*

Exemple :

Solde distrib. = Surpl. ind. CRo + Surpl. fin.

= 150 – 66 = 84

soit le résultat net courant de la société KTYP.

En croissance zéro, le solde distribuable peut également s'exprimer comme le produit des capitaux propres de la société par leur rentabilité financière, soit :

Solde distribuable CRo = $r \times C = 500 \times 16,8\ \% = 84$

Dans le cadre de la théorie financière classique, en croissance zéro et à structure financière constante, il convient de souligner que *le solde distribuable est distribué.*

En effet, si ce résultat n'était pas distribué, il irait, par définition, augmenter les fonds propres et ainsi :

– soit rembourser une fraction de la dette existante et modifier la structure financière ;

– soit, en gonflant les capitaux investis, mener de facto l'entreprise sur le sentier de la croissance.

En conclusion, la valeur du capital de l'entreprise en croissance zéro est égale, à structure financière constituée et constante, à la somme actualisée d'un solde distribuable constant qui équivaut au résultat net courant.

VAL. CRo = BEN / t

BEN représentant à la fois le *résultat net courant* et le *dividende* de l'entreprise puisque, dans le cadre de notre raisonnement, en croissance zéro, l'intégralité du bénéfice ne peut qu'être distribué.

Exemple :

VAL. CRo = 84 / 12 % = 700

2. Endettement et valeur en croissance zéro

À ce stade, il est nécessaire de se poser la question de l'influence du mode de financement de l'entreprise sur sa valeur.

On vient d'établir que la valeur du capital en croissance zéro, que l'on appellera désormais VAL_0 par opposition à la valeur en cas de croissance, VAL, est égale à BEN/t, ou :

$$VAL_0 = \frac{(RBE + INV. \ RECONSTIT. \ - FRAIS. \ FIN) \times (1-x)}{t}$$

À première vue, il ressort donc que la *valeur* du capital est :

– *proportionnelle au résultat d'exploitation* dont on retranche les amortissements équivalents aux investissements de reconstitution (RBE – AM) ou au surplus industriel en cas de croissance ;

– en revanche, *décroissante* avec le niveau des *frais financiers*.

Cela semblerait signifier que, dans le cas d'une *croissance zéro*, pour un même actif immobilisé et pour une même rentabilité économique, *plus la société est financée sur fonds propres, plus les capitaux propres de ses actionnaires sont valorisés*.

Toutefois, ce serait oublier à la fois l'utilisation que l'entreprise peut faire de sa dette et l'existence de l'effet de levier. À côté du simple impact de l'endettement sur les bénéfices à travers la charge financière, un recours à plus d'*endettement permet en théorie de distribuer davantage*, dans l'immédiat, que le simple bénéfice. L'entreprise qui accepte de voir augmenter la part de la dette dans sa structure financière sera peut-être en mesure d'améliorer la richesse de ses actionnaires, en portant momentanément la distribution au-delà du niveau permis par les résultats. Les actionnaires auront alors l'opportunité de réinvestir sur le marché le supplément de dividendes reçus au taux minimal de rendement attendu sur ce marché.

D'autre part, *un actionnaire qui investit dans une société endettée espère obtenir de son placement un taux de rendement t supérieur à celui d'un investissement dans une société non endettée :* il sait que la société, parce qu'elle est endettée, doit dégager une rentabilité supérieure à celle qu'elle dégagerait si elle n'était pas endettée, car cet endettement est censé permettre à l'entreprise d'accroître momentanément les liquidités qu'elle peut mettre en distribution et de diminuer le montant des capitaux investis que les actionnaires ont besoin de laisser dans la société.

À ce stade, plusieurs remarques s'imposent : tout d'abord, ces raisonnements nous amènent assez loin de la pratique comptable qui ne permet couramment pas de distribuer plus que le résultat de l'exercice ; ils sont également assez éloignés de la pratique des dirigeants d'entreprise, ceux-ci privilégiant les stratégies de puissance et donc de rétention, par précaution, des ressources dégagées par la société.

Ensuite, une société ne peut en principe s'endetter plus pour distribuer plus que si elle est raisonnablement assurée que la rentabilité future des projets dont elle est constituée atteindra au minimum le taux de rendement attendu par ses actionnaires.

Enfin, le rendement exigé par l'actionnaire t s'identifie dans le cadre d'un marché parfait avec la rentabilité financière de son placement. En effet, *dans le cadre d'une croissance nulle, la totalité du surplus financier dégagé par l'entreprise est distribuée à l'actionnaire,* l'entreprise ne pouvant consacrer les excédents de trésorerie qu'elle dégage à un quelconque investissement de croissance offrant une rentabilité suffisante. De son côté, l'actionnaire ne peut espérer aucune plus-value, aucune appréciation du cours de son action. Ainsi, *le rendement exigé par l'actionnaire est exactement égal à la rentabilité financière* qu'il est en droit d'attendre de son investissement dans la société.

La formule de l'effet de levier, présentée en partie 1, est :

$r = e + [e - i(1 - x)]D / C$

où r est la rentabilité financière

e, la rentabilité économique

x, le taux de l'impôt

i, le taux d'intérêt

D, le montant de la dette

C, le montant des capitaux propres

Cette formulation est parfaitement transposable à la notion de rentabilité attendue du placement effectué par l'actionnaire. Mais celle-ci *est radicalement différente de la notion de rentabilité financière* utilisée dans la première partie de cet ouvrage et calculée à partir du montant comptable des capitaux propres. La rentabilité espérée du placement est, en effet, égale au rapport du surplus distribuable sur les capitaux investis. On remplace donc, dans la formule du levier, la rentabilité financière r par la rentabilité attendue du placement r' et la valeur des capitaux propres, C, par la valeur du capital de la société, soit VAL.

Comme pour la rentabilité financière dite comptable, le mécanisme d'effet de levier montre que la rentabilité espérée du placement augmente avec le taux d'endettement : l'investisseur exigera donc un *rendement plus élevé d'un placement en actions dans une société endettée*. Comme le rendement exigé par l'actionnaire augmente avec l'endettement, on ne peut pas appliquer à une société endettée la formule :

$$VAL = \frac{BEN}{t}$$

en utilisant une valeur de t identique à celle que l'on utilise pour une société non endettée.

Comme les célèbres *articles de Modigliani et Miller le précisent, dans le cadre de la théorie classique et dans l'hypothèse d'un endettement sans risque, la valeur apportée par un surcroît d'endettement à l'actionnaire et à l'entreprise en croissance zéro dépend du seul taux de l'impôt sur les sociétés.* En l'absence d'impôt, il n'y a pas de création de valeur dans le cas de l'impôt, il y a création de valeur tant pour la société que pour son actionnaire, pour autant que le taux de rendement attendu par les actionnaires soit supérieur au coût de la dette, net de l'impôt.

a) Endettement et valeur dans le cas de l'impôt zéro

Soit le cas d'une entreprise qui, en croissance zéro, déciderait d'augmenter son stock de dettes pour distribuer davantage.

Dans ce cas, *le solde distribuable* est égal à la somme des surplus industriel et financier, ou encore à la somme du bénéfice et de la variation de dettes (BEN + Δ Dettes).

La valeur du capital disponible pour les actionnaires, par rapport au cas où :

$$VAL = \frac{BEN}{t}$$

- va s'accroître du surcroît de distribution immédiat égal à Δ Dettes ;
- va diminuer en raison de l'augmentation de la valeur du rendement exigé par les actionnaires ;
- et va diminuer du surcroît de charges financières, i x × Δ dettes, entraîné par l'augmentation de dettes. Cette charge venant de manière définitive diminuer le solde distribuable futur, elle est actualisée au taux de rendement exigé par les actionnaires, soit : i × Δ dettes / t.

Il est réaliste de prendre comme hypothèse l'actualisation à perpétuité de la charge financière supplémentaire. On en prend rarement conscience, mais tant que l'on reste dans le cas d'une structure de dette normative, celle-ci est très rarement remboursée de manière définitive. C'est pourquoi, au-delà des apparences notamment comptables, la dette est quasiment une ressource perpétuelle.

Les exceptions à cette constatation se rencontrent dans deux cas : les sociétés lourdement endettées à la suite de difficultés qui doivent réduire un taux d'endettement trop élevé et entravant la bonne marche de l'entreprise et les sociétés générant des flux financiers très importants et n'ayant pas d'opportunités de réinvestissement suffisamment attrayantes par rapport à leur rentabilité financière actuelle.

Le problème consiste à *calculer le taux de rendement t qui sera exigé par les actionnaires* de la société *en fonction de son niveau d'endettement.*

Modigliani et Miller ont démontré dans un premier article[1], que la valeur de l'entreprise (dans le sens de la value of the firm), dans un marché parfait et en l'absence d'impôt sur les sociétés, est indépendante du montant de la dette, pour autant qu'elle reste dans la même classe de risque. L'idée de Modigliani et Miller repose sur la possibilité offerte à tout actionnaire d'une société de reproduire, à son niveau, la structure financière d'une société endettée. Dans un marché parfait et sans impôt, il doit être équivalent pour un in-

---

1. « The Cost of Capital, Corporation Finance and the Theory of Investment », American Economic Review, juin 1958.

vestisseur d'acheter les actions d'une société endettée ou de s'endetter soi-même pour acheter les actions d'une société équivalente mais désendettée. Les cours de l'action d'une société endettée et ceux d'une société en tout point identique à celle-ci mais complètement désendettée doivent donc s'ajuster mutuellement pour tenir compte de cette possibilité *d'arbitrage*.

En fait, la démonstration de Modigliani et Miller repose sur l'axiome, fondamental en finance, de l'additivité de la valeur : la valeur des actifs d'une société endettée doit être égale à la somme de la valeur de ses actifs qui ont été financés sur fonds propres et de la valeur de ses actifs qui ont été financés par endettement.

$$VAL (A + D) = VAL (A) + VAL (D)$$

Cela signifie que la valeur de l'entreprise, ou de ses actifs totaux, ne change pas, même si la proportion des fonds propres engagés sur le total des capitaux engagés varie.

Dans nos conventions :

$$VALe = VAL + D$$

Supposons en effet qu'il soit possible d'augmenter la valeur d'une entreprise en modifiant son endettement. N'importe quel investisseur pourra s'enrichir instantanément en achetant des actions de la société et en modifiant le montant de son endettement personnel pour reproduire à son propre niveau la structure d'endettement idéale. Puisque chaque investisseur a la possibilité d'exploiter cette opportunité, Modigliani et Miller estiment que cette situation est impossible sur des marchés équilibrés. Si une entreprise complètement désendettée a une valeur de 100, il est impossible, sur des marchés équilibrés et dans un monde sans impôt, d'augmenter sa valeur en l'endettant de 50 à un taux de 10 %. En effet, tous les investisseurs s'empresseraient alors d'acheter des actions de la société, en s'endettant dans le même temps d'un montant égal à la moitié de leur investissement dans l'entreprise au taux de 10 %. Cela leur permettrait, dans un monde sans impôt, de percevoir exactement les mêmes flux financiers que s'ils détenaient directement une société endettée à 50 %, et ceci pour un niveau de risque identique.

Remarquons que le raisonnement de Modigliani et Miller est indépendant du niveau de croissance de la société. Ce raisonnement reste exact même si la société connaît une forte croissance, car la croissance n'intervient à aucun moment dans la démonstration.

Ainsi le coût des capitaux utilisés reste identique mais, en cas d'endettement, la baisse du coût moyen du capital est compensée par une hausse du coût des capitaux propres.

Par conséquent, si une société qui vaut 100 s'endette de 50, le patrimoine de ses actionnaires sera toujours égal à 100 : si la société distribue une somme égale au montant de sa dette à ses actionnaires, la société ne vaudra plus que $100 - 50 = 50$, mais ses actionnaires se seront enrichis à titre personnel de 50, si bien qu'en définitive leur patrimoine restera de 100.

En reprenant la formule de *l'effet de levier*, puisque la valeur des capitaux mis en œuvre par la société est indépendante de sa dette, on obtient la formulation de la rentabilité financière prise dans le sens de rentabilité exigée du placement ou de taux de *rendement attendu* par les actionnaires, c'est-à-dire r' en fonction de l'évolution de l'endettement :

$$t = r' = t_{sd} + [t_{sd} - i(1 - x)]\, D\, /\, VAL$$

où t est le taux de rendement attendu par les actionnaires d'une société endettée, ou rentabilité financière du placement

t_{sd}, le taux de rendement qui serait exigé si la société n'était pas endettée

i, le taux d'intérêt de la dette

D, la valeur de marché de la dette de la société

VAL, la valeur des capitaux propres

Pour calculer la valeur du capital d'une société endettée, il faut donc actualiser les bénéfices futurs de la société à un taux de rendement tenant compte de l'évolution de la structure financière de la société.

Quand il n'y a pas d'impôt, $x = 0$, la formule devient :

$$t = t_{sd} + (t_{sd} - i)\, D\, /\, C$$

En conséquence, dans le cadre de la théorie de Modigliani et Miller, en l'absence d'impôt, il n'y a pas création de valeur.

Exemple n° 1 : Valeur de KTYP

Dans l'exemple donné plus haut, t était égal à 12 % pour une société endettée à hauteur de 300. Dans un univers sans impôt, le bénéfice de la société prise à titre d'exemple est de 126. La valeur du capital de cette société endettée de 300 est donc de :

$$VAL = \frac{BEN}{t} = \frac{126}{12\%}$$

Pour mémoire, la valeur de l'entreprise, VALe, est égale à 1050 + 300 de dettes, soit une valeur totale de 1350.

Exemple n° 2 : Valeur de KTYP désendettée

Si la société n'était pas endettée, le taux de rendement exigé par ses actionnaires t_{sd} s'identifierait à la rentabilité économique exigée sur les actifs de l'entreprise ; il serait donc égal à :

$$t_{sd} = \frac{t \times VAL + i \times D}{VAL + D}$$

où $t \times VAL + i \times D$ représente le bénéfice dégagé par l'entreprise après réintégration des charges financières non dépensées,

et VAL + D, la valeur de l'entreprise, constante d'après le théorème de Modigliani et Miller.

On obtient :

$$t_{sd} = \frac{(12\% \times 1050) + (8\% \times 300)}{1050 + 300} = 11,11\%$$

La valeur des capitaux propres de la société désendettée dont les autres caractéristiques économiques et financières sont identiques à celles de la société KTYP est calculée avec le taux d'actualisation désendetté que nous venons de calculer.

$$VAL = \frac{BEN}{t} = \frac{150}{11,11\%} = 1350$$

On retrouve logiquement la valeur de l'entreprise KTYP (capital plus dettes), car, dans le cas d'une société sans dettes, la valeur du capital est égale à la valeur de l'entreprise.

Il est également possible de retrouver le taux d'actualisation des capitaux propres d'une société sans dettes, à partir de son taux d'actualisation avec dettes, à l'aide de la formule de l'effet de levier.

Si $t = t_{sd} + (t_{sd} - i) D / VAL$, alors :

$$t_{sd} = \frac{t + \dfrac{iD}{VAL}}{1 + \dfrac{D}{VAL}} = \frac{12\% + \left(\dfrac{8\% \times 300}{1050}\right)}{1 + \left(\dfrac{300}{1050}\right)} = 11,11\%$$

© Éditions d'Organisation

Exemple n° 3 : Valeur de KTYP avec augmentation de dettes

Si l'endettement de la société augmente à 400, la société s'endettant de 100, puis distribuant l'intégralité de son endettement nouveau à ses actionnaires, la valeur de ses capitaux propres diminuera du montant distribué, c'est-à-dire de 100, et passera à 950, tandis que le taux de rendement exigé par ses actionnaires deviendra, pour un taux d'intérêt de 8 % :

$$t' = t_{sd} + (t_{sd} - i) \times (D / VAL)$$

$$= 11{,}11\ \% + (11{,}11\ \% - 8\ \%) \times (400 / 950) = 12{,}42\ \%$$

Comme annoncé plus haut, une augmentation de l'endettement implique, pour une société donnée, une hausse du taux de rendement attendu par les actionnaires sur les fonds propres investis.

Si la société a augmenté sa dette de 100, son bénéfice annuel diminue de $i \times \Delta$ Dette, c'est-à-dire de 8 % $\times$ 100 = 8. Cependant, la société est désormais capable de distribuer à ses actionnaires dès aujourd'hui un supplément de 100. La valeur du patrimoine des actionnaires passe à :

$$VAL + 100 = \frac{BEN}{t} + 100 = \frac{126 - 8}{12{,}42\%} + 100 = 1350$$

On constate que la valeur de ce patrimoine n'a pas changé. La valeur de l'entreprise reste également inchangée :

$$VAL + D = \frac{BEN}{t} + 100 = \frac{126 - 8}{12{,}42\%} + 100 = 1050$$

Au travers de ces exemples, on obtient confirmation que, dans un marché parfait et en l'absence d'impôt, la valeur de l'entreprise est indépendante du niveau de dette, pour autant que la variation de celle-ci laisse la société dans la même classe de risque.

b) Endettement et valeur dans le cas de l'impôt

Dans le cas où les sociétés sont soumises à un taux d'imposition, nous allons retrouver, quoique par une voie légèrement détournée, la conclusion de l'article de Modigliani et Miller.

En effet, si, pour l'actionnaire, le surcroît de dettes à l'instant initial représente, comme on l'a vu, un flux positif intégralement distribué, d'un point de vue comptable, il n'est pas considéré comme un revenu de la société, alors qu'à l'inverse les intérêts sur cette dette sont considérés comme une charge.

Une *économie d'impôt* est donc réalisée, la société pouvant déduire de ses résultats fiscaux futurs la charge d'intérêt qu'elle s'engage à verser en s'endettant. La valeur actualisée E de cette économie fiscale future est égale à la valeur actualisée des impôts supplémentaires dont la société devrait s'acquitter si elle n'avait pas à verser ces intérêts. Elle est donc égale à la valeur actualisée d'une somme de flux financiers égaux au taux d'imposition que multiplie la valeur des frais financiers.

Dans l'hypothèse d'une dette perpétuelle :

$$E = x\, i\, (D / t),$$

où E désigne la valeur actualisée de l'économie fiscale future

x, le taux d'impôt

i, le taux d'intérêt exigé par les créanciers de la société

D, la valeur de la dette

t, le taux d'actualisation exigé par des investisseurs pour un investissement aussi risqué que l'économie d'impôt espérée

Si cette économie d'impôt est considérée comme aussi risquée que la dette, on peut écrire que :

$$t = i \text{ et que } E = x\, D$$

Ainsi Modigliani et Miller évaluent-ils le surcroît de valeur procuré au patrimoine des actionnaires par l'endettement de leur société au produit du *taux de l'impôt multiplié par la dette*.

Il convient donc de modifier la formule de l'effet de levier : en effet, si le patrimoine investi par les actionnaires dans la société augmente de xD, la valeur des capitaux propres investis par les actionnaires dans la société varie avec l'endettement :

$$VAL = VAL_{sd} + xD$$

où VAL désigne la valeur du capital d'une société endettée

VALsd, la valeur du capital d'une société de caractéristiques identiques mais désendettée

x, le taux d'imposition

D, le montant de l'endettement de la société

La grandeur pertinente à calculer pour mesurer le rendement de l'investissement des actionnaires n'est donc pas le rapport :

$$r' = \frac{\text{surplus financier}}{VAL_{sd}}$$

mais le rapport : $r'' = \dfrac{\text{surplus financier}}{\text{VAL}}$

En croissance zéro, la totalité de l'endettement contracté par la société sera distribué aux actionnaires. Le montant de l'actif d'exploitation utilisé par la société n'augmentera donc pas avec l'endettement. En conservant les notations utilisées jusqu'à présent, l'égalité reliant le solde distribuable dégagé par la firme avec son surplus d'exploitation et son surplus financier s'écrit :

Solde distribuable = Surplus d'exploitation − Surplus financier

ou

$r''\ \text{VAL} = t_{sd}\ \text{VAL}_{sd} + [t_{sd} - i\,(1 - x)]\ D$

En remarquant que $\text{VAL} = \text{VAL}_{sd} + xD$, cette formule devient :

$r''\ (\text{VAL}_{sd} + xD) = t_{sd}\ \text{VAL}_{sd} + [t_{sd} - i\,(1 - x)]\ D$

ce qui peut également s'écrire :

$r''(\text{VAL}_{sd} + xD) = t_{sd}\ \text{VAL}_{sd} + xDt_{sd} - xDt_{sd} + [t_{sd} - i(1 - x)]D$

ou encore :

$r''(\text{VAL}_{sd} + xD) = t_{sd}(\text{VAL}_{sd} + xD) + (1 - x)Dt_{sd} - i(1 - x)D$

Donc :

$$r'' = t_{sd} + [t_{sd} - i](1 - x)\dfrac{D}{\text{VAL}_{sd} + xD}$$

$$r'' = t_{sd} + [t_{sd} - i](1 - x)\dfrac{D}{C}$$

Il s'agit là de l'expression de la rentabilité espérée par les actionnaires d'une société en fonction de son endettement dans un monde avec impôt sur les sociétés. On remarquera que cette *formule est légèrement différente de la formule traditionnelle de l'effet de levier*. Elle exprime cependant la même égalité comptable. La formule que nous venons de mettre en évidence permet de mesurer non la rentabilité des capitaux propres de la société, *mais la rentabilité que l'actionnaire est en droit d'attendre de la totalité des fonds qui lui appartiennent et qui sont investis dans l'entreprise.*

Grâce à cette formule, on peut donc déterminer le rendement exigé par les actionnaires d'une société endettée, en fonction du rendement exigé par les actionnaires d'une société désendettée de caractéristiques identiques.

Dans le cadre du modèle de Modigliani et Miller, le recours à l'endettement crée de la valeur pour l'actionnaire et pour la société à condition que le taux de rendement attendu soit supérieur au coût de l'argent, net d'impôt.

Exemple n° 1 : KTYP

La valeur du capital de la société KTYP, endettée de 300 est la valeur actualisée, au taux de 12 %, d'une somme de flux financiers disponibles égaux au solde distribuable de 84 de la société, c'est-à-dire au résultat net (de charges financières et d'impôt) qui est totalement distribué puisqu'il n'y a pas de croissance, soit :

$$\text{VAL} = \frac{\text{BEN}}{t} = \frac{84}{12\%} = 700 \quad .$$

Exemple n° 2 : KTYP sans dettes

Si la société n'est pas endettée, le rendement attendu par ses actionnaires avant impôt doit être la solution de l'équation de l'effet de levier :

$$r'' = t_{sd} + [t_{sd} - i](1 - x)\frac{D}{\text{VAL}}$$

$$12\% = t_{sd} + [t_{sd} - 8\%](1 - 33,33\%)\frac{300}{700}$$

On obtient : t_{sd} = 11,11 %.

La valeur du capital de la société désendettée est recalculée en lui appliquant :

- un solde distribuable net d'impôt, auquel les frais financiers ont été réintégrés, soit 100 = 150 × 66,66 % = 84 + (66,66 % × 24)

- et le taux de rendement attendu par les actionnaires de KTYP totalement désendettée, soit 11,11 %

On obtient VAL = 100 / 11,11 % = 900

On constate que la valeur d'entreprise des actionnaires a diminué de (700 + 300) – 900 = 100, soit le montant de l'économie d'impôt que l'endettement de 300 leur a permis de réaliser : 33,33 % × 300.

Le taux de rendement des fonds propres attendu par les actionnaires d'une société endettée est supérieur, tout étant égal par ailleurs, à celui d'une société non endettée.

Exemple n° 3 : KTYP avec dette augmentée

Si l'endettement de la société KTYP passe de 300 à 400, la société s'endettant de 100 puis distribuant l'intégralité de son endettement à ses actionnaires, la valeur de ses capitaux propres augmentera du montant de l'économie d'impôt réalisée, c'est-à-dire de 33,33 % × 100, mais diminuera du montant distribué, c'est-à-dire de 100. Le rendement attendu par les actionnaires après impôt passera alors de 12 % à :

$$r = 11,11\% + [11,11\% - 8\%] \times (1 - 33,33\%) \times \frac{40}{700 + (33,33\% \times 100) - 100}$$

$r = 12,42 \%$

Le surplus financier dégagé par la société chaque année passera de – 66 à – 71,33. En effet, les frais financiers augmenteront de 8 tandis que l'impôt sur les société diminuera de 8 × 33,33 % = 2,67. Le surplus industriel restant inchangé à 150, le solde distribuable annuellement par la société sera de 150 – 71,33 = 78,67. Toutefois, la société pourra immédiatement mettre en distribution le montant emprunté de 100. La valeur du patrimoine des actionnaires passe alors à :

$$\text{VAL Cro} + 100 = \frac{\text{BEN}}{r} + 100 = \frac{78,67}{12,42\%} + 100 = 733$$

On constate que la valeur du patrimoine des actionnaires s'est accrue de 733 – 700 = 33, soit le taux d'impôt multiplié par la valeur de l'endettement, xD.

Cet exemple montre que, dans le cas où il existe un impôt sur les sociétés, tout étant égal par ailleurs, une augmentation de dettes de 100 fait passer la valeur du patrimoine des actionnaires de la société type de 700 à 733, soit une augmentation de 33. Ce solde positif est égal à la valeur actualisée de l'économie d'impôt permise par l'endettement.

Par cette opération, les actionnaires de la société ont gagné un surplus de valeur égal à 33.

Rappelons que, dans le cas d'un surcroît de dettes de 100 sous un régime de non-imposition, la valeur du patrimoine des actionnaires de la société type ne varie pas avec l'endettement. Le surplus de valeur revenant aux actionnaires est alors nul.

Nous retrouvons là certaines conclusions de Modigliani et Miller, l'effet de levier créant, dans la limite de certaines contraintes, un surplus de rentabilité et de valeur.

En guise de conclusion, de la théorie à la réalité :

■ Le point de vue comptable

Dans le cas où une société s'endetterait pour distribuer davantage, la comptabilité exprimerait cette distribution sous la forme d'une distribution de réserves, à condition que celles-ci aient été antérieurement accumulées ; une telle opération prendrait la forme d'une distribution de résultats passés, alors que c'est bien le montant emprunté qui est distribué, et que ce sont les résultats futurs que dégagera la société qui permettront de rembourser la dette.

■ Le recours à l'effet de levier par la distribution comme pratique anti-OPA

Le rachat par la société de ses propres actions, couramment pratiqué aux États-Unis, revient à distribuer des dividendes futurs par anticipation. On augmente la richesse de la société en augmentant l'effet de levier puisqu'une économie fiscale est réalisée. Mais ceci n'est possible que si la société envisage de dégager suffisamment de résultats dans l'avenir pour faire face à sa dette.

■ Les limites de la théorie de Modigliani et Miller, bâtie sur l'hypothèse que la société ne changera pas de classe de risque en s'endettant plus

Or une augmentation de l'endettement de la société augmente sérieusement le risque auquel se trouvent exposés non seulement les actionnaires, mais aussi les créanciers de la société. En fait, le taux auquel la société peut s'endetter n'est pas indépendant de sa structure financière actuelle. Plus la société s'endette, plus il lui est difficile de s'endetter davantage à un faible niveau de taux d'intérêt. On ne peut donc pas accroître indéfiniment la valeur d'une société en augmentant son endettement, même dans un monde sans impôt.

En définitive, la théorie financière n'apporte que peu de réponses véritablement satisfaisantes au problème de l'optimisation de la structure financière des sociétés. Il importe toutefois de garder à l'esprit un certain nombre de règles pragmatiques. En particulier, le risque industriel intrinsèque à la société est une variable particulièrement importante, car s'il s'avère trop élevé le dirigeant devra veiller à ne pas y ajouter un risque financier. À l'inverse, une société présente dans une industrie peu cyclique et générant des flux d'exploitation réguliers pourra aisément supporter un endettement élevé, voire une opération de LBO. Le modèle de Modigliani et Miller met en évidence une économie d'impôt. Cependant, une entreprise ne pourra réaliser cette économie que si les risques industriels propres à son exploitation le lui permettent. Il s'agit là de l'une des limites de ce modèle.

CHAPITRE 3

Le modèle économique en croissance

L'opposition principale entre une société en croissance (CR) et une société à croissance nulle (CRo) ne porte pas tant sur les niveaux de résultats et de rentabilité que sur les niveaux de distribution potentielle. Autrement dit, si, du point de vue comptable, une société en croissance est peu différente d'une société stagnante, du point de vue financier, pour l'actionnaire et pour le dirigeant, croître, c'est d'abord distribuer moins.

Une société en croissance aussi rentable qu'une société sans croissance sera en revanche moins liquide.

Comme dans le chapitre précédent, notre propos sera ici de déterminer à partir du modèle des flux, le niveau de dividendes à retenir afin de valoriser une société en croissance.

Nous suivrons comme précédemment les développements de ce chapitre à l'aide de l'exemple KTYP.

1. Tableau des flux en croissance

a) Le surplus industriel en croissance

La différence entre le surplus industriel de croissance et celui de croissance zéro est égale au montant de l'investissement de croissance augmenté de la variation du BFR.

RBE

– Inv. reconstit.

= Surplus. ind. CRo

– Inv.CR

– Δ BFR

= Surplus industriel de croissance

Le surplus industriel de croissance est alors égal au résultat d'exploitation (RE = RBE – AM), diminué de l'investissement de croissance et de la variation du besoin en fonds de roulement :

Surplus ind. CR = RE – (Δ inv. CR + Δ BFR)

Soit K le total des capitaux investis (comprenant le capital fixe et le capital circulant) et g le taux de croissance du résultat. g représente également, dans un modèle de croissance équilibrée, le taux de croissance des capitaux utilisés et de la dette. Ainsi, dans le cadre d'une croissance équilibrée, pour un stock initial de capital utilisé de 100 (capital fixe et circulant), un taux de croissance du résultat égal à 10 % implique un accroissement du stock de capital de 10.

On peut formuler les besoins en investissements supplémentaires requis par la croissance de la manière suivante :

Inv. CR + Δ BFR = K × g

Par ailleurs, il a été souligné précédemment que le résultat d'exploitation ou le surplus industriel associé à une croissance nulle est égal au produit de la rentabilité économique corrigée de l'impôt par le stock de capital, soit (e × K) / (1 – x).

Le surplus industriel de croissance, égal à : ENE – (INV. CR + Δ BFR), peut alors s'exprimer sous la forme :

(e × K) / (1 – x) – (g × K)

soit : K [(e / (1 – x) – g)]

Exemple :

Dans l'exemple développé ci-dessus,

Surpl. ind. cr.

= Surpl. ind. CRo – (Δ inv. CR + Δ BFR)

= 150 – 48 = 102

= K [e / (1 – x) – g]

800 × [(12,5 % / (1 – 0,3333) – 6 %] = 102

Il ressort également de cette dernière formulation du surplus industriel que *le surplus industriel d'une société en croissance sera supérieur à zéro si, et seulement si, la rentabilité économique e est supérieure au taux de croissance g*.

Ainsi, *surplus ind. CR> 0 si et seulement si* : e / (1 – x) > g

b) Le surplus financier en croissance

Dans le modèle initial développé par G. de Murard, la dette joue un rôle de variable d'ajustement et de bouclage du tableau.

Si on admet au contraire que chaque société, dans le cadre de sa politique financière, a défini à priori une norme d'endettement, la croissance de la dette liée à la croissance des capitaux investis sera déterminée par ce choix.

En effet, pour toute société, une croissance équilibrée ou homo-thétique signifie que la dette croît de manière proportionnelle à l'augmentation totale du bilan. La croissance de la dette sera telle que le taux d'endettement de la société reste inchangé.

Autrement dit, dans le cas d'une croissance homothétique, la dette devra financer l'accroissement des capitaux investis multiplié par le taux d'endettement, ce qui donne :

Δ Dettes = D / K Δ K = D / K (INV. CR + Δ BFR)

Exemple :

Notre société type affiche, en début d'exercice, une dette représentant 37,5 % des capitaux investis et un taux de croissance de 6 % ; le montant total des capitaux utilisés, K, est égal à 800 (C = 500 et D = 300) On retrouve bien :

Δ DETTES = 18

à comparer à Δ CV = 30 et Δ K = 48

En généralisant, si D/K définit le taux d'endettement, c'est-à-dire la part des capitaux investis financés sur ressources extérieures à l'entreprise, et g le taux de croissance, on peut écrire :

Δ dettes = d / k (inv. CR + Δ BFR),

ou d / k (g × k).

Le solde financier d'une société en croissance sera donc :

Surplus financier CR =

Solde fin. CRo + d / k (g × k)

= d / k (g × k) – frais fin. – impôt

Dans le cadre d'une croissance équilibrée, dès l'instant où la société présente un endettement positif, *la croissance implique un apport de fonds du système bancaire* et financier sous forme d'une augmentation de dettes. Ceci traduit *la différence toujours positive entre le solde financier de croissance et le solde financier de croissance zéro.*

Exemple :

Surpl. fin. CR =

Surpl. fin. CRo + d / k (g × k) (ou Δ dettes)

= – 66 + 37,5 % (6 % × 800)

= – 66 + (37,5 % × 48) = – 48

c) Le solde distribuable de croissance

Le solde distribuable de croissance, qui demeure la somme du surplus industriel et du surplus financier, peut alors, lui aussi, être exprimé relativement au solde distribuable de croissance zéro qui n'est autre que le résultat net courant.

Solde distrib. CR =

BEN – (inv. CR + Δ BFR) + Δ dettes =

BEN – (g × k) + d / k (g × k) =

BEN – (g × k) × (1 – d / k)

Cette démarche met en évidence que le solde distribuable d'une société en croissance est exactement égal au bénéfice diminué de la fraction autofinancée de la « dépense » de croissance.

Exemple :

Solde distrib. CR =

BEN – (g × k) (1 – d / k)

= 84 – (6 % × 800) (1 – 37,5 %)

= 84 – 48 × 62,5 % = 84 – 30 = 54

Prenons deux cas extrêmes :

– si g = 0, on retrouve le solde distribuable de la société sans croissance avec un bénéfice entièrement distribuable et distribué ;

– si D/K = 1, c'est-à-dire si l'activité est entièrement financée sur ressources externes, la croissance n'impute en rien la distribution.

Cette expression du solde distribuable permet d'en déterminer les principaux éléments.

On se souvient que le résultat de l'entreprise peut s'exprimer, comme le produit de la rentabilité financière, par le montant des fonds propres, soit $r \times C$.

Les fonds propres peuvent à leur tour s'exprimer sous la forme :

$$C = K (1 - D / K)$$

Cela signifie que le solde distribuable est égal à :

$$r \times K (1 - D / K) - g \times K (1 - D / K)$$

ou :

$$(r - g) K (1 - D / K)$$

Ainsi, toujours dans le cadre d'une croissance équilibrée, le solde distribuable est supérieur, inférieur ou égal à zéro, selon que la rentabilité financière r est supérieure, inférieure ou égale au taux de croissance.

Solde distribuable > 0 si et seulement si $r > g$.

On retrouve ici, à travers l'analyse des flux et non plus des masses bilantielles, la contrainte financière de l'entreprise qui se traduit par le fait que le taux de croissance est borné par sa rentabilité financière.

Or, s'il est tout à fait concevable que de manière permanente le surplus industriel soit négatif, à l'inverse, le solde distribuable ne peut, à priori, être négatif.

Le solde distribuable étant la résultante de « tout ce qui est entré et sorti » des caisses de l'entreprise, y compris la variation de la dette, il ne peut être structurellement inférieur à zéro.

Dans le cas où des projections financières indiqueraient que le niveau de la rentabilité économique et du taux d'endettement aboutit à un déficit des flux, à taux de croissance donné, cela signifierait que l'entreprise devra soit accroître son taux d'endettement, soit faire appel à ses actionnaires afin de financer ce déficit.

Dans ce dernier cas, un solde distribuable négatif pourrait éventuellement être constaté. Celui-ci serait corrigé par une augmentation de capital. Ceci amène à préciser que l'augmentation de capital doit être considérée comme une distribution négative.

2. Valeur des opportunités de croissance ou VOPC

La comparaison entre la structure des flux d'une entreprise en croissance et la structure des flux d'une même entreprise en stagnation montre avant tout que la croissance a un coût immédiat pour l'actionnaire.

Dès l'apparition d'un taux de croissance supérieur à zéro, on constate une diminution du solde distribuable équivalente à la fraction de l'investissement, entendu ici comme l'augmentation nette du stock de capital qui n'a pas été financé par la dette. À l'exception du cas purement théorique où la société ne serait financée que sur capitaux extérieurs, la croissance qui, à terme, doit enrichir l'actionnaire, représente d'abord une diminution instantanée de son revenu disponible.

Une question fondamentale se pose à l'actionnaire comme au dirigeant de toute entreprise : celle de savoir si l'accroissement de recettes futures justifiera bien le sacrifice d'une jouissance immédiate.

Répondre oui à cette question, c'est reconnaître que la croissance, quand le marché le permet, contribue à enrichir l'actionnaire (ou au moins à ne pas l'appauvrir). À l'inverse, une réponse négative signifierait que la croissance, même dans le cas où la société est rentable, appauvrit ses propriétaires.

Il est singulier de constater que la croissance est, dans tous les rapports d'activité de sociétés, présentée comme un succès incontestable à mettre au crédit des dirigeants. Avant d'en arriver à cette conclusion, il serait nécessaire d'examiner la contribution effective de cette croissance à la création d'un supplément de valeur pour les sociétés concernées.

Peut-on établir une règle permettant simplement de définir les conditions d'une croissance valorisante ou, à contrario, appauvrissante ?

Reprenons, dans ce but, l'étude des flux réalisée dans le cas d'une société en croissance.

Il a été établi que le solde distribuable en cas de croissance est égal au résultat net courant diminué de la fraction autofinancée de l'investissement de croissance, soit :

$$DIV = BEN - (g \times K) \times (1 - D / K)$$

© Éditions d'Organisation

La partie (1 – D/K) de l'accroissement du stock de capital immobilisé et circulant qui n'est pas financée par la dette correspond exactement à l'augmentation des fonds propres nécessitée par la croissance.

En croissance zéro, le bénéfice est intégralement distribué et les fonds propres restent à leur niveau précédent.

En croissance positive, la *diminution de distribution* correspondant à l'*accroissement de capital* autofinancé se retrouve intégralement en *fonds propres*.

Cette augmentation des fonds propres est fonction de deux paramètres ; elle est :

– fonction croissante du taux de croissance g ;

– fonction décroissante du taux d'endettement D/K.

Si le coût d'opportunité de la croissance se mesure par la diminution de distribution qui n'est autre que l'accroissement des fonds propres, quelle en est, en contrepartie, la recette future et quelle valeur supplémentaire ce manque à gagner immédiat créera-t-il pour la société et ses actionnaires ?

Prenons un exemple simple : une entreprise qui décide d'augmenter son stock de capital de 100, que ce soit pour acquérir des machines ou des stocks, va accroître ses fonds propres de 100 (1 – D / K), somme qui aurait été distribuée aux actionnaires en cas de non-investissement.

En face de ce coût immédiat pour l'actionnaire, les recettes futures se mesurent par l'accroissement de distribution potentielle que va provoquer cette augmentation de fonds propres. Si les projets d'investissements de la société ont une rentabilité financière r, on sait alors que la somme (1 – D / K) 100. laissée dans l'entreprise va générer chaque année un résultat net égal à : r (1 – D / K) 100. La valeur de ce flux perpétuel est alors égale à :

$$FF = \frac{r(1 - D/K)100}{t}$$

où t est la rentabilité financière exigée par les actionnaires, ou encore le coût du capital de l'entreprise.

La valeur actuelle nette de l'investissement initial du point de vue de l'actionnaire est alors égale à :

$$\frac{r(1-D/K)100}{t} \qquad\qquad -1-D/K100$$

Valeur actuelle des recettes futures Sacrifice initial

Il apparaît clairement que la croissance n'a de sens du point de vue de l'actionnaire qu'à condition que *la rentabilité financière des projets d'investissements de l'entreprise soit supérieure au rendement t exigé par celui-ci (r > t).*

Dans le cas inverse, où r < t, toute augmentation du taux de croissance, qui se traduirait nécessairement par une diminution immédiate des dividendes, provoquerait une diminution de la richesse de l'actionnaire. Du point de vue de l'actionnaire, on peut comprendre aisément que celui-ci n'a aucun intérêt à renoncer à des dividendes qui seront investis dans une société qui rapporte moins que ce que lui offrent les marchés financiers.

Le modèle VOPC

Cette approche a été diffusée par Brealey & Myers. On peut *reformuler la valeur des opportunités de croissance* de manière plus générale, en reprenant les concepts de sacrifice initial et de valeur actualisée des recettes futures.

Le sacrifice initial

Dans le cadre du modèle de croissance équilibré, le sacrifice initial est égal à la part des bénéfices que l'entreprise ne distribue pas à ses actionnaires, α BEN.

L'abandon de distribution consenti par l'actionnaire doit être compensé par une série de recettes futures :

– la première année, r α BEN, si l'entreprise conserve le même niveau de rentabilité ;

– chaque année et pour l'éternité, ce sacrifice initial va générer une rente annuelle de r α BEN pour l'entreprise qui, actualisée au taux de rendement espéré par l'investisseur, a une valeur actualisée de (r α BEN) / t.

Si bien que l'on peut évaluer l'augmentation de richesse de l'actionnaire permise par ce premier sacrifice, c'est-à-dire, la valeur des opportunités de croissance, à :

VOPC 1 = – α BEN + (r α BEN) / t

Or l'entreprise connaît chaque année, dans notre modèle, une croissance constante de g. Chaque année, l'actionnaire devra donc consentir un sacrifice un peu plus important et recevra les années suivantes un surcroît de bénéfice augmentant au même rythme que g.

La valeur des opportunités de croissance permises par le sacrifice à l'année n peut ainsi s'écrire :

$$\text{VOPC } n = -\alpha\text{BEN}(1 + g)^{n-1} + \frac{(r\alpha\text{BEN})(1+g)^{n-1}}{t}$$

La valeur actuelle totale des opportunités de croissance s'établira donc à :

$$\text{VOPC} = \sum_{n=1}^{\infty} \frac{r\alpha\dfrac{\text{BEN}}{t}(1+g)^{n-1} - \alpha\text{BEN}(1+g)^{n-1}}{(1+t)^{n-1}}$$

$$= \frac{r\alpha\dfrac{\text{BEN}}{t} - \alpha\text{BEN}}{t-g}$$

$$\text{VOPC} = \frac{\alpha\text{BEN}\left(\dfrac{r}{t} - 1\right)}{t-g}$$

On retrouve là trois constatations, il y a création de valeur dès lors que :

- la rentabilité financière r est supérieure au taux de rendement attendu par les actionnaires t ;
- le taux de croissance g est supérieur à 0 ;
- le taux de rentabilité attendu par les actionnaires t est supérieur à g.

Toute la difficulté réside dans la détermination de la rentabilité financière future de l'entreprise la plus appropriée.

De cette formule, il est également possible d'extraire le « taux de croissance implicite », fonction de la VOPC, du bénéfice, du taux de rétention et du taux de rendement attendu par les actionnaires :

$$g = t - \frac{\alpha\text{BEN}\left(\dfrac{r}{t} - 1\right)}{\text{VOPC}}$$

Exemples

Soit la société KTYP dont nous rappelons les principales caractéristiques :

BEN. = 84, K = 800, r = 16,8 %, C = 500, e = 12,5 %, D = 300, g = 6 %, D / K = 37,5 %

α = g / r donc α = 35,7 %

t = 12 %

Exemple n° 1

Calcul de la valeur des opportunités de croissance (VOPC)

■ Solde distribuable ou dividende maximum

DIV

= BEN – (g × K) (1 – D / K)

= 84 – (6 % × 800) (1 – 37,5 %)

= 84 – (48 x 62,5 %)

= 54

On retrouve bien l'égalité :

DIV

= (1 – α) BEN

= (1 – 35,7 %) 84

= 54

■ Valeur d'une opportunité de croissance constatée sur un exercice :

VAL. OPP.CR1

Sacrifice initial:

C = (g × K) (1 – D / K)

= (6 % × 800) (1 – 37,5 %)

= 48 × 62,5 % = 30

= α BEN

35,7 % × 84 = 30

Flux financier dégagé la 1re année :

FF1 = α × BEN × r

= 35,7 % × 84 × 16,8 % = 5

Valeur de ce flux financier FF, actualisé à perpétuité :

FF = $(\alpha \times \text{BEN} \times r)/t$

= $5 / 12\% = 41,9$

d'où VAL. OPP. CR1

= $-(\alpha \times \text{BEN}) + (\alpha \times \text{BEN} \times r)/t$

= $-30 + 41,9 = 11,9$

■ Valeur de l'opportunité d'un taux de croissance annuel g constaté chaque année :

$$\text{VOPC} = \frac{-(\alpha \times \text{BEN}) + (\alpha \times \text{BEN} \times r)/t}{t-g}$$

$$= \frac{-(35,7\% \times 84) + (35,7\% \times 84 \times 16,8\%)/12\%}{12\% - 6\%}$$

$$= \frac{-30 + 41,9}{6\%} = 198$$

■ Valeur globale d'une société connaissant à perpétuité un taux de croissance g

VAL = VALo + VOPC

VALo

= BEN / t

= $84 / 12\%$

= 700

On obtient donc :

VAL = $700 + 198 = 898$

On remarque immédiatement que, pour un *taux de croissance qui serait égal à 6 % raisonnable dans une optique de perpétuité* de 6 %, soit un taux déjà assez élevé par rapport à la croissance économique à très long terme, la valeur des opportunités de croissance contribue à hauteur d'environ 22 % à la valeur globale de la société. La société, parce qu'elle offre *un taux de rentabilité financière assez supérieur au taux de rendement attendu, dégage un surplus de valeur, égal à la valeur de ses opportunités de croissance.*

Exemple n° 2

Afin de bien montrer la sensibilité de ce modèle au facteur croissance, une nouvelle application chiffrée est présentée. La société KTYP montre maintenant un taux de croissance plus élevé de 8 %.

Les autres caractéristiques financières de la société type sont conservées et deviennent ainsi :

BEN = 84 K = 800

r = 16,8 % C = 500

g = 8 % D/K = 37,5 %

α = g/r donc α = 47,6 %

t = 12 %

Seul le taux de croissance est modifié. En conséquence, à structure financière constante, en fonction de l'égalité g = α r, le taux de rétention α devient 47,6 %. On retrouve bien là une des caractéristiques du modèle de croissance équilibré, à savoir l'évolution dans le même sens du taux de croissance et du taux de rétention des bénéfices, ces deux variables se rejoignant pour une société non endettée.

Le calcul de la valeur globale de la société devient :

VALo = BEN / t reste inchangé, le résultat restant identique.

VALo = 84 / 12 % = 700

$$VOPC = \frac{-(\alpha \times BEN) + (\alpha \times BEN \times r)/t}{t-g}$$

$$= \frac{-(47,6\% \times 84) + (47,6\% \times 84 \times 16,8\%)/12\%}{12\% - 8\%}$$

= 400

La valeur globale de la société ressort donc dans ce cas à :

VAL = 700 + 400 = 1100

On constate ainsi que ce modèle de détermination de la valeur est assez sensible aux variations du taux de croissance.

En effet, le passage, tout étant égal par ailleurs, du taux de croissance de 6 à 8 %, c'est-à-dire une progression de 33 % du taux, implique une variation de la valeur de la société de 22,4 %.

Les deux exemples précédents ont fait varier le taux de croissance et en conséquence le taux de rétention des résultats. La troisième variable importante du modèle, la rentabilité financière r se révèle également être un élément fondamental de la constitution de la valeur, comme le troisième exemple numérique suivant le montre.

Exemple n° 3

Dans ce dernier exemple, la croissance à long terme g du cas précédent est conservée (8 %) et seuls varient la rentabilité financière et en fonction de l'égalité $g = \alpha \times r$, le taux de rétention des bénéfices.

La rentabilité financière passe à 18 à 13 % :

donc : $BEN = r \times C = 13\% \times 500 = 65$

et $\alpha = g/r = 8 / 13 = 61,54\%$

Le dernier ajustement souligne qu'à croissance identique plus la rentabilité financière est faible, plus le taux de rétention des bénéfices est élevé. En effet, plus la rentabilité financière est faible, moins les opportunités de réinvestissement sont attrayantes.

Le calcul de la valeur globale de la société devient :

$VALo = BEN / t$

$= 65 / 12\%$

$= 542$

$$VOPC = \frac{-(61,5\% \times 65) + (61,5\% \times 65 \times 13\%)/12\%}{12\% - 8\%} = 82,5$$

La valeur globale de la société ressort donc dans ce troisième cas à :

$VAL = 542 + 82,5 = 624,5$

On observe ici que, pour une même croissance, du fait de la seule diminution de la rentabilité financière qui passe de 16 % à 13 %, soit – 19 %, la valeur des opportunités de croissance baisse de manière significative de 400 à 82,5, entraînant une baisse de la valeur globale de la société de 43 %.

3. Dette et croissance

L'impact de la dette sur la valeur de la société ne change aucunement dans le cas le plus fréquent où la société connaît une certaine croissance. Dans ce cas de figure, les fonds apportés par les créanciers ne sont pas entièrement redistribués aux actionnaires mais ils sont, du moins en partie, utilisés pour financer la croissance. *Ces fonds sont donc investis par l'entreprise dans des projets qui vont permettre sa croissance.*

Toutefois, la valeur de ces projets ne dépend pas de leur mode de financement dans un monde sans impôt.

Supposons ainsi une entreprise qui dégage chaque année des flux financiers de 100 qui augmentent de 5 % par an pour l'éternité.

Au taux d'actualisation de 10 %, la valeur de la société est de :

$$\frac{100 \times (1 + 5\%)}{10\% - 5\%} = 2100 .$$

Cette société est cependant endettée de 100, si bien que sa valeur actualisée nette n'est que de 2100 – 100 = 2000.

La société vaut-elle davantage si elle rembourse sa dette entièrement ?

Pour rembourser sa dette, la société doit vendre certains de ses actifs pour 100. Ces actifs ont les mêmes caractéristiques que la société elle-même : ils font partie de la même classe de risque et ils permettent de dégager des flux financiers croissant au même rythme annuel de 5 %.

Les flux financiers auxquels la société devra renoncer pour rembourser sa dette peuvent être calculés par la formule :

$$\frac{FF \times (1 + 5\%)}{10\% - 5\%} = 100$$

donc FF = 4,76.

Après cession de ces actifs, les flux dégagés par la société ne seront que de 100 – 4,76 = 95,24. Ces flux augmentent au taux de 5 % par an pour l'éternité.

La valeur de la société sera de :

$$\frac{95,24 \times (1 + 5\%)}{10\% - 5\%} = 2000 .$$

On voit qu'elle est inchangée.

4. Typologie de la croissance

On peut, à ce stade, établir une première typologie des différents degrés de croissance rencontrés, relativement au niveau des soldes intermédiaires de gestion.

a) Les cas classiques

■ Rentabilité économique supérieure au taux de croissance, e>g, et rentabilité financière supérieure au taux de croissance, r>g

C'est le cas classique de la société qui supporte facilement sa croissance avec un surplus industriel positif et un solde distribuable également positif.

■ Rentabilité économique inférieure au taux de croissance, e<g, et rentabilité financière inférieure au taux de croissance, r<g

À l'inverse, c'est le cas de la société dont la croissance est trop élevée et qui, avec un solde industriel structurellement déficitaire, doit faire appel soit à l'épargne publique, soit aux banques, en augmentant son taux d'endettement.

b) Les cas paradoxaux

■ Rentabilité économique inférieure au taux de croissance, e<g, et rentabilité financière supérieure au taux de croissance, r>g

Ce cas rarement rencontré est celui d'une société qui connaît une croissance déséquilibrée avec un surplus industriel structurellement négatif. Ce peut être le cas d'un société qui compense l'insuffisance de sa rentabilité économique par rapport à son taux de croissance par un recours élevé à l'endettement, que traduit la supériorité de sa rentabilité financière sur sa rentabilité économique. Ce peut être également une société de faible rentabilité économique mais disposant d'une importante trésorerie qu'elle place sur les marchés financiers.

■ Rentabilité économique supérieure au taux de croissance, e>g et rentabilité financière inférieure au taux de croissance, r<g

Ce cas encore moins couramment rencontré est sans doute le plus intriguant. Il s'agit d'une société sous-endettée qui, avec un surplus industriel positif, n'arrive pas à faire face au paiement de l'impôt et qui doit donc continuellement accroître, sans doute contre son gré, son endettement ou plus vraisemblablement faire appel au marché financier.

Ces cas restent théoriques, le marché corrigeant en principe rapidement ce type de situations.

Croissance et rentabilité

Dans une société en situation de croissance stable, la croissance ne crée de la valeur que si la rentabilité des investissements réalisés par la société est supérieure au coût du capital. De plus, le taux de croissance ne saurait être supérieur à la rentabilité des investissements.

On peut décomposer le cash-flow disponible en écrivant qu'il est égal au résultat d'exploitation taxé + l'amortissement – l'investissement – le Δ BFR. Les trois derniers termes de cette somme correspondent à l'augmentation nette de l'actif investi dans l'entreprise (augmentation nette des capitaux employés). Autrement dit, le cash-flow disponible correspond au RE taxé + l'augmentation nette de l'actif investi dans l'entreprise.

Or en situation de croissance stable, l'actif net investi croît au même rythme de croissance que le cash-flow disponible. Autrement dit, l'augmentation nette de l'actif investi dans l'entreprise est égale à g × l'actif investi dans l'entreprise.

Donc le cash-flow disponible est égal au résultat d'exploitation taxé moins g × l'actif investi dans l'entreprise.

Or le résultat d'exploitation taxé divisé par l'actif investi dans l'entreprise est égal à la rentabilité de l'actif investi r. Donc l'actif investi dans l'entreprise peut s'écrire : Résultat d'exploitation taxé / r. Autrement dit :

Cash-flow disponible = résultat d'exploitation taxé $(1 - g / r)$

Cette équation suppose qu'en situation de croissance stable la rentabilité économique moyenne de l'actif et la rentabilité marginale de cet actif s'égalisent.

Dans une société en croissance, la valeur de la société est donnée par la formule :

Cash-flow disponible $/(CMPC - g)$

où CMPC est le coût moyen pondéré du capital et g la croissance

Cette valeur devient alors égale à :

Résultat d'exploitation taxé $(1 - g / r) / (CMPC - g)$

Deux observations peuvent alors être faites :

Si CMPC = r, la rentabilité des investissements réalisés par la société est égale au coût du capital et la formule se simplifie en : Résultat d'exploitation taxé/CMPC, qui est la formule d'évaluation d'une société en croissance zéro. Pour créer de la valeur, la rentabilité des investissements réalisés par la société doit donc être supérieure au coût du capital.

Si g = r, le taux de croissance est égal à la rentabilité des investissements, la formule d'évaluation donne un surplus de valeur de zéro. Un tel taux de croissance n'est pas soutenable à terme.

À partir des éléments mis en évidence ci-dessus, il est possible de dresser la matrice de création de valeur (V) en fonction de deux éléments fondamentaux : la rentabilité financière (r) et le taux de croissance (g).

	r < t	r = t	r > t
g ≤ 0	V −	0	V +
g > 0	V −	V +	V +

Figure 9 – Matrice de création de valeur

L'établissement de la matrice de création supplémentaire de valeur permet de synthétiser l'ensemble de ces observations.

Cette matrice met en évidence la nécessité pour l'entreprise d'agir en priorité sur la rentabilité financière. Celle-ci doit au minimum couvrir la rentabilité attendue par les investisseurs. Quant à la croissance, elle agit comme un véritable accélérateur de la création (quand la rentabilité financière, r, est supérieure au taux de rendement attendu, t) ou de la destruction (quand r est inférieure à t) de valeur.

PARTIE 3

Le coût du capital

Le modèle boursier ou économique classique de valorisation consiste à actualiser à l'infini les flux financiers futurs que sera capable de dégager l'entreprise au taux de rendement attendu par les investisseurs sur les marchés boursiers.

On a vu précédemment que ce modèle se heurte à la difficulté de prévision des flux d'exploitation et financiers futurs et notamment de leur croissance.

Mais il se heurte, de manière encore plus radicale, à la difficulté d'appréhender le *taux d'actualisation* à utiliser. Or, ce taux n'est guère identifiable de manière objective et sa détermination souffre encore de lacunes. Sur le plan théorique, le modèle de détermination du taux est solide mais sa détermination empirique reste bien souvent délicate alors qu'il se révèle être une variable particulièrement déterminante des modèles de valorisation.

CHAPITRE 1

Le marché

1. Le taux de rendement attendu

Dans le cadre de la théorie financière, le *coût du capital* est une donnée fournie par le marché.

Ainsi, le coût des capitaux propres est une variable qui *s'impose au dirigeant de l'entreprise* et reflète *les préférences des actionnaires* dont il est le mandataire.

Cette donnée est déterminée à la fois par des facteurs propres à l'exploitation de l'entreprise et des facteurs économiques et financiers exogènes tels que les taux d'intérêt et l'inflation.

Contrairement à une idée reçue, le coût du capital est dépendant non pas de l'état passé du marché, mais de son *état actuel*, c'est-à-dire des anticipations formulées par les agents sur les perspectives du marché.

Il serait faux d'appréhender le coût du capital à l'instant présent par l'observation des rendements *passés* pour deux raisons principales. Tout d'abord l'échelle de préférence des investisseurs est *changeante* ne serait-ce que parce qu'elle fluctue avec les variations de taux d'intérêt. Ensuite, de manière peut-être moins évidente, l'observation des rendements passés réalisés ne reflète que de manière imparfaite et parfois fausse les rendements désirés.

Imaginons qu'en une année donnée, le rendement exigé par les actionnaires ait fortement baissé. Cela se traduirait, toutes choses égales par ailleurs, par des *achats massifs* de titres, ceux-ci étant alors évalués sur la base d'un rendement devenu trop élevé. La baisse du rendement exigé, en faisant monter le cours des titres, a alors toutes les chances de provoquer une hausse constatée du rendement réalisé.

Ce phénomène est encore plus frappant dans le cas d'une crise boursière où, les anticipations sur les résultats étant relativement stables, c'est l'augmentation du rendement exigé qui provoque une chute du cours des actions. La très forte baisse alors constatée des rendements réalisés à travers les moins-values dégagées sur le marché est ici encore, de manière paradoxale, la conséquence d'une hausse du rendement exigé.

Comment peut-on, sans s'appuyer sur des statistiques passées, établir quel est aujourd'hui le coût du capital exigé par exemple par l'ensemble des actionnaires français ou même de façon plus précise quel est le coût du capital ou rendement exigé par les actionnaires de l'une ou l'autre des valeurs du CAC 40 ? En observant en Bourse le taux de rendement implicite de la valeur retenue.

On peut relever la capitalisation boursière d'une valeur sur le marché. Par ailleurs, les études d'analystes financiers fournissent un certain nombre de caractéristiques financières et boursières telles que ses résultats, son taux de distribution et son ratio prix sur bénéfice P/B (ou P/B).

Or, on a vu que le ratio prix sur bénéfice est égal à :

$$P/B = \frac{VAL}{BEN}$$

soit, en reprenant, $VAL = \frac{DIV}{t-g}$ et $DIV = (1-\alpha)BEN$

$$P/B = \frac{1-\alpha}{t-g}$$

Le ratio prix sur bénéfice dépend donc, dans le modèle de Gordon-Shapiro, de trois facteurs :

- α, le taux de rétention des bénéfices. Toutes choses égales par ailleurs, une augmentation du taux de rétention fait baisser le ratio P/B ;

- t, le taux de rendement attendu. Toutes choses égales par ailleurs, une hausse du taux de rentabilité attendu par les investisseurs fait baisser le ratio ;

- enfin g, le taux de croissance. Toutes choses égales par ailleurs, la hausse du taux de croissance des dividendes entraîne une hausse du ratio P/B.

© Éditions d'Organisation

On peut estimer α d'après les habitudes de distribution de la société cotée, que l'on suppose constantes.

Le calcul de g est implicite, mais le résultat est plus difficile à valider. En effet, les informations disponibles, tant auprès des analystes financiers et des banques que dans la presse spécialisée, consistent le plus souvent en une estimation de la croissance des résultats sur les deux prochains exercices. La difficulté consiste à extrapoler, à partir de ces chiffres et d'une évolution économique globale, une estimation d'un taux de croissance perpétuel.

Une fois ce taux de croissance davantage estimé que calculé, il est alors possible pour le taux de rétention α donné de déterminer quel est le *taux de rendement t exigé par l'actionnaire*.

$$t = \frac{1 - \alpha}{P/B} + g$$

Supposons que la société KTYP soit cotée et relevons sa capitalisation boursière sur le marché. Supposons un instant que celle-ci soit égale à sa valeur de base précédemment calculée, soit 900. Par ailleurs, cette société affiche un ratio prix sur bénéfice P/B (ou PER) courant de 10,7, valant donc 10,7 fois le bénéfice net estimé de l'exercice en cours. Rappelons que son taux de rétention des résultats est de 35,7 %.

À titre d'exemple, en retenant un taux de croissance à perpétuité de 6 %, on obtient :

$$t = \frac{(1 - 35,7\,\%)}{10,7} + 6\,\% = 12\,\%$$

On retrouve bien le taux d'actualisation de base de KTYP qui est de 12 %.

Si le lecteur peut être surpris par le caractère apparemment empirique de cette méthode, il ne doit pas perdre de vue le fait que *l'évaluation des actions place de facto l'analyste dans l'univers des grandeurs anticipées.*

Comme nous l'avons souvent fait remarquer, acheter une action revient à acheter un flux de revenus aléatoires et considérés *ex ante* comme perpétuels. Tous les jours, des millions de titres changent de mains sans que, pour cette raison, notre connaissance du moyen ou du long terme ait progressé.

L'appréhension du coût du capital à partir des données boursières se heurte toutefois à deux difficultés : le taux de croissance et le taux de distribution impliqués par les capitalisations boursières relevées sur le marché. Dans le cadre de la théorie financière classique, on remarque que ces deux facteurs ont, pour diverses raisons, tendance à conduire à un taux d'actualisation sous-estimé et donc à une survalorisation des sociétés cotées.

2. Deux variables essentielles, croissance et distribution

Le taux de croissance

Le principal problème lié au taux d'actualisation dérivé du marché est dû, comme cela a déjà été souligné, à la difficulté de passer *d'un taux de croissance estimé sur le court terme, en général sur les trois à cinq prochaines années, à un taux de croissance perpétuel.*

L'un des éléments importants expliquant le décalage qui peut être constaté à un moment donné entre les valeurs que la Bourse confère à certaines sociétés et leurs valeurs économiques et financières fondamentales est le fait que le taux de croissance g, utilisé dans le calcul de la valeur de l'action, est bien souvent celui des prochaines années et qu'il peut être très différent du taux de croissance moyen pour l'éternité requis par les modèles de valorisation.

On peut plus raisonnablement considérer que si, lorsque l'on achète une action, on s'acquitte sur une courte période d'une croissance assez soutenue, dans le long terme, celle-ci rejoindra la croissance moyenne de l'économie, qui reflète principalement l'évolution de la démographie et du progrès technologique, voire tendra vers zéro en termes constants.

Les intervenants boursiers sont le plus souvent trop influencés par les taux de croissance à court terme, ce qui peut conduire de manière momentanée, en cas de forte expansion économique, à une survalorisation de certaines sociétés et parfois, en cas de crise, à une sous-valorisation.

Le taux de croissance d'une société est donc bien décomposé en deux éléments : un *taux de croissance à court terme,* propre à la société et qui peut être plus ou moins élevé, et un taux de croissance *à long terme,* naturel, qu'on peut raisonnablement estimer d'après les prévisions économiques.

© Éditions d'Organisation

On voit bien là qu'*un taux de croissance surestimé conduit à une survalorisation du capital.*

Le taux de distribution

Un deuxième facteur se révèle être une source de distorsion entre les valeurs boursières : le *taux de distribution*. En effet, selon le modèle de croissance équilibrée, le taux de rétention des bénéfices est égal au quotient du taux de croissance par la rentabilité financière ($\alpha = g/r$). Mais l'observation de cette variable sur la Bourse conduit à noter que l'ensemble des sociétés, étant donné leurs perspectives combinées de rentabilité et de croissance, ne distribuent pas suffisamment de flux financiers disponibles à leurs actionnaires.

On sait qu'*en théorie, une société doit distribuer à ses actionnaires l'ensemble des flux financiers qui ne trouvent pas d'emploi permettant d'espérer une rentabilité supérieure au coût des capitaux de la société.* Or bien souvent, les entreprises préfèrent conserver ces sommes en réserve, plutôt que les distribuer. Cette situation peut trouver son explication dans une nécessité de précaution de la part de l'entrepreneur, sachant qu'un jour un besoin peut survenir. Les points de vue de l'actionnaire et du dirigeant sont résolument contradictoires, le premier optimisant son patrimoine à recevoir et souhaitant encaisser un maximum de dividendes à réinvestir sur le marché dans d'autres sociétés offrant, tout au moins temporairement, de meilleures perspectives de rentabilité ; le dirigeant ayant lui tendance à privilégier un stratégie de montée en puissance tout en accumulant un maximum de réserves de précaution.

L'enseignement pragmatique de la constatation qui se révèle un peu radicale d'une distribution insuffisante est la *nécessité de contrôler l'usage et la rentabilité des capitaux réinvestis, les projets à rentabilité attendue inférieure au coût des capitaux étant à terme destructeurs et non créateurs de valeur.*

Revenant dans le cadre du modèle classique à la formule de détermination du taux de rétention des bénéfices, $\alpha = g/r$, il convient de faire deux remarques, l'une sur le taux de croissance et l'autre sur la rentabilité financière retenus. Le *taux de croissance* est, comme cela a été souligné, en général survalué, ce qui est susceptible de conduire, par simple application de la formule utilisée, à un gonflement du taux de rétention requis.

La notion de rentabilité financière qui devrait être appliquée est la rentabilité financière marginale, c'est-à-dire le rapport entre l'augmentation prévisible du bénéfice net courant et l'augmentation de capitaux propres nécessaires à la génération de ce bénéfice supplémentaire ; dans la pratique, le *niveau surévalué de rentabilité financière comptable* historique est souvent retenu car il est facilement calculable à partir de l'information immédiatement disponible, ce qui conduit à une surestimation du taux de rétention ou du taux de croissance. Si, tout étant égal par ailleurs, α ou g est surévalué, la valeur d'entreprise ressortira à des niveaux trop élevés.

Les analystes se penchent peu sur le taux de distribution propre à chaque entreprise et son interprétation ; ils ont tendance à considérer cette variable plutôt comme dictée par des comportements normatifs de place. On dit par exemple à Paris qu'en période de conjoncture normale, les taux de distribution se situent en moyenne aux environs de 30 % des résultats déclarés et le taux de rendement moyen (dividendes sur valeur boursière), à environ 4 %.

Mais ceci a tendance à évoluer au cours du temps, en fonction des progrès technologiques, notamment. En effet, à la fin de la précédente décennie, les valeurs de croissance ont pris un poids très important sur les marchés d'actions mondiaux et leur puissance relative dans les indices a entraîné une diminution sensible de ces deux taux. Les valeurs de croissance (*growth stocks* dans la littérature anglo-saxonne) affichent un taux de rétention des bénéfices proche de 100 % pour un rendement bien évidemment quasiment nul, par opposition aux valeurs de rendement (*value stocks*) qui, elles, distribuent un dividende important.

CHAPITRE 2

La théorie classique

1. Le MEDAF

Le *taux de rendement exigé par l'actionnaire d'une société ou coût du capital,* que nous venons de déterminer à partir des données boursières et notamment du ratio prix sur bénéfice, essentiellement pour en souligner les facteurs clés, a fait l'objet d'études approfondies dans la théorie financière classique. Il est présenté comme *décomposé en deux éléments qui s'additionnent : un taux de rendement des actifs sans risque et une prime de risque.*

Ces éléments constituant le taux d'actualisation ont fait l'objet de nombreuses études empiriques. Mais une tentative d'approche plus rationnelle a été développée dans le cadre de la théorie classique. Il s'agit du modèle d'équilibre des actifs financiers (MEDAF), traduction du modèle anglo-saxon de *Capital Asset Pricing Model* (CAPM).

Ce modèle découle de la *théorie des portefeuilles d'investissements* efficients, démontrant que, dans le cadre des marchés parfaits, il est possible de réduire le risque d'un investissement en constituant un portefeuille d'investissements diversifié.

À partir de l'analyse de l'ensemble des portefeuilles efficients et si les anticipations des investisseurs sont homogènes, on peut dériver un modèle d'équilibre des actifs financiers. Ce modèle suppose que tous les investisseurs, qui sont rationnels, se dotent de portefeuilles leur permettant de *maximiser la rentabilité anticipée de leur investissement compte tenu du niveau de risque* qu'ils sont prêts à accepter. De tels portefeuilles sont efficients.

De manière plus précise, la théorie financière explique le taux de rentabilité attendu par les investisseurs de la manière suivante : en supposant que les investisseurs utilisent comme *mesure du risque* des investissements la *variance des taux de rentabilité espérés* de ces investissements, on démontre (par optimisation d'une forme quadratique sous contraintes linéaires) que les taux de rentabilité exigés par les investisseurs sont reliés par la formule :

$$E(R_c) = R_f + \beta_{p,c}[E(R_p) - R_f]$$

où R_c désigne la rentabilité d'un actif financier c quelconque

R_f, le taux de rentabilité d'un actif non risqué (par exemple, un emprunt d'État)

R_p, le taux de rentabilité d'un portefeuille efficient p

$\beta_{p,c}$ une mesure de la corrélation de l'actif c par rapport au portefeuille p, définie comme :

$$\beta_{p,c} = \frac{\text{cov}(R_p, R_c)}{\text{Var}(R_p)}$$

Un portefeuille efficient est un portefeuille d'actifs qui maximise la rentabilité anticipée par un investisseur donné pour un niveau de risque déterminé. Ce portefeuille efficient dépend donc à la fois de l'investisseur et du niveau de risque considéré. Deux investisseurs différents auront donc deux portefeuilles efficients différents pour un niveau de risque donné, parce que leurs anticipations sont différentes.

Si l'on suppose de plus que les anticipations des investisseurs sont homogènes, il est possible de formuler un résultat beaucoup plus précis, identiquement vrai pour tous les investisseurs. En effet, le portefeuille de marché (c'est-à-dire le portefeuille constitué par l'ensemble des actifs financiers du marché détenus proportionnellement à leur capitalisation) est efficient pour tous les investisseurs si le marché est à l'équilibre. On obtient alors le résultat suivant :

$$E(R_c) = R_f + \beta_m[E(R_m) - R_f]$$

où R_c désigne la rentabilité de l'actif financier c

R_f, le taux de rentabilité d'un actif non risqué (par exemple un emprunt d'État)

R_m, le taux de rentabilité du portefeuille de marché

β_m, une mesure de la corrélation de la rentabilité de l'actif c par rapport au portefeuille de marché, définie comme :

$$\beta_m = \frac{cov(R_m, R_c)}{Var(R_m)}$$

Le β mesure la quantité de risque ou l'exposition de l'actif au risque de marché tandis que l'élément [E (Rm) – Rf] est le « prix unique du risque », la prime de risque.

Le medaf permet de déterminer le coût du capital d'une valeur, c'est-à-dire le taux d'actualisation à lui appliquer, à l'aide des trois constituants :

$$t = R_f + \beta(R_m - R_f)$$

où R_f est le taux des emprunts sans risque

R_m, le taux de rentabilité du marché dans son ensemble

β est le coefficient mesurant la proportion du risque propre à la valeur analysée qui ne lui est pas spécifique mais qui est plutôt le fait des variations du marché dans son ensemble

La quantité R_m – R_f est la même pour toutes les valeurs du marché. On l'appelle « prime de risque ».

Nous allons commenter chacune de ces composantes.

2. Les taux d'intérêt

Le rendement des actifs sans risque est égal *au taux d'intérêt* sur les placements à moyen ou long terme ne comportant pas de risque en capital, par exemple les emprunts d'État.

Quelles que soient la ou les primes de risque qui lui seront ajoutées, le taux d'intérêt observé sur les *marchés monétaires long terme* constitue bien la base de référence du rendement qu'exigent les actionnaires.

Cela signifie que les entreprises sont contraintes, dans le niveau de rentabilité qu'elles doivent dégager, par une *donnée exogène,* c'est-à-dire déterminée en dehors du champ industriel.

Les arbitrages que font chaque jour les investisseurs institutionnels et privés entre les différentes formes de détention de la richesse rendent les cours des actions complètement dépendants des variations à court terme d'un taux d'intérêt, variable désormais largement déterminée par la politique monétaire des banques centrales. On peut même dire qu'aujourd'hui le rendement que désireraient trouver les actionnaires français sur le marché de Paris est d'abord fonction du taux d'intérêt fixé sur les marchés monétaires internationaux.

Les expériences récentes de fluctuations monétaires importantes, même sur les taux à moyen et long terme, conduisent l'analyste prudent à lisser ces mouvements.

En effet, une baisse de taux de 2 % en moins de deux ans, comme nous l'avons récemment expérimenté, peut conduire, tout étant égal par ailleurs, à une modification de valeur substantielle, de 30 à 40 %.

Sur notre société KTYP :

$VAL = DIV / (t - g)$ avec $t = 13\%$ et $g = 6\%$

$VAL = 54 / 7\% = 500$

Avec t passant à 11 %, on a : $V = 54 / 5\% = 700$

soit une différence de valeur de 40 %.

À fortiori, il faut bien se garder de se laisser influencer dans la détermination du taux de base par les fluctuations beaucoup plus vastes affectant les taux à court terme.

Nous décrivons maintenant la prime de risque qui est constituée d'une prime de marché des actions et d'une prime de risque propre à l'entreprise.

3. La prime de risque sur le marché des actions

La théorie classique ne fournit pas d'explication générale sur le niveau de la prime de risque du marché des actions par rapport au niveau de rémunération des actifs non risqués.

La prime de risque de chaque société sera proportionnelle à une prime moyenne du marché qui reste dans une large mesure indéterminée.

La théorie classique fournit donc une explication de la répartition entre l'ensemble des sociétés du marché d'une prime globale plutôt qu'une explication du niveau de cette dernière.

La prime de risque du marché qui apparaît donc ici comme une variable *constatée* peut être estimée de la manière indiquée au paragraphe précédent.

- calcul du rendement moyen du marché t, à partir de l'équation : $P/B = (1 - \alpha)/(t - g)$

– déduction du taux d'intérêt sans risque i de ce rendement.

Ainsi, la *prime de risque p est égale à t – i.*

Par exemple, si les caractéristiques de la société modèle KTYP reflètent celles constatées sur le marché, soit un P/B moyen de 10,7, un taux de distribution moyen de 64,3 % et une croissance réelle anticipée pour l'éternité de 6 %, on peut estimer le rendement reflété par les cours de Bourse de la manière suivante :

Si $P/B = (1 - \alpha) / (t - g)$

$P/B \, (t - g) = (1 - \alpha)$

alors : $t = (1 - \alpha) / P/B + g$

En application des données du marché qui sont, à titre d'illustration, celles de la société KTYP, on obtient $t = 12 \%$.

On peut donc dire que le rendement moyen exigé sur le marché est de 12 %.

On lui soustrait le taux de rendement obtenu sur un placement sans risque, soit environ 6,5 % et on en déduit une *prime de risque du marché estimée à 5,5 %.*

Ce calcul, réalisé à titre d'illustration, est compatible avec le résultat d'observations menées depuis plusieurs décennies et situant la prime de risque des marchés boursiers à des niveaux compris entre 4 et 6 %.

Pour reboucler avec la formulation du MEDAF :

$t = R_f + \beta \, (R_m - R_f),$

on obtient, dans le cas chiffré précédemment et dans l'hypothèse d'un facteur β égal à 1 :

$t = 12 \% = 6,5 \% + 1 \, (12 \% - 6,5 \%)$

On remarquera que la notion de prime de risque moyenne du marché, fondamentale en matière de valorisation, ne fait pas l'objet de développements très précis. Elle n'est que mesurée par la différence entre le rendement attendu des actions, actifs risqués, et celui des obligations d'État sans risque.

Comme on ne connaît pas le rendement futur sur une très longue période des actions, on ne peut que les estimer ou se reposer sur les ratios prix/bénéfices observés sur les Bourses. Or, ces ratios sont eux-mêmes entachés d'erreur.

La preuve de ces difficultés réside dans les variations relevées dans les différentes sources de publication des primes de risque sur les différents marchés.

En dehors du marché américain qui fait l'objet de nombreuses études, ce type d'information est rare et repose sur des données boursières récentes et en faibles quantités. Il faut donc faire attention, quand on ne dispose pas de l'information nécessaire, et essayer de corriger ces estimations de facteurs comme le niveau de taux d'intérêt, afin de les appliquer à d'autres situations. Cependant, à titre d'exemple, en France, *Associés en Finance* publie mensuellement la prime de risque du marché français depuis 1977.

Mais l'information la plus précise et la plus objective à disposition, bien que peu satisfaisante, provient des études historiques et empiriques réalisées sur les marchés américains ; celles-ci concluent à une prime de risque moyenne, observée depuis la grande crise économique des années trente, de 7 à 8 %, reprise dans les ouvrages américains, et supérieure aux observations les plus récentes. Il faut bien noter que la méthodologie théorique s'appuie sur les anticipations homogènes formulées par les agents et retient une espérance de prime de risque. Or, de nombreuses études empiriques se sont fondées sur la constatation, ex post, de la différence entre les rentabilités des marchés actions et des titres sans risque. Cette méthodologie a longtemps entretenu une confusion entre espérance de rentabilité et rentabilité constatée.

Enfin, comme dans le paragraphe précédent, notons l'impact d'une variation de 1 à 2 % de la prime de marché qui pourrait faire varier une valorisation de 20 à 40 %.

4. Calcul de la prime de risque

Il existe au moins trois méthodes permettant d'estimer la prime de risque : la méthode rétrospective, le ratio P/B de Gordon-Shapiro et l'actualisation des dividendes des valeurs de marché.

La méthode rétrospective consiste à examiner quel a été l'écart dans le passé entre les taux de rendement offerts par un placement sur le marché des actions et par un placement sans risque. Une moyenne sur longue période des performances d'un indice des actions est donc calculée et corrigée pour tenir compte du réinvestissement des dividendes. De même, une moyenne des performances du réinvestissement d'un actif sans risque est calculée sur longue période. La prime de risque s'obtient par différence.

Cette méthode est la plus utilisée mais sujette à de nombreuses critiques :

- elle suppose que la prime constatée dans le passé correspond à ce que les investisseurs anticipent aujourd'hui ;

- elle se fonde sur un niveau de risque moyen sur longue période et ne correspond pas au niveau de risque tel qu'il peut être estimé à un moment donné du cycle économique par le marché ;

- elle suppose un calcul sur très longue période, afin de lisser les évolutions qui ont été constatées dans le passé sur le niveau de la prime de risque ;

- il n'y a pas nécessairement d'actif sans risque dont la durée de vie correspond à la durée de la mesure de la prime de risque : les emprunts d'État ont rarement une durée de vie supérieure à trente ans.

De surcroît, elle pose en pratique deux difficultés d'exécution :

■ Le choix d'une méthode de calcul de la moyenne : la moyenne géométrique des performances annuelles passées de l'indice boursier présente l'avantage apparent sur la moyenne arithmétique de permettre de retrouver la performance totale de l'indice sur la période de référence. Toutefois, la moyenne arithmétique reflète mieux les anticipations dans une perspective de calcul prévisionnel de la prime de risque.

■ La constitution d'un portefeuille sans risque sur longue période : la durée de vie de l'actif sans risque étant inférieure à la période d'observation, il est nécessaire de faire des hypothèses de politiques de réinvestissement. Ainsi, on peut être conduit à supposer par exemple que chaque année l'emprunt d'État supposé sans risque est vendu et réinvesti dans un nouvel emprunt d'État de maturité différente.

Une seconde méthode consiste à utiliser la relation découlant du modèle de Gordon-Shapiro : $P/B = (1 - \alpha)/(t - g)$.

Le P/B moyen du marché est estimé, ainsi que le taux de distribution moyen et le taux de croissance moyen. À partir de ces trois éléments, la relation ci-dessus donne le taux de rendement moyen t attendu par le marché. La prime de risque est ensuite calculée par différence entre t et le taux de rendement d'un emprunt d'État supposé sans risque. Cette méthode est, à de nombreux égards, plus satisfaisante que la précédente, mais elle repose sur l'hypothèse du modèle de Gordon-Shapiro d'une stabilité du taux de croissance dans le temps, ou encore sur l'identification du taux de croissance à perpétuité équivalent aux taux de croissance que connaîtra l'entreprise.

Enfin, une troisième méthode peut être envisagée, consistant à faire un calcul d'actualisation des flux de dividendes de chaque action de l'indice. Le taux d'actualisation utilisé pour chaque action est différent et calculé à partir du β de l'action considérée et d'un niveau de prime de risque qui lui est identique pour toutes les actions. Le résultat obtenu par le calcul d'actualisation est alors comparé avec les cours de Bourse constatés sur le marché de ces actions. Si le niveau de prime de risque qui a été retenu donne un « modèle satisfaisant » de valorisation des actifs en comparaison avec les cours constatés sur le marché, la prime de risque utilisée peut être retenue. Sinon, il faut refaire le calcul avec un nouveau niveau de prime de risque. Le calcul est itératif.

Qu'est-ce qu'un modèle satisfaisant ? C'est un modèle qui reflète fidèlement les cours des actions constatés sur le marché et sans biais. Autrement dit, si l'on fait un calcul de régression linéaire entre les valeurs obtenues par actualisation de dividendes et les cours de Bourse constatés sur le marché, la pente de la droite de régression et le coefficient de détermination de la régression devront tous deux être proches de 1. En effet, si la pente de la droite est différent de 1, le modèle présente un biais et survalorise ou sous-valorise les actions : le niveau de prime de risque est inadéquat. Si le coefficient de détermination est très inférieur à 1, le modèle ne permet pas d'expliquer la dispersion des cours de Bourse constatés et doit être revu, en faisant des prévisions de dividendes sur une période plus longue. Ce modèle est plus satisfaisant que les deux autres à tous égards mais est plus compliqué à mettre en œuvre. Il requiert pour chaque action des prévisions de dividendes sur longue période ainsi qu'une estimation du facteur β et du taux de croissance à long terme.

Tous les calculs de mesure de la prime de risque (comme ceux du β se heurtent à la difficulté de l'absence d'indice reflétant la performance de tous les actifs du marché. Le portefeuille de marché efficient du MEDAF prend en compte tous les actifs à la disposition d'un investisseur : tant les actifs actions que les actifs obligataires, dérivés ou encore immobiliers, etc.

5. Le facteur β

a) Problématique

La théorie classique présente, pour chaque valeur, la détermination d'une prime de *risque spécifique* appelée β. Ce facteur est égal à un pourcentage de la prime de risque moyenne du marché et mesure le risque propre à la valeur retenue. C'est un coefficient défini théoriquement par la *covariance du rendement d'un actif avec le rendement de l'ensemble des actifs rapportée à la volatilité de l'ensemble des actifs cotés ou non cotés.*

On a vu, dans la présentation du MEDAF, que cet élément important dans la constitution du taux de rendement attendu par les actionnaires est égal à :

$$\beta = \frac{\text{cov}(R_m, i)}{\text{var}(R_m)}$$

Le facteur de risque spécifique β relevé sur le marché fonctionne de la manière suivante :

– sa valeur moyenne est de 1 ;

– lorsque β > 1 la société présente un risque plus élevé que le risque moyen du marché ;

– lorsque β < 1 la société présente un risque moins élevé que le risque moyen du marché.

Ce facteur de risque, même s'il permet de faire progresser l'analyse du taux d'actualisation à retenir lorsque l'on procède à des évaluations, se heurte à des *difficultés de mise en œuvre tant théoriques que pratiques.*

∎ Au plan théorique

Le risque total d'une entreprise est, on l'a vu, égal à la somme du risque de marché, lié au marché et non à une société donnée, et appelé *risque systématique,* et du *risque spécifique,* qui dépend uniquement des caractéristiques opérationnelles et financières de l'entité évaluée.

Mais, dans le cadre du modèle du MEDAF et en particulier de l'hypothèse des marchés efficients, le *β n'est en réalité que la mesure d'un risque systématique* de marché. Tous les investisseurs ayant dans ce cas des comportements rationnels, le marché financier n'a pas à rémunérer de risque spécifique lié à une société particulière.

En effet, le facteur β est un pourcentage mesurant la volatilité d'une action par rapport à celle du marché. Mais il est important de souligner que cette notion de risque spécifique diffère de la notion de risque propre de l'entreprise. Le *risque propre n'est pas ici pris en compte* car il peut être éliminé sans coût par la diversification du portefeuille. La prime de risque spécifique qui reflète le risque propre au marché d'une société donnée serait la même que celle du marché dans le cas où les variations du cours de l'action refléteraient exactement celles du marché.

Si les variations de cours accentuent les variations du marché, la prime de risque sur la valeur de la société sera supérieure à la prime de risque du marché. À l'inverse, si, lorsque le marché varie à la hausse ou à la baisse, le cours de la société varie dans le même sens d'un pourcentage inférieur, sa prime de risque sera moins élevée que celle du marché.

Or les marchés ne sont en réalité pas parfaits. Il peut donc s'avérer dangereux d'utiliser des β relevés dans un cadre de marché. De plus, il est osé de recourir au facteur β afin d'évaluer le risque individuel d'un société particulière dans l'optique d'une acquisition par un industriel. Il en est ainsi parce que l'acquéreur ne peut pas diversifier son investissement comme un investisseur boursier ; celui-ci ne pourra donc que subir, en plus du risque de marché, le *risque non diversifiable de son acquisition.*

L'utilisation du MEDAF est susceptible de conduire à *sous-estimer le risque véritable de certaines sociétés.* Ceci sera d'autant plus vrai que les *valeurs* analysées seront plus *endettées* que la moyenne du marché. Une estimation trop basse du coût du capital entraînera une surestimation des valeurs concernées. En conséquence, il convient de procéder à une analyse plus détaillée des différents facteurs de risque d'exploitation et financier de la cible et de procéder dans de tels cas à une *correction du facteur* β en fonction des risques spécifiques et en particulier au titre d'une structure financière non normative.

▪ Au plan pratique

La question du calcul du facteur β se pose. Si la société est cotée, on peut en principe obtenir l'information à partir des données boursières. Toutefois, afin de faire le meilleur usage de la méthode de détermination du taux de rendement attendu, il est recommandé de ne pas se contenter de relever le β d'une société donnée sur les quelques *bases de données disponibles* (Value Line, Datastream, etc.). D'une part, il vaut mieux, en choisissant plusieurs périodes de référence et des fréquences de calcul variables, vérifier la cohérence du résultat fourni. D'autre part, il est recommandé de compléter cette source d'information par la conduite d'une *étude statistique* ou comparative sur le β d'un échantillon de valeurs cotées comparables. On doit scrupuleusement s'assurer que leurs caractéristiques opérationnelles et financières les rendent véritablement comparables, et une attention toute particulière doit être accordée tant au taux d'endettement de la société cotée à évaluer que des sociétés constituant l'échantillon.

b) Calcul du β

Le facteur β peut être estimé à partir des performances passées de l'action considérée et de celles de l'indice. Prenons l'exemple de Peugeot. Si l'on examine par exemple les cours annuels de Peugeot et du CAC 40 sur les dix dernières années on obtient le tableau de la figure 10.

			Performance		Dividende		Performance totale	
		Peugeot	CAC 40	Peugeot	CAC 40	Peugeot	CAC 40	Peugeot	CAC 40
		A	B	C	D	E	F	G	H
1991	15,12	1 766			4,03%	3,37%		
1992	15,02	1 858	− 0,66%	5,22%	2,54%	3,18%	1,88%	8,40%
1993	20,02	2 268	33,29%	22,09%	0,00%	2,47%	33,29%	24,56%
1994	18,6	1 881	− 7,09%	− 17,06%	1,23%	2,93%	− 5,86%	− 14,13%
1995	16,41	1 872	− 11,77%	− 0,49%	1,39%	3,28%	− 10,38%	2,79%
1996	14,84	2 316	− 9,57%	23,71%	1,54%	2,65%	− 8,03%	26,36%

1997	19,28	2 999	29,92%	29,50%	0,59%	2,15%	30,51%	31,65%
1998	21,98	3 943	14,00%	31,47%	1,21%	2,11%	15,21%	33,58%
1999	37,57	5 958	70,93%	51,12%	1,20%	1,66%	72,13%	52,78%
2000	40,38	5 926	7,48%	− 0,54%	2,17%	1,99%	9,65%	1,45%
2001	47,75	4 625	18,25%	− 21,97%	3,46%	2,56%	21,71%	− 19,41%

Figure 10 – Tableau des performances comparées de la valeur Peugeot SA et de l'indice CAC 40 sur la période 1991– 2001

Les colonnes A et B présentent les cours annuels de Peugeot et du CAC 40. Les colonnes C et D, leurs performances respectives enregistrées sur l'année, les colonnes E et F, le montant du dividende versé dans l'année et les colonnes G et H, la performance totale de Peugeot et du CAC 40 tenant compte du dividende versé dans l'année.

Le facteur β de Peugeot correspond à la pente de la droite de régression reliant les valeurs de la colonne G et de la colonne H.

Dans cet exemple, le β obtenu est de 0,68. Toutefois, la qualité de la régression, mesurée par le facteur R^2, est médiocre (0,38), ce qui signifie que les variations du CAC 40 n'expliquent que 38 % des performances de l'action Peugeot.

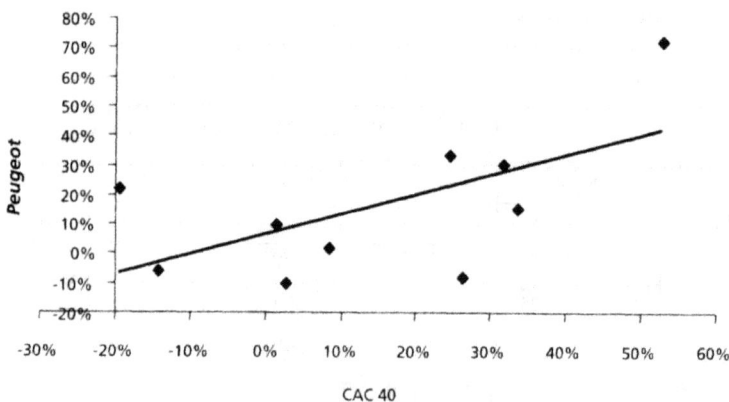

Figure 11 – Droite de régression reliant la performance de la valeur Peugeot SA aux performances de l'indice CAC 40

Si la *société n'est pas cotée*, le β ne peut qu'être estimé sur des bases comparatives par rapport à des sociétés cotées offrant des caractéristiques d'activité, de taille, d'exploitation (industrielle, technique, commerciale, etc.) et financières semblables. L'exercice sera rendu encore plus approximatif si l'on doit recourir à des valeurs étrangères pour réaliser une telle estimation. Les grandes banques dotées d'outils et de bases de données informatiques sophistiqués peuvent éventuellement estimer elles-mêmes le β d'une valeur non suivie par les études spécialisées

À titre d'illustration et pour rappeler l'impact d'une mauvaise estimation du β sur une valorisation, nous chiffrons, sur la société KTYP, la variation d'un passage du β de 1 à 1,3 ; le taux d'actualisation passe de 12 % à 13,5 %. L'impact est de 12,5 % de la valeur de base, ce qui est significatif.

6. Critique de la théorie classique du taux de rendement attendu

Si cette expression du coût du capital est satisfaisante sur le plan théorique, son utilisation pratique n'est pas à l'abri de sérieuses critiques. Ses limites sont de plusieurs ordres.

Il n'existe pas d'indice représentatif du « portefeuille de marché » censé synthétiser l'ensemble des actifs que l'on peut acquérir (titres financiers quelconques, or, immobilier, œuvres d'art, timbres-poste, etc.). Les quantités β_m et R_m sont donc très grossièrement estimées à partir des variations d'indices purement boursiers.

Le marché est supposé ici parfait : les anticipations des investisseurs sont homogènes, il n'y a ni impôts, ni contraintes réglementaires, les actifs existent dans des quantités déterminées mais sont indéfiniment divisibles, etc. Or, dans la réalité, aucune de ces hypothèses n'est vérifiée.

Il est inexact de penser que l'indicateur de risque que cherchent à minimiser les investisseurs est mesuré par la variance des rentabilités espérées des investissements envisagés. Ce critère de mesure du risque conduit à estimer qu'une action qui a de fortes chances de voir son cours augmenter est aussi risquée qu'une action qui a de fortes chances de voir son cours baisser. Or il faut bien reconnaître que rares sont les gérants de portefeuille qui raisonnent ainsi.

Cette théorie est difficile à vérifier de manière empirique ; de nombreuses enquêtes statistiques ont pu mettre en évidence des anomalies difficilement explicables ; pour n'en citer qu'une, on a pu constater, sur les marchés américains qui offrent les études les plus complètes, la non-constance des β à travers des intervalles de temps même réduits. Les β sont en général beaucoup plus solides dès lors qu'ils sont calculés par secteur et non par entreprise car les « bruits » ont dès lors tendance à se compenser. Dans l'optique de former un panel représentatif des sociétés présentant un même risque d'actifs, il faudra donc procéder à une sélection rigoureuse des entreprises.

CHAPITRE 3

Le marché doit-il toujours imposer sa loi ?

1. Analyse d'une crise boursière

À ce stade, il est opportun de se poser la question de la réaction du dirigeant d'entreprise face à une crise boursière. Lorsque le cours des valeurs devient extrêmement déprimé, ce dirigeant doit-il appliquer aux investissements qu'il envisage un taux d'actualisation très supérieur à ce qu'il était avant la crise ?

Nous examinons ici le cas d'une *crise* où la chute des valeurs ne refléterait pas un changement brutal dans la croissance des flux anticipés mais plutôt un changement dans la manière dont le marché évalue des flux inchangés, c'est-à-dire traduisant uniquement une variation à la hausse du coût du capital.

Dans cette perspective, deux risques menacent l'entrepreneur. Le premier est le risque de *sous-investissement*, c'est-à-dire de différer des investissements prévus sous prétexte que les rendements affichés par les marchés sont incompatibles avec la rentabilité anticipée de ces investissements.

Le deuxième risque serait d'essayer de retrouver des rendements du marché à travers un *endettement excessif* des sociétés.

2. Analyse d'une hausse boursière

D'un autre côté, un « boom » boursier peut inciter le dirigeant d'entreprise, trop confiant dans la valorisation du marché, à se lancer dans des investissements qui seront désavoués plus tard.

entreprises seulement, avec fiscalité des entreprises et des particuliers. Ces trois modèles permettent d'évaluer une société en actualisant les flux d'exploitation futurs de la société à un taux appelé « coût moyen pondéré du capital ». Il convient de rappeler brièvement les principales conclusions de Modigliani et Miller avant de donner l'expression de ce coût du capital.

En l'absence de toute fiscalité, la valeur des actifs de la société est indépendante du montant de sa dette : VALe = VAL si l'on note VALe la valeur des actifs de la société endettée et VAL, la valeur des actifs de la même société sans dette ; on peut reprendre ces notations puisque, dans le cas d'une société non endettée, la valeur de l'entreprise est égale à la valeur de ses capitaux propres.

S'il existe une fiscalité des entreprises, la valeur des actifs de la société augmente proportionnellement à la valeur de sa dette.

$VAL_e = VAL + xD$, si l'on note x le taux de l'impôt sur les sociétés, et D la valeur de marché de sa dette, cette écriture n'étant valable que dans l'hypothèse d'une dette perpétuelle et sans risque de non-remboursement.

S'il existe une fiscalité des entreprises et des particuliers, la relation entre la valeur des actifs de la société et la valeur de sa dette est plus complexe :

$$VAL_e = VAL + \left[1 - \frac{(1-t_{xc})(1-t)}{(1-t_{xd})} \right]$$

où t_{xc} et t_{xd} désignent respectivement les taux d'imposition personnels des actionnaires et des créanciers.

Le coût moyen pondéré du capital peut être formulé de la manière suivante selon les hypothèses de l'environnement fiscal :

■ en l'absence de fiscalité :

$$CMPC = \rho = t\frac{VAL}{VAL + D} + i\frac{D}{VAL + D}$$

où t représente le taux de rentabilité espéré par l'actionnaire (celui-là même que l'on tentait de calculer par le β dans la partie précédente), également appelé coût des capitaux propres

i, le taux d'intérêt versé aux créanciers

D, la valeur de marché de la dette

VAL, la valeur de marché du capital de la société

$$t = \rho + (\rho - i)\frac{D}{VAL}$$

où ρ désigne le taux de rentabilité espéré par l'actionnaire de la même société, une fois désendettée.

Le coût des capitaux propres augmente donc avec le niveau d'endettement de la société.

■ si la fiscalité ne concerne que les sociétés :

$$CMPC = t\frac{VAL}{VAL + D} + (1 - x)i\frac{D}{VAL + D}$$

où t représente le taux de rentabilité après impôt espéré par l'actionnaire

i, le taux d'intérêt versé aux créanciers

D, la valeur de marché de la dette

VAL, la valeur de marché du capital de la société

x, le taux de l'impôt sur les sociétés

$$t = \rho + (\rho - i)\frac{D}{VAL}$$

où ρ désigne le taux de rentabilité après impôt espéré par l'actionnaire de la même société, une fois désendettée.

Notons que le β n'est donc pas le même pour une société endettée et pour une société sans dette. Si l'on appelle β et β_{sd}, les β d'une société endettée et d'une société identique désendettée :

$$\beta = \beta_{sd}\left(1 + \frac{D(1 - x)}{VAL}\right)$$

Cette relation peut être aisément démontrée en égalisant la valeur du taux de rentabilité attendu par les actionnaires, dérivée de la formule de Modigliani et Miller, et celle dérivée de l'équation de marché : $t = i + \beta \, (Rm - i)$.

Le coût du capital

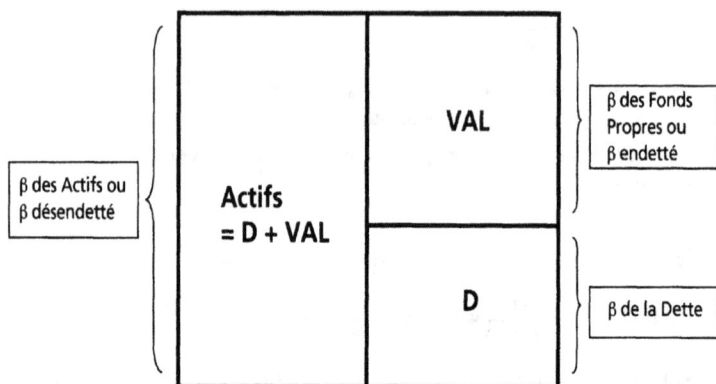

Figure 12 – Relation entre β des actifs, β des fonds propres et β de la dette

- Cas où il existe un impôt frappant les sociétés et un impôt frappant les pourvoyeurs de capitaux

$$CMPC = t\frac{VAL}{VAL + D} + \frac{(1 - t_{xc})(1 - x)}{1 - t_{xd}}\left(i\frac{D}{VAL + D}\right)$$

où t représente le taux de rentabilité après impôts espéré par l'actionnaire

i, le taux d'intérêts versé aux créanciers

D, la valeur de marché de la dette

t_{xc}, le taux d'impôt frappant la rémunération, sous forme de dividendes et de plus-values, des actionnaires

t_{xd} le taux d'impôt frappant les intérêts perçus par les créanciers,

et VAL la valeur de marché du capital de la société

$$t = \rho + \frac{(1 - t_{xc})(1 - x)}{1 - t_{xd}}(\rho - i)\frac{D}{VAL + D}$$

où t désigne le taux de rentabilité après impôts espéré par l'actionnaire de la même société, une fois désendettée

Dans la pratique, le coût moyen pondéré des fonds propres et de la dette est souvent formulé de la manière suivante :

$$CMPC = t\frac{C}{C + D} + i(1 - x)\frac{D}{C}$$

où t est le coût des capitaux propres

i, le coût de la dette

C, les capitaux propres et non la valeur des capitaux propres

x, le taux d'imposition normatif

D, la dette

Le recours à la méthode du coût moyen pondéré du capital amène à se poser la question *des fonds propres à retenir*. Cette question est d'autant plus importante que l'on relève sur ce sujet précis de grands écarts entre la théorie et la pratique. Les analystes et les évaluateurs retiennent très souvent le montant comptable ou réévalué des capitaux propres. Or la théorie financière conduit à retenir la valeur de ces derniers.

On retrouve le cadre du théorème de Modigliani et Miller, où la valeur d'une entreprise constitue un tout cohérent, un portefeuille de projets d'investissements appartenant à la même classe de risques et décomposé en la valeur des capitaux propres et la valeur de la dette. Dans ce cas de marchés parfaits, la rentabilité de l'investissement est égale au taux de rendement attendu par les actionnaires, ou taux d'actualisation des fonds propres. On retient donc bien la *valeur du capital* de la société à évaluer.

À défaut, le CMPC serait sous-estimé, les capitaux propres comptables étant en général inférieurs à leur valeur de marché, et la société serait survalorisée.

Cette remarque appelle une nouvelle considération pratique. Comment calcule-t-on le *coût moyen pondéré du capital pour une société non cotée ?* Il n'y a pas d'autre solution que de retenir une structure financière normative, c'est-à-dire reflétant à la fois les caractéristiques opérationnelles, financières et de risque de la valeur concernée et du marché boursier de la zone géographique sur laquelle elle opère.

2. Mise en œuvre du coût moyen pondéré du capital

La définition de ce coût du capital comme taux d'actualisation amène à se reposer la question de l'influence de la dette sur la valorisation, de l'impact de méthodes d'évaluation selon que l'on valorise directement les capitaux propres ou l'entreprise et de l'opportunité de désendetter le β qui est un élément constitutif du taux d'actualisation des fonds propres.

Exemple n° 1 : Valorisation d'une société avec puis sans prise en compte de la structure de financement

Reprenons la société KTYP en situation de croissance nulle. Cette option est retenue à seule fin de simplifier les calculs, la démonstration suivante pouvant être transposée au cas de croissance.

Données :

Résultat d'exploitation = 150

Frais financiers = 24

Résultat avant IS = 126

Résultat net = 84

Dette = 300

Taux de rendement = 12 %

Taux d'intérêt = 8 %

Le modèle boursier d'évaluation (Gordon-Shapiro) conduit sans croissance à une *valeur des capitaux propres* (*value of the equity*) :

VAL = BEN / t = 84 / 12 % = 700

Le modèle d'actualisation des flux disponibles (AFD), avant prise en compte du financement de l'entreprise, se présente de la manière suivante :

■ Valeur de l'entreprise (*value of the firm*)

VALe = AFD avant frais financiers / t

Sans croissance, les flux disponibles, ou solde distribuable, sont égaux au résultat d'exploitation net de l'impôt sur les sociétés, soit 100.

Le taux d'actualisation qu'il convient d'utiliser ici n'est pas le taux de rendement attendu par les investisseurs en fonds propres, mais le coût moyen pondéré du capital (CMPC).

La valeur des capitaux propres est égale à 700.

CMPC = 12 % (700 / 1000) + 2 / 3 × 8 % (300 / 1000)

= 10 %

D'où une valeur de la société KTYP de 100 / 10 % = 1000

■ Valeur du capital

La valeur du capital est égale à la valeur de l'entreprise dont on déduit la dette.

VAL = 1000 − 300 = 700

Ainsi, l'ajustement entre valeur boursière et valeur de l'entreprise se fait-il par le truchement du taux d'actualisation et de la dette, ceci toujours dans l'hypothèse que la société, qu'elle soit endettée ou non, ne change pas de classe de risque.

Exemple n° 2 : Valorisation d'une société désendettée

Procédons maintenant à une comparaison entre la valeur de la société KTYP de base et celle de la même société mais désendettée.

Soit une société KTYP-BIS rigoureusement semblable à KTYP, mais totalement désendettée. Comme pour la société KTYP, il est possible d'évaluer la société KTYP-BIS désendettée de deux manières différentes :

■ On peut évaluer les capitaux propres de KTYP-BIS en actualisant son solde distribuable de 100.

Le taux d'actualisation utilisé pour une société désendettée peut être dérivé du taux d'actualisation de 12 % utilisé pour une société endettée, par la formule dérivée de l'effet de levier, de la manière suivante :

$$t = e (1 - x) - i (1 - x) D / C$$

où t désigne le taux de rentabilité exigé pour une société endettée après impôt

t_{sd}, le taux de rentabilité exigé pour une société désendettée avant impôt

Dans notre exemple, t est égal à :

12 %

soit tsd = 16,66 %

Donc le taux d'actualisation après impôt à utiliser est de :

t' = 2 / 3 × 16,66 % = 11,11 %

La valeur des capitaux propres de cette société KTYP-BIS est alors de :

100 / 11,11 % = 900

Valeur des capitaux propres de la société désendettée

= valeur des capitaux propres de la société endettée (700)

+ valeur de la dette (300)

– valeur de l'économie d'impôt procurée par la dette (100)

En évaluant directement la société par actualisation des flux disponibles dégagés par KTYP-BIS, au même niveau de 100, le coût moyen pondéré du capital est le suivant :

CMPC = 11,11 % × 900 / 900 + 8 % × 0 / 900 = 11,11 %

Il est égal au coût des capitaux propres de KTYP-BIS, puisque celle-ci n'est pas endettée.

Il n'y a donc pas de différence entre les deux méthodes dans le cas d'une société non endettée.

Remarquons que le *coût moyen pondéré du capital, qui se veut indépendant de la structure de financement* adoptée par l'entreprise et qui actualise pour ce faire, des flux avant frais financiers, repose en fait sur un coût moyen pondéré du capital lui-même *dépendant de l'endettement* de la société.

Dans le calcul du CMPC, l'analyste devra le plus souvent avoir recours à une notion de structure d'endettement optimal ou normatif, qui se dégage à travers des comparaisons réalisées sur les principales valeurs du secteur.

Utiliser un coût moyen pondéré du capital constant reviendrait à sous-estimer la valeur des sociétés très endettées, car le CMPC à utiliser est en réalité fonction du taux d'endettement que l'on s'est fixé.

Or c'est bien ce que fait l'analyste qui utilise une structure d'endettement optimal pour évaluer une société surendettée. Cette manière de procéder n'a pas de sens et aboutit à des résultats erronés car elle suppose que la société sera capable tôt ou tard de retrouver, un niveau d'endettement acceptable.

Exemple n° 3 : Correction du β en fonction de la dette

Nous allons recourir à une méthode permettant de mieux préciser le taux d'actualisation à retenir en fonction du niveau d'endettement de la société à évaluer. Il s'agit de recalculer un facteur β désendetté en déterminant d'abord un β des fonds propres, puis en le réendettant.

La société KTYP n'étant pas cotée, son β n'est pas disponible. Dans ce cas, on procède le plus fréquemment à une étude comparative fournissant une estimation de ce facteur de risque spécifique.

Supposons que nous disposions d'un échantillon de trois sociétés cotées comparables dont les β relevés sur le marché c'est-à-dire les β des fonds propres et les taux d'endettement soient :

	β	D/VAL
XTYP	0,71	0.1
YTYP	1,21	0.5
ZTYP	1,53	0.8
Moyenne	**1,15**	**0.4**

Figure 13 – Tableau des β des sociétés comparables à KTYP

On peut déduire des β relevés sur les marchés, les β des fonds propres désendettés, β_{sd} :

$$\beta_{sd} = \frac{\beta}{1 + \frac{D(1-x)}{VAL}}$$

β_{sd} XTYP	0,67
β_{sd} YTYP	0,91
β_{sd} ZTYP	1,0
βFP moyen	**0,86**

Figure 14 – Tableau des β_{sd} des sociétés comparables à KTYP

Le β des fonds propres désendetté de la société KTYP est donc estimé à 0,86.

Afin de prendre en considération la structure financière de la société, un nouveau β total réendetté, β_{rd}, est calculé à partir du taux d'endettement normatif de KTYP, soit ici :

$$\frac{300}{700} = 42,8\%$$

$$\beta_{rd} = \beta_{sd}1 + \frac{D(1-x)}{VAL}$$

$\beta_{rd} = 0,86(1 + 66,67\% \times 42,8\%) = 1,1$

Sur cette nouvelle base, on retrouve le taux d'actualisation des fonds propres de KTYP qui est de :

$t = i + \beta_{rd}(R_m - i) = 6,5\% + 1,1(5\%) = 12\%$

Trois valeurs du facteur β ont successivement été considérées :

– une valeur moyenne de l'échantillon relevé de 1,15 ;

– une valeur moyenne du β des fonds propres de 0,86 ;

– et une valeur du β réendetté de 1,1.

Il serait erroné de retenir, dans les études d'évaluation par actualisation des flux disponibles, le β des fonds propres relevé sur le marché afin de calculer le coût moyen pondéré du capital qui sert de taux d'actualisation global :

Dans le cas KTYP, $\beta = 1,15$ et $t = 6,5\% + (1,15)5\% = 12,25\%$ au lieu du taux de référence de 12 %.

Par rapport à la valeur de base de KTYP, après désintéressement des créanciers, VAL = 84 / 12 % = 700, on obtient VAL = 84 / 12,25 % = 686, soit une variation de valorisation de 2 %.

Il serait également erroné de s'en tenir au β désendetté et non réendetté.

On aurait alors :

$\beta_{sd} = 0,86$ et $t = 6,5\% + (0,86)5\% = 10,8\%$

au lieu du taux de 12 %.

Par rapport à la valeur de base de KTYP de 700, on obtient VAL = 84 / 10,8 % = 778, soit une survalorisation de 11,1 %.

Si l'on actualise les flux au coût moyen pondéré du capital sur la base du β désendetté mais non réendetté, on aura :

CMPC = 10,8 % × 70 % + 8 % × 66,67 % × 30 %

= 7,56 % + 1,6 % = 9,16 %

et VALe = 100 / 9,16 % = 1092

VAL = VALe – D = 1092 – 300 = 792,

soit une survalorisation de la société de 13,1 %.

À fortiori, la déviance observée serait encore plus importante si l'on doublait le taux d'endettement de KTYP à 85 % des capitaux propres par exemple.

Le calcul du β donne 1,39, soit un coût des capitaux propres de 13,3 %.

Leur valeur est de 68 (84 – 16 de charge financière nette de l'impôt supplémentaire) divisée par 13,3 % soit 511.

Le CMPC devient :

$$13,3\% \times \frac{700}{1295} + 8\% \times 66,67\% \times \frac{595}{1295}$$

$$7,19\% + 2,45\% = 9,64\%$$

$$\text{soit une VALe} = \frac{100}{9,64\%} = 1037$$

$$\text{VAL} = \text{VALe} - D = 1037 - 595 = 442.$$

En conséquence, plus une société est endettée, plus un recours erroné au facteur β et au coût moyen pondéré du capital conduit, tout étant égal par ailleurs, à une sous-estimation des facteurs risque et taux d'actualisation et donc à une survalorisation des sociétés évaluées. Il est essentiel de tenir compte de la structure financière de la société évaluée et des sociétés comparables utilisées pour déterminer le facteur β.

Comment tenir compte de la structure financière de la société si celle-ci est surcapitalisée ou sous-endettée ? Il est convenu qu'il faut utiliser alors une structure optimale de financement reflétant le type d'endettement que les sociétés du secteur de l'entreprise évaluée ont l'habitude d'adopter. Il faut cependant garder à l'esprit que l'on commet ainsi une erreur théorique : on injecte artificiellement une structure optimale de financement dans des formules dérivées du théorème de Modigliani et Miller, qui énonce qu'il n'y a pas de structure optimale de financement dans un monde sans impôt et que la structure optimale de financement dans un monde avec impôt est 100 % d'endettement. On oublie également qu'il n'est pas toujours aisé, pour une société très endettée, d'atteindre cette structure optimale de financement. Mieux vaut donc, dans un contexte de transaction, utiliser la structure financière que l'acheteur pense pouvoir aisément conférer à la société une fois l'acquisition réalisée ou recourir au modèle de la VAA (Partie 4, Chapitre 4).

Le marché doit-il toujours imposer sa loi ?

1. Analyse d'une crise boursière

À ce stade, il est opportun de se poser la question de la réaction du dirigeant d'entreprise face à une crise boursière. Lorsque le cours des valeurs devient extrêmement déprimé, ce dirigeant doit-il appliquer aux investissements qu'il envisage un taux d'actualisation très supérieur à ce qu'il était avant la crise ?

Nous examinons ici le cas d'une *crise* où la chute des valeurs ne refléterait pas un changement brutal dans la croissance des flux anticipés mais plutôt un changement dans la manière dont le marché évalue des flux inchangés, c'est-à-dire traduisant uniquement une variation à la hausse du coût du capital.

Dans cette perspective, deux risques menacent l'entrepreneur. Le premier est le risque de *sous-investissement*, c'est-à-dire de différer des investissements prévus sous prétexte que les rendements affichés par les marchés sont incompatibles avec la rentabilité anticipée de ces investissements.

Le deuxième risque serait d'essayer de retrouver des rendements du marché à travers un *endettement excessif* des sociétés.

2. Analyse d'une hausse boursière

D'un autre côté, un « boom » boursier peut inciter le dirigeant d'entreprise, trop confiant dans la valorisation du marché, à se lancer dans des investissements qui seront désavoués plus tard.

Si un P/B de 30 fait apparaître, compte tenu des perspectives de croissance, un rendement implicite de 2 %, le gestionnaire doit le premier prendre conscience du fait que sa société peut être momentanément surévaluée et que cette surévaluation ne durera pas éternellement.

Lorsque le marché sera revenu à des niveaux raisonnables, le dirigeant ne devra pas se retrouver responsable d'*investissements dégageant une rentabilité très inférieure à celle qu'exigeront alors des rendements revenus à un niveau normal.*

3. Exemples chiffrés

KTYP

$$t = \frac{64,3\% + 10,7 \times 6\%}{10,7} = 12\%$$

■ Marché en 1993

Le marché est aujourd'hui, dans un contexte de crise économique durable et de surchauffe boursière, caractérisé par un ratio prix sur bénéfice moyen d'environ 20 et par un ratio de distribution (dividende sur résultat net) d'environ 30 %.

$$t = \frac{30\% + 20 \times 6\%}{20} = 7,5\%$$

Ces données boursières impliquent un taux de rendement moyen attendu par les actionnaires sur le marché de Paris de 7,5 %, ce qui est contre toute logique, le taux de rendement d'un actif sans risque étant actuellement (fin 1993) de 6,5 % à 7 %.

Le taux de croissance perpétuel retenu paraissant raisonnable et le multiple P/B ressortant lui à un niveau à priori très élevé, modifions ce dernier élément.

■ Simulation du marché à l'aide d'un multiple P/B plus raisonnable

Retenons, à titre d'hypothèse de travail, un P/B de 11, ce qui conduit à :

$$t = \frac{30\% + 11 \times 6\%}{11} = 8,7\%$$

Ce taux de rendement reste insatisfaisant. Reste la variable du taux de distribution ou de rétention ; nous avons signalé plus haut que les taux de distribution affichés par les marchés boursiers étaient incohérents par rapport à notre cadre théorique et notamment au modèle de croissance équilibrée. À titre d'investigation, nous allons augmenter la proportion du taux de distribution précédemment utilisé.

▪ Simulation du marché à l'aide d'un taux de distribution plus élevé

Pour un taux de distribution de 70 %, en gardant le même P/B, on obtient :

$$t = \frac{70\% + 11 \times 6\%}{11} = 12,3\%$$

Ce résultat est beaucoup plus conforme à la réalité des valeurs boursières. Il est vrai que les dirigeants d'entreprise ne distribuent pas volontiers la majorité des profits. Ils préfèrent souvent privilégier soit des stratégies de croissance, même aux dépens de la maximisation du patrimoine de l'actionnaire, soit des stratégies de précaution en accumulant des réserves.

PARTIE 4

La valeur de l'entreprise

Nous nous sommes, jusqu'à présent, demandés quels étaient les *flux économiques et financiers sur lesquels s'appuie le modèle d'évaluation boursier de l'entreprise* et quels en étaient les *déterminants*.

Privilégiant le modèle de Gordon-Shapiro comme approche de la valeur du capital, nous avons d'abord cherché à retrouver les grandeurs économiques qui déterminent les valeurs boursières et à *réconcilier ce modèle de valorisation avec celui de l'actualisation des flux disponibles*.

Il convient à ce stade de procéder à une analyse critique de la valeur obtenue grâce au modèle général d'actualisation des flux financiers disponibles, qu'ils soient économiques ou financiers, en faisant évoluer cette valorisation en fonction d'un certain nombre de variables ; celles-ci incluent notamment les projections à moyen terme ainsi que la croissance des résultats, le coût du capital et la dette.

Au préalable, nous analyserons :

- *le lien entre valeur et capitaux propres* ; en effet, en général, la valeur en capital d'une entreprise excède celle de ses fonds propres. Cette différence matérialise le surplus de rentabilité dégagé par certains projets d'investissements et se situe donc au cœur de la problématique de création de valeur ;

- les réalités économiques et financières qui sous-tendent le *multiple du résultat* (P/B), outil d'analyse et d'évaluation le plus couramment utilisé. Cette approche fort simple de l'évaluation équivaut à multiplier le résultat par P/B. Cette équation qui lie le taux de rendement du capital, le résultat et la valeur se révèle également essentielle à notre démonstration, mais, de par sa qualité très synthétique, elle peut se révéler source d'approximations dangereuses.

CHAPITRE 1

Capitaux propres
et valorisation

Le lien entre valeur et capitaux propres se situe au cœur des hypothèses du modèle classique que nous avons retenu comme fondement de l'essentiel de nos démonstrations.

Revenons à la problématique du *choix des investissements*. Une société qui investit 100 dans un projet récupérera un montant supérieur ou inférieur à sa mise initiale, selon le succès ou non de l'opération. La somme des flux actualisés produits par le projet dépendra de la croissance des nouvelles activités et de leur rentabilité. Un projet dont la valeur actualisée nette sera positive contribuera à la création de valeur de la société alors qu'un projet dégageant une valeur actualisée négative détruira de la valeur.

En observant maintenant un instant la *Bourse*, on remarquera que certaines sociétés valent de manière consistante plus, voire beaucoup plus, que leur situation nette comptable, jusqu'à plusieurs fois dans les activités de services, tandis que d'autres, cas il est vrai plus rares, présentent une capitalisation boursière inférieure au montant de leurs capitaux propres alors même, comme on l'a noté, que ceux-ci inscrits en comptabilité ressortent au bilan presque toujours sous-évalués.

Nous allons nous attacher à comprendre la signification de ces différentes situations.

1. Capitaux propres et valeur

Nous avons vu, dans la partie 2, que les *dividendes à actualiser afin de calculer, selon le modèle boursier, la valeur du capital, sont formés :*

– d'un côté, du bénéfice dégagé ;

– de l'autre côté, négativement, du poids de l'investissement autofinancé.

$$DIV = (BEN) - (g \times K)(1 - D/K)$$

Si on se replace, dans un premier temps, dans le cadre du modèle simplificateur où le taux de croissance actuel se poursuivra indéfiniment et si l'on cherche à exprimer la valeur d'une société à partir de ce taux de croissance et du dividende actuel, on peut alors écrire que :

$$V = \frac{(r \times C) - (g \times K)(1 - D/K)}{t - g}$$

Le modèle boursier est, nous l'avons vu, tout au moins sur le long terme, cohérent avec le modèle détaillé d'actualisation des flux disponibles au taux de rendement attendu par les actionnaires.

Développer cette équation permet donc de mettre en évidence l'ensemble des *déterminants économiques de la valeur.*

Rappelons que le concept de valeur ici retenu ne concerne que la richesse des actionnaires, c'est-à-dire qu'il privilégie l'évaluation des capitaux propres de la société.

Pour un taux de croissance g, la valeur du capital est déterminée par la somme des flux distribués aux actionnaires et la plus-value potentielle relative à l'éventuelle cession des titres.

Le dividende est égal à la différence entre :

– le bénéfice, ou le produit de la rentabilité financière par le montant des capitaux propres que l'on peut également exprimé par r × C et

– la fraction autofinancée de l'investissement de croissance, qui se confond avec l'accroissement des capitaux propres.

Si l'on reprend cette formulation de la distribution :

$$DIV = (r \times C) - (g \times K)(1 - D/K)$$

et si l'on exprime le total des capitaux utilisés K en fonction des capitaux propres :

K = C(1 – D/K)

on a alors :

$$DIV = (r \times C) - \frac{(g \times C)(1 - D/K)}{1 - D/K}$$

$$= C(r - g)$$

Le *dividende* actuel étant supposé constant, la *valeur* du capital, est égale au montant des *capitaux propres multiplié par la différence entre la rentabilité financière et le taux de croissance du dividende*.

Reprenant la formule de Gordon-Shapiro, on peut alors écrire qu'étant donné :

– un niveau des capitaux propres, C

– un taux de croissance constant, g

– une rentabilité constatée, r

– un rendement attendu, t

la valeur d'une entreprise est égale à :

$$V = \frac{C \times (r - g)}{t - g}$$

Selon les valeurs relatives constatées à un moment donné de sa rentabilité, son taux de croissance et le taux de rendement attendu par les actionnaires, il est possible de *déterminer si une société vaut, en fonction de ses déterminants économiques, davantage, le même montant ou moins que ses capitaux propres*.

On retrouve le principe de valorisation par actualisation des flux disponibles, ceux-ci étant déterminés par la croissance et la rentabilité des activités de la société concernée.

a) Cas de croissance zéro

Le cas de croissance zéro peut être considéré comme un cas particulier du modèle de croissance.

Dans ce cas précis, toujours exprimé relativement aux capitaux propres, la valeur de l'entreprise est égale à (r × C)/t. On retrouve bien la formule précédente V = BEN/t.

On constate qu'une entreprise en croissance zéro vaudrait donc plus cher que ses capitaux propres dès l'instant où sa rentabilité financière serait supérieure au taux de rendement du capital ou coût du capital.

À l'inverse, toute société sans croissance dont la *rentabilité financière serait inférieure au taux de rendement* vaudrait moins que la valeur comptable de ses capitaux propres et détruirait de la valeur actionnariale.

b) Cas de croissance positive

En reprenant la formule d'évaluation en croissance :

$$V = C \times (r - g)/(t - g)$$

la double nature de la croissance apparaît.

La croissance représente, en effet, d'un côté, une obligation d'investir qui diminue le revenu immédiat de l'actionnaire et, en même temps, une promesse de revenus futurs en augmentation.

On retrouve ici ce que l'on avait découvert précédemment, c'est-à-dire le fait que le sacrifice initial ne sera compensé qu'à partir du moment où le *taux de rentabilité financière* de l'investissement sera *supérieur au rendement exigé* par les actionnaires de telle manière que la différence entre la rentabilité financière et la croissance soit supérieure à la différence entre le taux de rendement attendu et la croissance : si $r - g > t - g$, alors $r > t$ et VAL > C.

Dans ce cas-là, le renoncement consenti sera plus que compensé par l'accroissement de l'enrichissement futur. *Plus le taux de croissance est élevé, plus la valeur de l'entreprise sera supérieure à celle des capitaux propres.* Cela revient à dire que son exploitation est créatrice de valeur.

Par contre, dès que le taux de rendement attendu est supérieur à la rentabilité financière, l'augmentation du taux de croissance minore la valeur de l'entreprise par rapport à celle de ses capitaux propres, si $r < t$, alors VAL < C. Dans ce cas, l'exploitation courante de l'entreprise est destructrice de valeur.

Notons que cette analyse est conduite à structure financière constante. Un recours accru à l'endettement peut permettre d'augmenter la rentabilité financière et le différentiel entre r et t, pour autant que cette modification n'entraîne pas une augmentation supérieure du risque et donc de t.

c) Cas où la rentabilité et le coût du capital d'une entreprise se-raient égaux

Examinons ce dernier cas : ici, non seulement *l'entreprise vaut exactement ses capitaux propres* mais on constate également que cette valeur est totalement *indifférente au taux de croissance*. Les recettes futures couvrent alors exactement le coût de la croissance, c'est-à-dire la diminution de dividendes nécessaire au financement de la croissance :

si $r = t$, alors $V = C$

Cette situation correspondrait au cas théorique de *l'équilibre né-oclassique* où la croissance ne résulterait plus que de l'application automatique d'un progrès technique exogène dans les moyens de production. Dans ce cas, la croissance n'est pas une décision mais une « contrainte » bénéfique qui s'impose aux entreprises.

La théorie néoclassique considère que l'existence d'un écart positif entre une rentabilité et un rendement exigé ou normal est le signe d'une *zone de sur-profit* qui, attirant les capitaux toujours à la re-cherche du meilleur arbitrage, va renforcer la concurrence et se ré-sorber elle-même. L'observation des stratégies économiques nous inciterait plutôt à penser que ce sur-profit, ou du moins son espé-rance, est moins l'exception que la norme du monde des affaires, tout au moins sur un horizon compatible avec la mise en œuvre de stratégies industrielles. Il est vrai qu'à plus long terme la pério-de pendant laquelle une entreprise peut conserver ou renouveler ses avantages compétitifs distinctifs se termine et l'on ne peut que retomber sur le modèle classique.

Autrement dit, tout acteur économique n'investit dans l'entreprise qu'à la condition expresse de dégager, sur une certaine période, un rendement supérieur à ce qu'il pourrait espérer sur les marchés financiers (même agrémenté d'une prime de risque).

La mission de l'entrepreneur, c'est précisément, en exploitant une expérience qui lui est propre, d'arriver, grâce à cet avantage, à dé-gager un rendement supérieur à ceux offerts par les marchés.

Autrement dit, il est légitime de considérer qu'il serait en fait inco-hérent de se donner le mal pour créer une entreprise ou la déve-lopper sans s'attendre à ce que l'argent ainsi investi en capitaux propres ne vaille pas bientôt davantage que sa valeur de départ.

2. Limites et applications

La constatation fondamentale que la création de valeur est fonction de la croissance et de la rentabilité des capitaux propres, si cette dernière est supérieure au taux de rendement attendu par les actionnaires, n'est pas sans poser quelques problèmes pratiques.

Tout d'abord, lorsque l'on applique ce raisonnement à des sociétés cotées, étant donné la volatilité des marchés, il faut s'assurer que les *capitalisations boursières* que l'on relève comme valeurs soient stables et le plus possible en cohérence avec une valeur économique et financière intrinsèque à long terme. En particulier dans le cas des valeurs à forte croissance, les capitalisations ont tendance à extrapoler sur des périodes trop longues les taux de croissance de court terme. Les valorisations boursières et le surplus de valeur par rapport aux capitaux propres en découlant sont alors fortement surévalués.

De surcroît, il faut bien garder à l'esprit qu'une capitalisation boursière n'est que le produit d'un cours de Bourse par le nombre d'actions. Or le flottant, c'est-à-dire le nombre effectif de titres faisant effectivement l'objet de transactions, représente une part plus ou moins importante du nombre total d'actions composant le capital de la société. Cette remarque renvoie à la problématique des primes de contrôle et de liquidités.

Ensuite, nous avons longuement souligné, dans la partie précédente, la difficulté à déterminer un *taux de rendement* attendu fiable.

Mais surtout, il convient ici de préciser la notion de *rentabilité* à laquelle on se réfère, sachant que celle-ci dépend d'une notion de résultats et d'une notion de capitaux propres. On ne reviendra pas sur la nécessité de retenir le solde de résultats net courant adéquat. Le résultat retenu doit également être normal, c'est-à-dire qu'on ne peut pas conduire le raisonnement présenté ci-dessus sur des années qui ne sont pas représentatives d'une « exploitation de croisière » de la société.

Les deux questions les plus difficiles à résoudre restent :

- le choix du montant des capitaux propres à appliquer ; il a déjà été indiqué qu'il est préférable, quand cela est possible, de travailler sur une notion de capitaux propres réévalués. À défaut, les capitaux propres, étant enregistrés sur une base comptable, sont le plus souvent sous-évalués, ce qui conduit à une surévaluation de la rentabilité financière ;

– l'usage que l'on peut faire d'une rentabilité constatée sur un exercice donné, alors qu'il ne fournit aucune indication sur la rentabilité à attendre lors des prochaines années. Le recours au modèle d'actualisation des flux disponibles futurs est de ce point de vue beaucoup plus opérant.

Notre raisonnement, parce qu'il dépend de la rentabilité financière constatée sur un exercice, permet donc que de vérifier que l'on ne se trouve pas à un moment dans une situation de destruction de valeur. Il permet d'appréhender ce que sera la création de valeur issue des années suivantes à la condition de mener une analyse approfondie sur la rentabilité normative, et son évolution future, de l'entreprise évaluée.

À nouveau, le principal intérêt de cette démarche est d'aider à mieux appréhender les questions de *stratégie de développement et de restructuration* des groupes, les dirigeants privilégiant plus facilement la taille à la rentabilité des capitaux.

D'une part, les restructurations et les *cessions* se font de plus en plus impérieuses, même si elles viennent contrecarrer des stratégies de croissance et de puissance, apparemment plus satisfaisantes pour les dirigeants sur le plan personnel. Toutefois, mieux vaut sur le long terme, sans état d'âme, céder une activité insuffisamment rentable à un prix n'atteignant qu'une fraction de sa situation nette alors qu'en le gardant on est assuré de détruire de la valeur pendant des années (rien que le coût de l'argent pèse vite chaque année dès que les taux d'intérêt réels atteignent un certain niveau).

D'autre part, mieux vaut privilégier une *croissance interne* lente mais régulière, qu'une acquisition payée à un prix très élevé, n'intégrant pas pleinement son risque de mise en œuvre et qui est susceptible d'être destructrice de valeur pendant de nombreuses années.

À l'opposé, pour certains groupes, des acquisitions majeures et osées se sont révélées devenir une source significative et rapide de création de valeur qui aurait été inatteignable par croissance organique, par exemple pour bénéficier de vraies économies d'échelle ou pour s'imposer dans un secteur en rapide évolution.

Enfin, comme nous l'avons déjà souligné, il est préférable dans certains cas, en particulier si l'on est coté, de *distribuer largement des flux disponibles* plutôt que de chercher à tout prix à les réinvestir dans des activités ou en produits de trésorerie qui ne créeront pas de valeur.

L'un des enjeux majeurs pour un dirigeant est de savoir conjuguer de manière optimale la nécessité de suivre des stratégies à long terme (délais de réalisation de tout projet économique), avec l'exigence, en particulier des intervenants boursiers, d'extérioriser à court terme des résultats. D'où l'importance d'entretenir une communication régulière et efficace avec le marché, permettant, le moment venu, d'expliquer des prises de décisions qui pourraient, de manière passagère, faire baisser la rentabilité afin de la renforcer par la suite, ceci sans que le marché lui applique immédiatement un taux de rendement plus élevé et donc, tout étant égal par ailleurs, destructeur de valeur. En règle générale, les sociétés qui ont sur la durée tenu leurs promesses aux actionnaires se voient accorder, comme Air Liquide, cette confiance ; mais elles sont rares.

Le ratio prix sur bénéfice

La notion de Price Earning Ratio, *communément appelé en France PER ou PE, se situe au cœur de l'évaluation puisqu'elle relie la valeur de l'entreprise à son résultat.* Afin de tenter de lutter contre le recours systématique à la terminologie anglo-saxonne, nous baptiserons dans le présent ouvrage ce ratio : *multiple de prix sur bénéfice ou P/B.*

La presse financière se réfère souvent à la notion de P/B moyen pour caractériser un marché.

Lorsqu'on lit qu'en 2001 le P/B moyen constaté à Wall Street ressort à 28, à Londres, à 20, à Paris, à 17, à Tokyo, à 41, cela signifie qu'en moyenne la capitalisation boursière, c'est-à-dire la valeur des sociétés cotées sur ces marchés, représente 28 fois leurs bénéfices à New York et 17 fois à Paris, tandis qu'à Tokyo, où il a toujours atteint un niveau extrêmement élevé, ce multiple est de 41 (il atteignait 67 en 1993, et le Japon ne sort toujours pas d'une très longue crise).

Si on exclut le cas extrême de Tokyo (qui s'explique également par des conventions comptables différentes – les comptes ne sont pas consolidés – et où la spéculation immobilière est très forte), on doit tout de même s'interroger sur ce qui justifie l'écart entre les P/B de Paris et de New York.

De la même manière, on peut s'interroger sur les raisons pour lesquelles une société est évaluée en Bourse à 10 fois ses bénéfices alors qu'une autre l'est à 20 fois ses bénéfices.

Autrement dit, y a-t-il un P/B « normal », ou au contraire des réalités économiques et financières particulières justifient-elles que l'on « paye » deux sociétés ou deux économies distinctes à des prix différents, mesurés en termes de multiple de leur résultat ?

Pour répondre à cette question, il convient de déterminer les *facteurs économiques et financiers qui sous-tendent le multiple prix sur bénéfice.*

1. P/B et taux d'actualisation

La valorisation par capitalisation des résultats est obtenue ainsi :

VAL = BEN × P/B,

la valeur étant égale à la capitalisation boursière

Reprenant la formule de Gordon-Shapiro pour exprimer la valeur d'une société, dont les résultats croissent au taux g,

$$VAL = \frac{DIV}{t - g}$$

Si nous nous plaçons dans le cas où il n'y *pas de croissance* : g = 0 et l'intégralité des bénéfices sont distribués, donc DIV = BEN. La formule de Gordon-Shapiro devient,

$$VAL = \frac{BEN}{t}$$

Comme par ailleurs VAL = BEN × P/B,

$P/B = \frac{1}{t}$, soit l'inverse du taux de rendement attendu par les actionnaires et

$$t = \frac{1}{P/B}.$$

Dans le cas où il y a *croissance* des résultats et à condition que l'on reste dans le cadre de la théorie classique – et notamment que la valeur du capital soit égale à celle des capitaux propres et la rentabilité financière, égale au taux de rendement attendu par les actionnaires :

$$t = \frac{DIV}{VAL} + g$$

Le taux de rentabilité exigé par les actionnaires est alors égal au taux de rentabilité sans croissance augmenté du taux de croissance.

2. Impact de la croissance et de la rentabilité sur le P/B

Ce multiple qui permet d'appréhender de manière synthétique et immédiate la valeur d'une société explicite apparemment mal le taux de croissance impliqué par la valeur dégagée.

Si l'on égalise les formules de valorisation de Gordon-Shapiro et de capitalisation des résultats, on obtient :

$$VAL = BEN \times P/B = \frac{DIV}{t - g}$$

Le dividende peut par ailleurs être exprimé comme la fraction distribuée du bénéfice. Si α est le taux de rétention pratiqué par l'entreprise sur les bénéfices dégagés, c'est-à-dire le taux qui détermine le montant des bénéfices qui ne seront pas distribués et qui seront gardés comme ressources propres, le taux de distribution des bénéfices est égal à $1 - \alpha$.

Le dividende DIV est alors égal à BEN $\times (1 - \alpha)$.

Dans le cas du modèle de croissance équilibrée, il a été précédemment montré que l'une des principales contraintes pesant sur l'entreprise est que *la croissance est bornée par la rentabilité financière*.

À structure financière constante, le taux de croissance maximale réalisable, g, est égal au niveau de rentabilité financière dégagée. La croissance effectivement réalisée sera elle égale au produit de la rentabilité financière par le taux de rétention des bénéfices, soit :

$$g = r\,\alpha$$

Soulignons qu'il s'agit du taux de croissance à perpétuité et donc qu'il intègre les taux propres à plusieurs phases de croissance, certains pouvant être bien supérieurs au taux de rendement du capital.

Cette nouvelle présentation du modèle de Gordon-Shapiro précise que, pour une rentabilité financière donnée, la réalisation d'un taux de croissance g détermine en même temps le niveau du taux de rétention et donc le taux de distribution des bénéfices.

Connaissant g et constatant r, on peut en déduire que :

$$\alpha = \frac{g}{r}$$

Il est donc possible de réexprimer le dividende en fonction des trois paramètres suivants :

– le bénéfice net ;

– la rentabilité financière ;

– le taux de croissance désiré.

On obtient alors :

$$DIV = BEN \times \left(1 - \frac{g}{r}\right)$$

En réécrivant l'équation de la valeur de l'entreprise selon Gordon-Shapiro, en remplaçant le dividende par l'expression précédente, on obtient :

$$VAL = \frac{BEN \times \left(1 - \frac{g}{r}\right)}{t - g}$$

À partir de la formule classique d'évaluation, on retrouve bien une expression de la valeur de l'entreprise en fonction de son bénéfice et le P/B apparaît alors comme égal à :

$$P/B = \frac{1 - \frac{g}{r}}{t - g}$$

Pour un taux d'actualisation donné, le P/B est alors entièrement déterminé par la connaissance de *la rentabilité financière et du taux de croissance anticipé.*

On se doit ici d'envisager le cas où le taux d'actualisation, t, serait inférieur au taux de croissance, g ; cette situation n'est pas envisageable dans le cadre du modèle de Gordon-Shapiro, étant rappelé que g est un *taux de croissance perpétuel.*

Un processus infini de croissance élevée n'existant pas dans la réalité du monde physique et économique, on reconnaîtra, par contre, qu'il est tout à fait possible de voir, sur une période de temps limitée, des taux de croissance dépasser, et de beaucoup, les taux de rendement exigés par les marchés.

Dans le cas où le taux d'actualisation, t, apparaîtrait inférieur au taux de croissance anticipé g, il convient de revisiter le modèle. On ne peut pas se contenter de fixer un taux de croissance perpétuel unique pour une entreprise. En conséquence, il paraît indispensable de scinder le futur temporel de l'entreprise en au moins deux périodes : une période de croissance significative qui sera nécessairement suivie d'une période de croissance plus mesurée.

Ainsi, le calcul de la valeur d'une entreprise peut être par exemple décomposé en deux périodes :

– une période finie croissante, à un taux constant de 10 %, voire 20 % ou plus, pendant cinq ou dix ans ;

– une période infinie de croissance égale, toujours pour exemple, à un taux de 2 à 4 % (soit ici un taux de croissance économique nominal à très long terme, voire équivalent au seul taux d'inflation).

La simplification à laquelle nous nous livrons dans cet ouvrage concerne donc non pas tant le taux de croissance que la présupposée unicité de celui-ci.

En réalité, le modèle de Gordon-Shapiro intègre déjà de manière implicite, que le taux de croissance anticipé, g, bien que perpétuel, ne peut pas durablement être supérieur au taux d'actualisation, t. Mais il n'insiste pas sur le fait que, *sur une certaine période, g peut tout à fait être supérieur à t.*

Une nouvelle fois, il apparaît utile de distinguer entre deux cas, celui d'une croissance zéro et celui d'une croissance positive.

a) Cas de croissance zéro

La présente limite du modèle de Gordon-Shapiro réside dans la simplification mathématique qu'il utilise et qui ne peut s'appliquer qu'à une période perpétuelle.

Si l'on reprend la formulation précédente, $P/B = \dfrac{1 - \dfrac{g}{r}}{t - g}$,

lorsque la *croissance* est *nulle*, $P/B = 1/t$,

et la valeur devient, $VAL = BEN \times P/B = BEN \times 1/t$.

Le P/B est, dans ce cas précis, égal à *l'inverse du taux d'actualisation*.

Cela signifie, qu'à condition qu'elles appartiennent à la *même classe de risque, deux sociétés ayant des perspectives de croissance nulle montreront le même P/B, ou se paieront le même prix en termes de multiplicateur du bénéfice.* Autrement dit, pour chacune de ces deux sociétés, tout franc de bénéfice dégagé aujourd'hui s'évaluera de la même façon, c'est-à-dire multiplié par le facteur 1/t.

On retrouve ici l'idée qu'en cas de *croissance zéro, la valeur d'une société est égale à l'actualisation d'un flux perpétuel distribué égal au bénéfice actuel.* Il en est bien ainsi parce que, dans le cadre du modèle classique, en cas de croissance nulle, *l'intégralité du résultat doit être distribué.*

On peut alors préciser que, dans cette hypothèse, la *valeur* de l'entreprise sera conditionnée par les variations de *taux d'intérêt* observées et par les modifications de risque sur les marchés. En effet, ces changements se répercutent directement sur le coût du capital, en d'autres termes sur le rendement exigé par les actionnaires, qui constitue le taux d'actualisation utilisé afin de déterminer la valeur de la société analysée.

Dans l'hypothèse théorique d'une économie totalement stationnaire, on peut affirmer que la spéculation boursière se bornerait uniquement à une anticipation sur les taux d'intérêt.

Paradoxalement, la valeur d'une société à croissance zéro qui serait entièrement financée en capitaux propres, ou plutôt les variations de cette valeur seraient totalement déterminées par les variations de taux d'intérêt.

b) Cas de croissance

Dans le cas d'une société en croissance, on s'aperçoit qu'un autre facteur, en dehors du taux d'intérêt, vient influencer la détermination de la valeur d'une société en termes de multiple de son bénéfice.

Dès l'instant où une entreprise est placée sur un sentier de croissance, son P/B devient également influencé par sa rentabilité financière.

La rentabilité financière est, on l'a déjà vu, la résultante d'une *rentabilité économique* et d'un *taux d'endettement.*

Cela signifie qu'indépendamment de tout effet de levier, la rentabilité financière, c'est-à-dire celle des capitaux propres, est d'abord déterminée par la relation entre les flux d'exploitation dégagés et les capitaux physiques nécessités par cette exploitation.

Dès l'instant où une entreprise est en croissance, son P/B sera influencé à la fois par sa rentabilité économique et par son taux d'endettement.

À contrario, pour en revenir au cas de croissance zéro, le P/B d'une société y est, de manière à priori paradoxale, complètement indépendant de sa rentabilité économique.

On peut par contre admettre que, dans ce cas, le *taux d'endettement,* en *influençant le taux de rendement exigé* par les actionnaires, est avec le taux d'intérêt appliqué au financement d'actifs sans risques, l'autre *déterminant du P/B.*

Afin de ne pas encourir le reproche de favoriser, de manière indue, l'effet de levier à travers l'endettement, étudions le P/B de deux sociétés dégageant un profit identique, placées sur un même sentier de croissance et caractérisées toutes les deux par un endettement nul.

Comportement de deux sociétés en croissance zéro

Dans le cas où les perspectives de croissance de ces deux sociétés seraient nulles, on constate qu'appartenant à la même classe de risque leur valeur et leur P/B seraient exactement identiques.

Cet apparent paradoxe amène à insister sur l'évidence suivante : en économie capitaliste, *la valeur d'une entreprise s'apprécie en fonction de son rendement et non de ses actifs d'exploitation.* Deux sociétés aux bilans différents mais permettant toutes les deux la même distribution vaudront, à condition que leurs structures financières soient équivalentes, le même prix.

Si une différence de rentabilité économique apparaissait entre ces deux entreprises, on constaterait que, pour un même bénéfice et donc une valeur égale, l'une ferait apparaître un goodwill (ou survaleur, définie comme la différence entre la valeur de la société et ses capitaux propres) supérieur à celui de l'autre.

Comportement de deux sociétés de croissance identique

Dès l'instant où l'on place deux entreprises sur le même sentier de croissance, les *P/B constatés* sont totalement *modifiés* du fait de *l'écart entre les rentabilités financières* qui, dans ce cas, ne reflètent que l'écart des rentabilités économiques.

Cette constatation s'explique de manière très simple : l'écart entre les rentabilités économiques des deux sociétés reflète le fait que, chez l'une, un bénéfice équivalent à celui de l'autre est dégagé par l'exploitation d'un capital moindre.

L'écart des valeurs et des P/B s'explique alors par le fait qu'une croissance de 7 % impliquerait pour la seconde société un besoin d'investissements de 50 % inférieur en termes nominaux à celui de la première. Si les deux sociétés continuaient à dégager tout au long de leur sentier de croissance un bénéfice identique, leur distribution resterait toujours différente.

Le P/B de 17 de la seconde par rapport à celui de 12 de la première se justifie donc uniquement mais de manière satisfaisante par l'écart des capacités de distribution liées à la même croissance et au même bénéfice.

Ici encore, il convient de souligner cette idée fondamentale que *la croissance représente un coût* se mesurant en un *renoncement immédiat à des dividendes*. Décider de croître, c'est, avant d'en recueillir les « fruits », accepter une moindre distribution.

Entre deux entreprises réalisant aujourd'hui un bénéfice identique, un même taux de croissance pourra impliquer des niveaux de sacrifice différents dès lors que les variations de rentabilité économique témoignent d'un plus faible besoin de capitaux investis afin de réaliser un même taux de croissance, ou que le recours accru à l'endettement permet de soulager le sacrifice immédiat imposé par la croissance, à la condition expresse qu'il ne vienne pas augmenter d'un même degré le taux de rendement exigé par les actionnaires.

La croissance agit bien comme un révélateur de la vraie nature de l'entreprise en déconnectant sa valeur des réalités comptables. La croissance modifie la valeur relative des entreprises car elle suppose une prime à la liquidité, reflétant leur capacité relative à distribuer le même résultat.

Dans le cas où les deux sociétés témoins cesseraient de croître au bout d'un certain nombre d'années pour retrouver un état de stagnation, il apparaît qu'elles vaudraient à nouveau, à cette époque-là, le même prix l'une que l'autre et que leur P/B ne serait à nouveau plus déterminé que par le taux d'actualisation appliqué à un bénéfice égal. Il en est ainsi parce que, placées sur un même sentier de croissance, les deux sociétés réaliseront dans un certain nombre d'années, par exemple dans dix ans, un bénéfice identique.

3. Critique de la méthode

La valorisation par application du multiple de résultat net est à la fois la plus usitée et la plus critiquée.

Elle est tout d'abord très utilisée par les analystes boursiers. Elle leur convient particulièrement bien pour trois raisons : ils ne disposent en principe que de peu d'informations sur les projections à moyen et long terme des entreprises ; ils suivent un grand nombre de valeurs, ce qui implique le recours à des méthodes rapides, de par leur préoccupations de gestionnaires de portefeuille, ils raisonnent à court terme.

Cette méthode s'est imposée, en dehors du monde de la gestion boursière, parce qu'elle offre toutes les apparences d'une méthode objective et facile à mettre en œuvre. Il est vrai qu'elle *synthétise en un seul concept et en une seule grandeur les principales variables déterminant la valeur d'un société* : taux d'intérêt, facteur risque, rentabilité et croissance des résultats. Elle présente de surcroît l'avantage d'être *dérivée de la capitalisation boursière*, seule valeur concrètement, et dans une certaine mesure objectivement, disponible. En principe, cette valorisation *incorpore donc les anticipations du marché, notamment en termes de croissance des résultats futurs*.

Les principaux facteurs de valorisation intégrés dans le multiple P/B sont : le taux d'intérêt, le risque, la croissance des résultats.

■ Le taux d'intérêt : l'observation des marchés depuis des décennies a permis d'établir un lien général entre le niveau d'intérêt sur les dettes à long terme sans risque et la valorisation des entreprises, donc sur le multiple P/B. Plus les taux sont élevés, plus les niveaux de capitalisation sur les marchés, tout étant égal par ailleurs, se dégradent et plus les P/B sont faibles. On constate l'inverse lorsque les taux baissent.

■ Le risque d'une société cotée est apprécié en permanence par le marché. Il est composé de deux éléments : la prime de risque général du marché sur lequel elle est cotée et la prime de risque spécifique à la société évaluée. Plus les risques sont élevés, plus les P/B sont faibles et inversement.

■ La croissance des résultats : plus les perspectives de croissance sont importantes, plus les P/B sont en principe élevés, les investisseurs étant prêts à acquitter un droit à encaisser des résultats futurs, aujourd'hui cher mais qui deviendra rapidement bon marché.

La méthode de valorisation par capitalisation des résultats fait l'objet de nombreuses critiques tant théoriques que pratiques.

a) Limites théoriques

Les objections les plus couramment relevées sont les suivantes : multiple relevé à un instant donné et reflétant mal les perspectives de performance futures des sociétés, portée limitée d'un modèle ne dégageant pas une valeur absolue fiable mais une valeur relative plutôt applicable dans le cadre d'une démarche comparative.

Les fondements théoriques du modèle sont effectivement limités. On retrouve les contraintes du modèle boursier d'évaluation :

– recours à la notion de *bénéfice net* et non de dividende ; dans le cadre de la théorie classique, on a démontré qu'il y avait équivalence si les bénéfices non distribués sont réinvestis dans des opportunités dont le taux de rendement futur sera au minimum celui attendu actuellement par les actionnaires, ou à fortiori au taux de rentabilité future attendue ;

– l'hypothèse de *résultats constants* implique, et c'est là sa principale faiblesse, que le modèle ne prend à priori pas en considération le taux de croissance futur des résultats ;

– incertitude liée à une extrapolation des résultats actuels à l'infini ;

– le modèle ne reboucle de manière précise que si les conditions du modèle classique sont remplies : valeur du capital égale au montant des capitaux propres et taux de rentabilité égal au taux de rendement attendu par les actionnaires ; or ce n'est jamais le cas en réalité.

– la méthode ne permet pas d'expliciter l'impact de la structure financière sur la valeur puisqu'elle est basée sur un solde de résultats dont les charges financières sont déduites. Or le recours à l'endettement impacte la valorisation à plusieurs titres : les flux générés par la dette ne doivent pas être actualisés au même taux que les flux d'exploitation et un recours élevé à l'emprunt est susceptible d'augmenter fortement le risque et donc le taux d'actualisation des capitaux propres.

Il est vrai que ce modèle peut mal résister à une première investigation. Par exemple, en 2001, le P/B moyen du marché de Paris ressortait à 20, ce qui impliquait, à première vue, un taux de rendement attendu net de la croissance de 5 %. Celui-ci correspond à un taux de rendement attendu de 12 % et à une croissance des bénéfices de 7 %. Or le taux de croissance nominal constaté à long terme ne dépasse guère 4 %, incluant un taux d'inflation de 2 %.

La méthode fait l'unanimité, en particulier auprès des analystes financiers boursiers, son principal avantage étant sa simplicité apparente d'utilisation. Et sa crédibilité tient principalement dans le fait qu'elle est aujourd'hui très pratiquée.

Dans ce contexte, la méthode de valorisation par capitalisation des résultats est *relative* et elle trouve sa validité dans les *études d'évaluation statistiques ou comparatives* ; ceci est d'autant plus vrai qu'elle est largement utilisée et que d'importantes bases de données sont disponibles.

b) Difficultés de mise en pratique

Mais par-delà les apparences, cette méthode est beaucoup plus difficile à mettre en œuvre qu'il n'y paraît. La pratique rend mieux compte désormais de sa complexité

Tout d'abord se pose la question du choix des données permettant de calculer le multiple :

Capitalisation boursière

On retient plutôt une *moyenne de cours* sur une période afin de lisser les variations de cotation pouvant se révéler erratiques. Dans le cadre d'études comparatives, il est recommandé de choisir les mêmes périodes et dates de référence.

Bénéfice

La pratique consiste à travailler sur la notion de *résultat net courant consolidé, part du groupe*. Celui-ci fait désormais l'objet de nombreuses corrections : élimination des produits et charges exceptionnels, retraitement des provisions, application d'un taux d'imposition forfaitaire.

Période

Choix de multiples historiques (exercice passé) ou *prospectifs* (calculés sur les prévisions de résultats de l'exercice en cours).

Ajustements

Les calculs étant le plus souvent réalisés sur le bénéfice net par action, il convient de procéder aux calculs de dilution et d'ajustement (suite aux augmentations de capital ou émission de titres convertibles, options, etc.).

De manière générale, les analystes financiers ont le souci d'harmoniser leur pratique et, d'autre part, de dégager des résultats reflétant au mieux l'exploitation normale des sociétés analysées.

L'utilisation de la méthode dans des *études comparatives* complique encore son usage.

La difficulté la plus courante réside dans l'obtention d'un *échantillon d'entreprises comparables* présentant des caractéristiques permettant l'exercice de comparaison. Les travaux produits ne sont pas toujours cohérents, mais le plus important consiste à rester conscient des limites de l'approche, lors de l'interprétation des résultats en découlant.

Il est également mal aisé de procéder sans dangers à des conclusions peu valides, à des comparaisons entre multiples de secteurs divers, de périodes passées ou de pays étrangers ; dans le dernier cas, il faudrait par exemple corriger les multiples à la fois des différences de pratiques comptables, de niveaux de taux et de risque de marché. Ceci exigerait des études très lourdes qui ne sont pas réalisées.

L'usage de cette méthode est toutefois très répandu et fait donc l'objet d'une présentation détaillée ci après.

Nous terminerons la présentation des difficultés liées à la mise en œuvre des ratios P/B dans l'évaluation des sociétés en les illustrant d'un exemple : la distorsion provenant de l'impact de la dette sur la valeur. L'on voit combien il est aisé de travailler sur des bases erronées, en valorisant les sociétés directement par application d'un multiple de résultats.

Exemple :

L'exemple est bâti sur la société KTYP, dans l'hypothèse d'une absence de croissance.

La valeur de KTYP étant, dans ce cas, égale à 700, on a :

$$P/B = \frac{700}{84} = 8,3$$

qui est l'inverse du taux de rendement t.

Si l'on décide de valoriser l'entreprise avant prise en compte de sa structure financière, le résultat net avant charges financières étant de 100, on obtient par capitalisation des résultats :

VAL = 100 × 8,3 = 833

dont il convient de déduire la dette de 300, ce qui conduit à une valeur du capital de 833 − 300 = 533.

L'explication de la différence de valorisation entre les deux méthodes, qui produisent respectivement un montant de 700 et de 533, est la suivante :

− dans la première méthode d'évaluation, partant du résultat net après charges financières, ces dernières sont implicitement actualisées au coût de la dette, c'est-à-dire à 8 % moins l'impact de la déductibilité de l'impôt (soit 5,3 %) ;

− dans la seconde méthode, ces flux sont actualisés au taux de rendement de 12 %.

La différence est décomposée à partir de l'actualisation des charges financières s'élevant à 24 :

(24/12 %) × 66,67 % = 133

Or la dette vaut 300 (actualisée à 8 %), d'où une différence de valorisation de 300 − 133 = 166.

Il ressort clairement de cet exemple que, lorsque l'on évalue une société directement par la méthode du P/B :

− plus le multiple utilisé est bas et plus la société est endettée, plus on la sous-valorise ;

− plus le multiple est haut et donc le taux d'actualisation compris comme l'inverse du multiple est faible et inférieur au coût effectif de la dette, plus on survalorise la société. Ce serait par exemple le cas pour une société valorisée à plus de 20 fois les résultats.

Ainsi que nous l'avons souligné dans la partie précédente relative au coût du capital, on peut éviter cet écueil en actualisant les flux financiers à un coût moyen pondéré du capital intégrant un taux de rendement attendu par les actionnaires ajusté en fonction de la dette.

4. Évolution du multiple prix sur bénéfice

Le multiple P/B dépend largement des niveaux de taux d'intérêt, de prime de risque et d'activité économique.

Les taux d'intérêt

Des corrélations ont été établies aux États-Unis, depuis 1929, et en France, depuis 1949, entre le niveau de multiple P/B moyen du marché boursier et celui des taux d'intérêt portant sur les dettes à long terme sans risque. On relève que le multiple P/B décroît lorsque le taux des obligations augmente et, à l'inverse, le P/B augmente avec une baisse de taux. À titre d'illustration, une étude graphique est jointe, montrant l'évolution sur les seize dernières années en France des taux obligataires et des multiples P/B réels sur la Bourse (figure 15). Cette observation montre qu'une baisse des taux d'intérêt entraîne une hausse des multiples donc une baisse, tout étant égal par ailleurs, des taux de rendement attendus par les actionnaires.

Figure 15 – Taux obligataire et PER

Source : Datastream

La croissance des résultats

En principe, dans le cadre du modèle de valorisation par capitalisation d'un résultat ou P/B = VAL/BEN, une croissance de bénéfice devrait se traduire par une baisse du multiple P/B. En réalité, il n'en n'est pas exactement ainsi. Quand la rentabilité d'une société s'améliore, le multiple en fait de même, anticipant sur le futur cette amélioration, et la valeur augmente plus que proportionnellement au bénéfice. On peut dire que le marché s'acquitte aujourd'hui d'un P/B élevé mais qui, grâce aux excellentes perspectives de la société, redeviendra très rapidement un multiple normal. À l'inverse, lorsque des résultats baissent, on observe souvent un effet d'adhérence qui se traduit par une perte de valeur moins que proportionnelle, donc une hausse momentanée des P/B qui se corrige au cours des exercices suivants.

Notons, enfin, que les multiples sont sensibles à tous effets de *risque*, qu'ils proviennent d'un marché boursier particulier, d'un secteur ou d'une société. De manière générale, plus les facteurs de risque sont importants, plus le P/B baisse, ce qui entraîne une augmentation du taux de rendement attendu par les investisseurs et donc, toutes choses étant égales par ailleurs, une baisse de valorisation.

En conclusion, on peut commenter la situation de la Bourse en France à la fin de l'année 2001, alors que le *P/B réel moyen avoisine 17 après avoir atteint un sommet à 23 l'année précédente*, en se posant la question de sa signification en termes de valorisation du marché. Ce multiple est encore à un niveau élevé par rapport à sa moyenne historique. Cela veut-il dire que le marché survalorise les sociétés cotées ? L'état actuel du marché doit s'analyser en fonction de l'évolution récente des taux d'intérêt et des résultats des sociétés. Un P/B moyen de 17 *peut paraître très élevé*. Il équivaut à un taux d'actualisation global de 5,9 %, alors que le taux d'actualisation du marché est égal à environ 9 % (5 % pour le coût de l'argent et 4 % pour une prime de risque du marché français). La croissance nominale de l'économie est aujourd'hui sensiblement égale au taux d'inflation, soit 2,5 %, ce qui conduit à un taux d'actualisation global, c'est-à-dire net de la croissance, de 6,5 %. Notre étude devrait nous amener à conclure à une survalorisation des sociétés du marché.

La réalité est différente, la situation décrite trouvant son explication dans la *combinaison d'un tendance baissière significative des taux d'intérêt* (donc d'une hausse mécanique du P/B du marché) et d'un *effondrement* récent des anticipations de croissance des *résultats des entreprises* sous le coup d'une sévère récession économique (donc, contrairement aux apparences, on est confronté à une hausse des P/B). Si l'on est bien dans une situation où les taux à long terme vont cesser de baisser et où les résultats des entreprises vont regagner 20 à 30 % d'ici deux à trois ans, alors la Bourse n'est pas vraiment surévaluée. Une baisse de taux crée de la valeur en cas de reprise économique car elle diminue le coût du capital et donc augmente la valeur d'actualisation de flux futurs, eux-mêmes en forte croissance. En juin 2003, le P/B est de 16.

Il faut ainsi toujours se poser la question de savoir si le *taux de croissance futur implicite des résultats*, sous-tendant un multiple donné, est cohérent avec le marché sur lequel évolue la société considérée.

On terminera ce chapitre en présentant un modèle de valorisation mettant en œuvre de manière dynamique la notion de multiple P/B, le modèle de valorisation de Bates et, enfin, en décrivant les méthodes habituelles de valorisation par comparaisons de multiples.

5. Le modèle de Bates

Plus que de fournir une méthode de valorisation, le modèle de Bates permet de valider les valeurs obtenues par les méthodes boursières.

Le modèle repose sur l'équation de départ :

valeur actuelle d'une entreprise = somme sur n années des dividendes actualisés + valeur finale actualisée à l'année n.

$$V_0 = \sum_{i=1}^{n} \frac{DIV_i}{(1+t)^i} + \frac{V_n}{(1+t)^n}$$

V_0 = valeur actuelle

DIV_i = dividende année i

t = taux de rendement désiré par l'investisseur

V_n = valeur à l'année n

L'objet de la formule de Bates est de relier le P/B d'aujourd'hui ou

P/B d'entrée $m\left(\dfrac{V_0}{BEN_0}\right)$ = m au P/B de l'année n ou P/B de sortie

$M\left(\dfrac{V_n}{BEN_n} = M\right)$.

On émet pour cela les deux hypothèses suivantes :

- la société distribue le même pourcentage de ses bénéfices (pay-out ratio) ;

- les bénéfices, et par conséquence les dividendes, ont un taux de croissance constant g $[DIV_n = (1+g)^n DIV_0]$.

L'équation initiale peut se transformer ainsi :

$$V_0 = BEN_0 \left[\delta \sum_{i=1}^{n} \frac{(1+g)^i}{(1+t)^i} + \frac{M\, BEN_n}{BEN_0\,(1+t)^n} \right]$$

ou $BEN_n = (1+g)^n\, BEN_0$

$$V_0 = BEN_0 \left[\delta \sum_{i=1}^{n} \frac{(1+g)^i}{(1+t)^i} + \frac{M(1+g)^n}{(1+t)^n} \right]$$

$$\Rightarrow \delta \sum_{i=1}^{N} \frac{(1+g)^i}{(1+t)^i} + M \times \frac{(1+g)^n}{(1+t)^n}$$

$$\Rightarrow M = m = \frac{(1+t)^i}{(1+g)^i} - \frac{\delta}{10\%} \left[0,1 \frac{(1+t)^n}{(1+g)} \sum_{1}^{n} \frac{(1+g)^n}{(1+t)} \right]$$

$$\Rightarrow M = m = \frac{(1+t)^n}{(1+g)^n} - \frac{\delta}{10\%} \left[0,1 \sum_{n_0}^{n-1} \frac{(1+t)^n}{(1+g)} \right]$$

avec

$$\Rightarrow M = mA - dB$$

Les données utilisées sont : le P/B d'entrée m, le taux de croissance des bénéfices g, le taux de distribution δ, le rendement désiré t, et le P/B de sortie M.

La formule de Bates permet d'obtenir la valeur d'une de ces données en faisant des hypothèses sur toutes les autres. L'utilisation la plus courante est la détermination du P/B d'entrée ou du P/B de sortie.

Ce modèle, même si son utilisation reste confidentielle, fait progresser la démarche de l'évaluation. Il ne doit pas être considéré comme un outil produisant des valeurs absolues, mais comme un système détecteur d'incohérences. Il permet par exemple de valider le taux de croissance impliqué par un multiple de résultats, le premier élément apparaissant souvent assez éloigné d'une réalité économique plausible.

Exemple :

Les actions d'une société R sont offertes à un P/B de 25. Compte tenu d'un taux de rendement de l'investissement attendu d'au moins 12 % et d'une croissance anticipée de 25 % sur les cinq années à venir, quel doit être le P/B minimal de sortie dans cinq ans ? Le taux de distribution est de 30 %.

Solution :

On applique la formule de Bates :

$$\Rightarrow M = mA - dB$$

$$\Rightarrow M = m = \frac{(1+t)^i}{(1+g)^i} - \frac{\delta}{10\%}\left[0,1 \sum_1^n \frac{(1+t)^n}{(1+g)}\right]$$

$$\Rightarrow 25 = m = \frac{(1,12)^5}{(1,25)^5} - \frac{0,3}{0,1}\left[0,1 \sum_{n=0}^4 \frac{(1+12\%)^n}{(1+25\%)}\right]$$

$$= 14,4 - 1,2 = 13,2$$

Le P/B de sortie doit être d'au moins 13,2.

6. Méthodes comparatives

Ces méthodes consistent à *comparer certains critères de résultats ou d'activité* de la société à évaluer à ceux de sociétés soit cotées, soit ayant fait l'objet de transactions récentes, et d'en déduire des valeurs applicables à la première. Une telle démarche fournit des indications de la valeur qu'atteindrait la société analysée si elle était cotée ou effectivement cédée.

Le recours aux méthodes comparatives s'est beaucoup développé pendant la dernière décennie, et c'est l'approche aujourd'hui la *plus largement pratiquée en toutes circonstances.*

Les raisons de cette tendance sont les suivantes :

– l'enrichissement considérable des statistiques et des bases de données boursières et financières ;

- la relative objectivité des résultats obtenus, les cotations et transactions produisant des prix réels ;

- la possibilité de déterminer rapidement une indication de valorisation à partir d'informations publiques ;

- l'impasse couramment admise sur la détermination du taux d'actualisation ;

- une relative facilité d'application et de calcul pour autant que l'on se satisfasse d'une première approximation, cette méthodologie pouvant également faire l'objet de travaux très approfondis.

Les méthodes comparatives devraient dans l'idéal être utilisées en *complément d'études de valorisation économiques et financières,* notamment basées sur l'actualisation des flux disponibles. Malheureusement encore bien souvent, en particulier dans le cadre d'introductions en Bourse ou d'augmentations de capital, les méthodes boursières telles que celle-ci sont privilégiées, permettant de faire l'économie de travaux beaucoup plus lourds.

Selon que les valorisations observées proviennent de cotations en Bourse ou de transactions portant sur des participations majoritaires ou minoritaires, on distingue *deux méthodes* comparatives, celle des *ratios boursiers* et celle des *transactions.*

a) Les ratios boursiers

La méthode des ratios boursiers est également parfois appelée la méthode des capitalisations boursières. Elle consiste à *relever sur les marchés les capitalisations* d'un échantillon sélectionné de sociétés.

L'analyste retient un certain nombre de *critères de performance* et de soldes de résultats et, à partir de ceux-ci, il calcule ses *ratios* boursiers, le plus connu étant le multiple de résultat net sur chiffre d'affaires que nous appelons P/CA.

Il ne reste plus alors qu'à appliquer chaque ratio trouvé aux critères de performance retenus pour la société analysée, afin de calculer différentes indications de valeur.

L'application de cette méthode pose plusieurs questions, les principales étant le choix de l'échantillon de sociétés et des critères de performance et rentabilité.

L'*échantillon* doit être composé d'entreprises comparables à celle qui est évaluée, c'est-à-dire tout d'abord exercer des activités proches. Mais afin que l'étude menée soit significative, il convient, dans toute la mesure du possible, que les sociétés offrent des caractéristiques comparables, par exemple en termes de taille, de structure financière, de répartition géographique, etc. Plus les caractéristiques sont proches, plus l'exercice d'évaluation sera fiable, plus elles sont éloignées, plus les conclusions de l'étude seront sujettes à caution.

Les *critères de résultats* les plus souvent utilisés sont d'abord le *résultat net courant* et, dans une moindre mesure, la *MBA*. Dans les cas de secteurs ou de sociétés pour lesquels la notion de puissance commerciale ou de part de marché est déterminante, on peut inclure le *chiffre d'affaires* ; lorsqu'une part importante de la richesse de l'entreprise est susceptible de résider dans ses actifs immobilisés ou dans ses réserves, on peut retenir la notion de *situation nette*.

Il importe de choisir un ensemble d'indicateurs de performance cohérent avec les caractéristiques de l'exploitation de la société analysée ; un multiple de résultat net a peu de sens dans le cas d'une cible à rentabilité très faible (par exemple, en situation de retournement) et un multiple de situation nette n'apporte pas toujours les précisions recherchées dans le cas d'une société de services.

Détail sur les soldes :

Les quatre critères ci-dessus permettent de calculer les quatre ratios boursiers les plus usuels qui sont, par ordre de fréquence d'utilisation :

- capitalisation boursière/résultat net ou CB/RN, équivalent du PER ou P/B ;
- capitalisation boursière/MBA ou P/MBA ;
- capitalisation boursière/chiffre d'affaires ou P/CA ;
- capitalisation boursière/situation nette ou P/SN.

La dernière étape de la méthode consiste à *rapporter les ratios calculés ci-dessus aux différents critères de performance* retenus pour la société à évaluer. Une simple multiplication produit des valeurs en fonction des critères et ratios sélectionnés.

En général, l'utilisation de plusieurs ratios conduit à des montants plus ou moins différents de valeurs. Ces résultats doivent être interprétés selon les analyses critiques qui ont été conduites aux étapes successives de la méthode, notamment, choix de l'échantillon et des critères. En fonction des conclusions qu'il peut en tirer, l'analyste pondère les différents éléments et aboutit finalement à des moyennes et/ou des fourchettes de valeur.

De par l'information dont elle dérive, la méthode des ratios boursiers est la solution la mieux adaptée pour valoriser des participations en capital, qu'elles soient financières ou minoritaires.

Mais les valeurs produites peuvent aussi aisément être exploitées dans le cadre d'études d'évaluation portant sur l'acquisition de sociétés. Il convient alors d'affecter les valeurs calculées à partir des cours de Bourse, de *prime de contrôle* ou d'offres publiques d'achat.

b) Les ratios de transactions

La méthode est très semblable à la précédente quant à son déroulement : choix d'un échantillon de sociétés à comparer, de critères de performance et de ratios.

La principale différence réside dans le choix des valeurs des entreprises comparées. En effet, ces valeurs ne sont pas les capitalisations boursières relevées sur les marchés financiers mais les valeurs observées sur le marché des transactions. Ce sont donc des valeurs auxquelles des acquéreurs et des vendeurs ont accepté de signer des accords d'achat et de cession de participations significatives dans le capital de sociétés.

En conséquence, cette méthode fournit un complément d'informations précieux lorsqu'il s'agit d'évaluer une société dans le cadre d'une telle transaction.

Cette approche rencontre les mêmes limites et difficultés que la méthode des ratios boursiers : existence d'un échantillon, sélection de critères et de ratios significatifs. Sur ce dernier point, l'approche plus opérationnelle de la méthode peut justifier le recours à des critères de résultats plus variés que précédemment, tels que RBE ou EBE (résultat brut d'exploitation, c'est-à-dire avant provisions pour amortissements, ou excédent brut d'exploitation). Une difficulté particulière surgit dans l'interprétation des primes de contrôle, voire de position stratégique ou de synergies, intégrées dans les valeurs de transactions étudiées ; en effet, il n'est pas inhabituel de constater des primes de transactions pouvant atteindre 30 à 40 % de la valeur boursière courante ou de la valeur intrinsèque d'une entreprise, dans le cas où l'acquéreur était fortement motivé.

La méthode des ratios boursiers est donc une approche plutôt financière tandis que celle des ratios de transactions fournit des valorisations économiques et industrielles, incorporant non seulement une prime de contrôle conduisant normalement à une valorisation économique, mais également des primes stratégiques et de synergies ; or ces deux éléments sont totalement du ressort de l'acquéreur.

Les méthodes comparatives sont très largement acceptées et pratiquées par tous les évaluateurs. Ce succès est dû, on l'a vu, à la facilité et rapidité de calcul ainsi qu'à une relative validation par les faits des valeurs calculées.

Les valorisations par capitalisation de résultats présentent des limites que l'on a déjà discutées. Mais elles se sont révélées d'une grande utilité. Elles servent soit à suivre les valeurs boursières dans une optique de gestion de portefeuille, soit comme approche de valorisation lorsque l'évaluateur n'a pas accès aux dirigeants afin d'obtenir des informations détaillées sur les opérations et les projections, soit comme approche complémentaire d'une évaluation économique et financière fondamentale qui privilégie alors la méthode de l'actualisation des flux disponibles.

CHAPITRE 3

L'actualisation des flux disponibles (AFD)

L'AFD est dans la pratique, *l'une des méthodes plus couramment utilisées* avec celles des multiples et des comparatifs. Son succès auprès des spécialistes de banque d'affaires, est largement justifié par la solidité de ses fondements théoriques, par la flexibilité qu'elle apporte par rapport à des approches plus simplificatrices comme celles de Gordon-Shapiro et de Bates, par sa capacité de *modélisation du comportement futur des sociétés* et surtout par la possibilité qu'elle offre d'étudier la sensibilité de la valeur aux différents *paramètres la déterminant*.

Cette méthode complexe et compréhensive est essentiellement appliquée dans le cadre d'*opérations d'acquisition et de cession*. Elle pourrait toutefois être exploitée de manière plus systématique par les directions d'entreprise afin d'*évaluer régulièrement, année après année, la création de valeur pour les actionnaires* de toute société.

1. Présentation générale

Le concept fondamental qui sous-tend l'actualisation de flux financiers repose sur la notion de *création de valeur générée par tout investissement qui dégagera à l'avenir une rentabilité supérieure au taux de rendement attendu par l'investisseur*. L'AFD est la seule méthode prenant explicitement en compte ce mécanisme économique primordial, les autres méthodes se satisfaisant d'indicateurs passés ou présents.

La méthode de l'AFD consiste à *évaluer les flux financiers futurs* que les pourvoyeurs de capitaux peuvent espérer retirer de leur investissement dans la société et à les actualiser au taux de rendement qu'ils sont en droit d'exiger de cet investissement.

L'estimation du *taux d'actualisation* ou coût du capital a été traitée précédemment dans la partie 3, en détail. Nous avons en particulier insisté sur un problème auquel les évaluateurs n'accordent bien souvent pas assez d'attention, celui du risque intégré au taux de rendement attendu par les actionnaires, et de sa variation, notamment du fait de l'augmentation de l'endettement.

Il convient également d'accorder la plus grande attention, dans la détermination du taux d'actualisation, à l'option que l'on retient :

- soit on travaille sur la base de flux nets de charges financières, et, dans ce cas, il faut bien faire attention d'actualiser les flux disponibles au taux de rendement attendu par les seuls actionnaires ;

- soit on évalue les flux disponibles avant prise en compte de la *structure financière*, dans ce cas, il est nécessaire d'élaborer un taux d'actualisation reflétant un coût moyen pondéré des capitaux utilisés.

Dans le premier cas, la méthode produit directement une valeur des fonds propres, dans le second cas, une valeur d'entreprise dont la dette doit ensuite être déduite pour obtenir la valeur des fonds propres.

Nous insisterons donc, dans le présent chapitre, sur la *détermination des flux financiers* futurs à actualiser. Deux approches différentes sont envisageables :

■ À priori, on devrait privilégier la *valeur de négociation des actions* de la société à évaluer, c'est-à-dire la *valeur de ses fonds propres*. Il serait par conséquent logique de se contenter d'estimer les flux que les seuls actionnaires retireront de leur investissement dans cette société, après désintéressement des créanciers. Cette démarche revient en fait à *figer la structure d'endettement* de la société à ce qu'elle est aujourd'hui.

■ Une seconde approche consiste à traiter les actionnaires et les créanciers de la société sur un plan global. On cherche donc à estimer les *flux que la société sera capable de dégager pour rémunérer non seulement ses actionnaires mais également ses créanciers*. Dans ce cas, ce sont les flux d'exploitation disponibles avant frais financiers qui seront retenus. La valeur obtenue sera alors la valeur de l'entreprise, que les actionnaires et les créanciers se partageront (selon une répartition sur laquelle nous reviendrons). Autrement dit, en utilisant cette seconde approche, l'évaluateur se réserve la faculté de figer la structure d'endettement de la société à un autre niveau que le niveau actuel, qui n'est pas nécessairement optimal. Cette attitude est pleinement justifiée, les techniques de l'ingénierie financière permettant d'agir beaucoup plus facilement sur le ratio d'endettement d'une société que sur la rentabilité de son exploitation.

La méthode de l'AFD est le plus souvent conduite sur les flux avant prise en compte de la structure financière, produisant une valeur de l'entreprise dont on retranche la valeur de la dette financière nette de la trésorerie afin de dégager une valeur de ses capitaux propres.

Nous privilégierons donc la deuxième approche. Elle suppose une démarche de valorisation en trois étapes :

– l'évaluation des flux financiers futurs de la société sur une période de visibilité donnée, VALp ;

– l'estimation d'une valeur résiduelle, obtenue au terme de la période de visibilité, VAL$_r$;

– l'évaluation de la dette de la société, D.

La valeur actualisée nette de l'entreprise sera alors égale à :

$$VAL_e = VAL_p + VAL_r$$

et la valeur actualisée nette du capital sera égale à :

$$VAL = VAL_p + VAL_r - D$$

En préalable, soulignons que la méthode d'actualisation des flux financiers disponibles futurs implique une *étude approfondie de la société*, à évaluer du point de vue de l'ensemble de ses caractéristiques opérationnelles et financières : de l'analyse des marchés dans lesquels elle opère à sa stratégie, à ses processus industriels et ses technologies y compris une appréciation de son équipe de direction ou des risques industriels et financiers potentiels. Cette démarche revient à parcourir l'arbre stratégique de création de valeur et à obtenir une compréhension suffisante des principaux éléments concourant à la création de valeur. Ce diagnostic d'entreprise est indispensable à l'évaluateur pour porter un jugement critique juste sur les prévisions qui lui seront soumises, pour affiner le choix des méthodes, de leurs variantes et de leur combinaison et pour interpréter in fine les fourchettes de valeurs obtenues.

Nous verrons successivement comment calculer les flux disponibles, estimer la valeur résiduelle et la dette financière.

2. Calcul des flux

a) Flux prévisibles

Les flux financiers disponibles de la société sont calculés sur la période de visibilité choisie, grâce à l'équation d'actualisation :

$$VAL_p = \sum_{i=1}^{n} \frac{FF_i}{(1+t)^i}$$

où VAL_p est la valeur actualisée des flux FF sur la période n, au taux t

Toute la difficulté consiste à estimer les flux FF_i à retenir pour chaque année i. Dans la pratique, les différentes composantes de ce flux sont calculées à partir d'hypothèses retenues par l'évaluateur à partir du *plan à moyen terme* de l'entreprise, dûment investigué et critiqué.

La difficulté se situe d'abord en amont, sachant que nombre de *paramètres économiques* sont susceptibles de faire varier un solde d'exploitation, quel que soit le niveau exact de celui que l'on retient.

Les principales variables sont résumées ci-dessous.

Détermination du chiffre d'affaires :

– croissance du marché ;

– part de marché ;

– volume de ventes ;

– inflation et prix.

Détermination des résultats :

– marge brute ;

– amortissements et provisions ;

– coûts fixes et variables de production dont les salaires ;

– taux d'imposition.

Autres éléments :

- investissements et variation du BFR ;
- structure financière ;
- risque financier et industriel, facteur de risque spécifique ;
- coût des capitaux propres ;
- coût de la dette.

Comme on l'a vu tout au long de l'ouvrage, certaines variables ont plus d'impact que d'autres sur la création de valeur :

■ Les deux principales variables créatrices de valeur sont la croissance du résultat et la croissance de la rentabilité ; les deux sont liées, plus le taux de croissance est élevé et plus le taux de rentabilité, pour autant qu'il dépasse un certain niveau minimal requis, est élevé plus l'entreprise sera fortement créatrice de valeur.

■ La principale variable destructrice de valeur, et son impact apparaît insuffisamment, est la variation des besoins en fonds de roulement ; un BFR élevé peut annuler toute la création de valeur dans un cas de forte croissance. L'investissement peut avoir un impact négatif pendant une phase limitée de constitution d'un actif dans une activité à forte intensité capitalistique ; mais si l'investissement est réalisé à bon escient, il devrait ensuite générer une création de valeur substantielle.

■ Les autres principales variables incluent le taux d'actualisation, y compris la prime de risque et, dans une moindre mesure, l'économie d'impôt relative à l'augmentation de l'effet de levier pour autant que celle-ci n'implique pas une augmentation plus que proportionnelle du risque et donc du taux d'actualisation.

La difficulté à estimer les flux se situe ensuite au niveau de la détermination du *solde de flux approprié*. Ces flux ne sauraient, comme on l'a bien souligné dans les développements précédents, s'identifier au seul résultat d'exploitation net.

Il convient de corriger le résultat d'exploitation des *amortissements et provisions* qui ont été comptabilisés au titre de l'exercice et qui, ne constituant pas une sortie de trésorerie, doivent lui être ajoutés.

L'investissement de reconstitution est souvent, à court terme, nous l'avons vu, différent du montant des dotations aux amortissements. Il en est ainsi pour plusieurs raisons : soit l'intensité capitalistique de l'industrie concernée augmente, soit les modifications de stratégies et la croissance requises passent par une augmentation temporaire des capacités de production, soit, enfin, l'inflation connaît des niveaux élevés. Par contre, le progrès technologique peut faire baisser le coût de renouvellement des investissements.

Le *besoin en fonds de roulement* (BFR) augmente pour sa part en général avec la croissance de l'activité, sauf dans le cas de sociétés en situation de restructuration ou de retournement ou à BFR négatif. Il faut faire attention aux diversifications impliquant un alourdissement de ce poste qui a une influence très lourde sur le flux disponible.

Il est difficile, pour un analyste externe, d'obtenir des renseignements sur les investissements et les variations de BFR futurs. À défaut, une approximation raisonnable consiste à extrapoler les tendances passées et à appliquer aux exercices à venir le taux de croissance des investissements et de la variation de BFR mesurés par rapport à la croissance du chiffre d'affaires.

Il faut également tenir compte de l'*impôt* dont la société devra s'acquitter, et donc retenir un solde d'exploitation après impôt. L'impôt à prendre en compte est uniquement celui relatif à l'exploitation. Autrement dit, l'économie d'impôt permise par les charges financières ne doit pas être prise en compte dans cette approche.

Ces ajustements faits, le flux financier disponible se compose donc du flux de liquidités générées par l'exploitation, soit *la MBA, net d'impôt, après couverture de l'investissement de reconstitution et de la variation du besoin en fonds de roulement.*

Il constitue le *flux de trésorerie* réellement dégagé par l'entreprise après financement de sa croissance et acquittement de l'impôt.

Pour chaque année i, on a donc :

$$FFi = RE_i + AM_i - IMPÔTSi - \Delta\ BFRi - INV_i$$

Le choix de la durée de la période de flux prévisibles, également appelée *période explicite de flux,* dépend à la fois des caractéristiques de l'activité et de la société à évaluer.

Dans le cas d'une société appartenant à une industrie mûre, on peut retenir une période assez longue.

Dans le cas d'une société à fort potentiel de développement, l'évaluateur devra opter entre une solution consistant à retenir une période prévisible courte garante de projections relativement fiables

– mais son modèle comportera une valeur résiduelle très importante par rapport à la valeur globale, rendant l'évaluation moins fiable – et la nécessité de prolonger le plan à moyen terme – mais il faudra alors qu'il procède à d'autres travaux tels qu'une analyse sérieuse des déterminants de la croissance et de la profitabilité de la société, de ses besoins d'investissements et de financement et du facteur risque incorporé au taux d'actualisation.

Il est de plus en plus fréquent *d'extrapoler les plans à moyen terme*, le plus souvent bâtis sur trois ans, sur des périodes plus longues, allant de sept à dix ans selon les activités. Ces projections sont alors combinées avec des simulations de paramètres telles que taux de croissance du chiffre d'affaires, marge brute, variation du BFR, etc. débouchant sur *des analyses de sensibilité*.

Pour redire un mot de la délicate question du *taux de rendement*, un diagnostic sérieux peut fournir un peu plus d'assurance sur son estimation, mais il n'en fournira jamais suffisamment. Il n'est pas très convaincant de faire porter les analyses de sensibilité sur la variation du risque. Par contre, il est très informatif, en l'absence d'une assurance parfaite sur les niveaux de taux et de risques à retenir, d'acquérir une idée précise de l'impact de la variation de 1 % du taux d'actualisation sur la valorisation recherchée.

b) Estimation de la valeur résiduelle

Au terme de la période d'évaluation explicite, il convient de s'interroger sur ce que devient la *valeur vénale* de l'entreprise. Quelle valeur les actionnaires et les créanciers retireraient-ils de sa vente au terme de la période dite explicite de prévision des flux d'exploitation ?

La période d'évaluation explicite correspond à la période du plan à moyen terme fourni par l'entreprise ou à cette période prolongée par des projections basées sur des hypothèses complémentaires retenues par l'évaluateur et si possible discutées avec les dirigeants de l'entreprise. À défaut, l'analyste extérieur peut utilement travailler sur des scénarios normatifs, même très simplifiés, qui permettent de mieux comprendre les principaux éléments déterminant la valeur de l'entreprise étudiée. Ces simulations qui peuvent être rapidement élaborées fournissent, pour autant qu'elles se soient bien appuyées sur une analyse sensée des vrais leviers de détermination de la valeur d'une société donnée, des valorisations très proches de celles obtenues après des études beaucoup plus détaillées.

Le principe de la valeur résiduelle est que l'on s'intéresse directement non pas à la valeur de la société à la fin de cette période, mais à sa valeur actualisée sur la période dite perpétuelle :

$$VAL_r = Vn / (1 + t)^n$$

La valeur résiduelle est en général inférieure à la valeur globale. Plus cette composante de la valeur est faible par rapport à la dernière, plus on diminue les risques d'erreur de valorisation, une fraction significative de la valorisation obtenue, égale à $VAL_p / (VAL_p + VAL_r)$, ayant été valorisée avec une meilleure visibilité sur les résultats de la première période.

La valeur résiduelle de l'entreprise constitue souvent une part prédominante de la valeur totale. Cet état de fait est source de nombreux débats et illustre les difficultés et les imprécisions qui entourent la mise en œuvre de l'AFD.

Selon la nature de la société analysée, la problématique peut être très variable. Si l'on évalue une société ayant adopté une stratégie de conquête de parts de marché et de croissance, le problème ne sera pas traité de la même manière que si l'on évalue une société de type « vache à lait ». Dans la première situation, à l'extrême, on peut imaginer que la société à évaluer dégage peu de valeur au cours de la période prévisible, tout occupée qu'elle est à bâtir une position qui deviendra fortement compétitive. C'est le cas d'une activité de haute technologie à forte intensité capitalistique, comme Intel à ses débuts et ce sera peut-être le cas d'Amazon ? L'intégralité de la valeur réside alors dans la valeur résiduelle. À l'opposé, une société qui offre une rente de situation que l'on exploite au maximum, par exemple une mine, dégagera plutôt une valeur de la période prévisible proche ou égale à la valeur globale, voire plus élevée si les coûts de liquidation de l'actif à fermer sont supérieurs à sa valeur liquidative.

Les spécialistes recourent à plusieurs méthodes afin de déterminer la valeur résiduelle. Le lecteur ne sera pas surpris d'apprendre que les approches comparatives appliquées au résultat du début de la période perpétuelle sont le plus couramment utilisées (surtout multiples d'excédent brut d'exploitation, de résultats d'exploitation ou de résultats nets). Leur facilité d'emploi explique à nouveau cette pratique.

© Éditions d'Organisation

Les principales critiques adressées à cette façon de calculer la valeur résiduelle d'une valeur actualisée des flux disponibles sont : l'absence d'homogénéité en valorisant cette période par les seuls résultats alors que la première période a été valorisée par les flux disponibles, le manque de prise en compte explicite du niveau de rentabilité future par rapport au taux d'actualisation et, surtout, l'inexistence de tout modèle permettant de déterminer des multiples futurs.

Il vaut donc mieux prévoir, à l'issue d'une ou de plusieurs périodes de croissance explicite, une *valorisation à perpétuité* selon le modèle de Gordon-Shapiro, d'un flux terminal, actualisé au *taux de rendement* attendu par les actionnaires.

Deux questions se posent :

– la détermination du flux qui est souvent dans cet exercice surévalué. En effet, la société passe en général d'une phase de croissance soutenue à une phase plus proche de la stabilité. Les flux doivent donc être normés, travail qui porte essentiellement sur les besoins en capitaux c'est-à-dire en investissements (sous déduction des amortissements y afférant) et en fonds de roulement qui sont normalement revus à la baisse ;

– le taux de croissance perpétuelle qu'il ne faut pas non plus surévaluer. En première approche, il peut paraître réaliste de calculer la valeur sur la période perpétuelle à un taux de croissance égal à l'inflation, éventuellement augmenté d'un taux de croissance de l'économie sur le très long terme, comme le taux de croissance du PIB. Ceci ne revient pas à dire que chaque annuité de flux sera égale dans le futur, mais que, globalement, après une certaine période de croissance, ce taux reflétera la tendance longue.

Dans une industrie compétitive, la croissance, s'il y en a, rapportera peu ou prou le coût du capital. Mais ce n'est pas pour cela que la société ne continuera pas à croître, ne serait-ce que pour rester compétitive ; ses investissements ne créeront alors pas de valeur supplémentaire, ils serviront seulement à maintenir la valeur du patrimoine des actionnaires, ce qui, à un taux d'actualisation correct, à long terme, est déjà honorable.

En conséquence, par mesure simplificatrice, on peut calculer la valeur résiduelle en actualisant le premier flux de la période perpétuelle au taux de rendement attendu, corrigé de l'inflation et éventuellement de la croissance sur le long terme du PIB, soit un taux de croissance compris entre 2 et 4 %.

À défaut de fournir des résultats de valorisation d'une précision absolue, cette méthode présente l'avantage d'être plus précise que celle consistant à recourir à des multiples futurs et de permettre à l'évaluateur de rester bien conscient de ses imperfections et de procéder à toutes les simulations et analyses de sensibilité requises.

Une fois la valeur résiduelle calculée, qui correspond à la valeur de revente de la société en année n, il est nécessaire de ramener cette valeur dite résiduelle en euros d'aujourd'hui.

Ainsi si l'on appelle VAL_n la valeur de revente en année n et VAL_r la valeur actualisée de la valeur résiduelle :

$$VAL_r = VAL_n / (1 + t)^n$$

La valeur résiduelle présentant une moindre visibilité que la valeur de la période explicite, moins elle est importante, plus on diminue les risques d'erreur, une fraction significative de la valorisation obtenue, égale à $VAL_p / (VAL_p + VAL_r)$, ayant été valorisée avec une meilleure visibilité sur les résultats. En conclusion, il est vertueux de s'efforcer de développer des modèles d'évaluation dans lesquels la période explicite est suffisamment longue et renseignée afin que la valeur résiduelle ne représente pas plus d'environ la moitié de la valeur totale.

c) Évaluation du coût de la dette de la société

La dette de la société doit être évaluée non *pas à sa valeur comptable mais à sa valeur de marché.*

Cette remarque est particulièrement importante dans un contexte de forte variation des taux d'intérêt par rapport à la date où la société a contracté l'essentiel de son endettement. Par ailleurs, elle ne s'applique pas à la dette bancaire classique et concerne les emprunts obligataires. Le taux à retenir pour l'évaluation du coût de cette dette est soit le taux actuariel de celle-ci, soit, si elle est cotée, le coût réévalué en fonction de sa cotation. En contexte de baisse des taux, la dette obligataire sera revalorisée sous l'effet des achats massifs des investisseurs. À l'inverse, en cas de hausse des taux, les nouveaux emprunts apparaissant sur le marché deviennent plus attractifs et sont l'objet d'achats massifs par les investisseurs, au détriment des emprunts existants. Ce coût reflète alors bien le niveau de risque présent et futur qui appréhende la capacité de remboursement de l'entreprise. C'est encore le taux auquel elle se financerait sur les marchés financiers à l'heure actuelle, prenant en compte l'influence des notations.

3. Mise en œuvre du modèle de l'AFD

Afin d'illustrer la démarche, nous procéderons à un premier calcul complet et détaillé de valorisation par l'AFD, suivi de quatre variantes.

Première simulation – Modèle classique

Soit la société KTYP, qui présente les caractéristiques économiques et financières listées en Annexe 2.

Son plan à moyen terme fournit les prévisions reprises dans le tableau ci-dessous (figure 16), qui résume les principales étapes du calcul de l'AFD.

Le taux d'actualisation retenu est le coût moyen pondéré du capital (CMPC), afin de prendre en compte l'influence de la dette sur la valorisation. Le CMPC de KTYP est égal à 10 % (cf. partie 3, chapitre 3, « Coût du capital et endettement », pour les calculs).

Calcul des flux de la période explicite							
AFD KTYP	N0	N1	N2	N3	N4	N5	**FLUX NORMALISE**
Chiffres d'affaires	900	972	1 050	1 134	1 224	1 322	1 375
Taux de croissance du CA		8%	8%	8%	8%	8%	4%
Résultat d'exploitation	150	162	175	189	204	220	229
En % du CA ≈	17%	17%	17%	17%	17%	17%	17%
Impôt normatif 30%	50	54	58	63	68	73	76
Rex net	100	108	117	126	136	147	153
Amortissements	100	108	117	126	136	147	153

MBA	200	216	233	252	272	294	306
Investissements	100	108	117	126	136	147	153
Variation BFR		16	17	19	20	22	12
MBA disponible	**100**	**92**	**99**	**107**	**116**	**125**	**141**
Facteur d'actualisation		0,909	0,826	0,751	0,683	0,621	0,621
Flux actualisés		84	82	81	79	78	88
Flux actualisés cumulés		**84**	**166**	**246**	**325**	**403**	

* Chiffres en M€

Figure 16 – Tableau de calcul de valorisation

La somme des flux actualisés sur la période explicite est égale à **403**, le taux de croissance sur la période explicite ressortant à 8 % par an et le taux de résultats d'exploitation à 17 % du CA.

Calcul de la valeur actualisée de la valeur résiduelle

Celle-ci est calculée à partir du flux de la dernière année de la période explicite et actualisé au taux de rentabilité attendu par les actionnaires, minoré d'un taux de croissance à l'infini.

On suppose qu'après l'année 5, le solde disponible croîtra régulièrement au taux annuel de 4 %. Ce taux est articulé sur une prévision d'inflation de 2 % et un taux de croissance à perpétuité de 2 %.

La valeur résiduelle est calculée à partir du premier flux de la période perpétuelle affecté d'une croissance égale à celle de la période perpétuelle. Attention ! Ce flux n'est pas forcément identique à celui de la dernière année de la période explicite et il doit parfois faire l'objet de corrections normatives afin que ses déterminants économiques correspondent bien à ceux de la période perpétuelle.

© Éditions d'Organisation

Ce flux est actualisé au taux de rendement de 10 % imputé du taux de croissance perpétuel de 4 %.

HYPOTHESES	
Tx croissance CA	4 %
Tx d'actualisation	10 %
Marge d'Exploit.	17 %
Prix par action	313 €

Valeur des flux	403
Val. terminale	1 460
Valeur de l'entreprise	**1 863**
DFN 31/12/2002	300
Valeur des fonds propres	**1 563**

Figures 17 et 17' – Rappel des hypothèses et détermination de la valeur des fonds propres

$VAL_r = 88 / (10 \% - 4 \%) = 1460$

La valeur de l'entreprise est donc égale à :

$VAL_p + VAL_r = 403 + 1460 = 1863$

KTYP est cependant endettée de 300. On suppose cette dette perpétuelle et une stabilité du coût d'endettement.

La *valeur actualisée nette du capital*, une fois la dette retranchée, ressort à :

$VAL = VAL_p + VAL_r - D$

$= 403 + 1460 - 300 = \mathbf{1563}$

Retour sur le modèle boursier de Gordon-Shapiro

■ Il est intéressant de procéder à la comparaison du résultat de valorisation obtenu avec celui produit par le modèle boursier de Gordon-Shapiro étudié dans la partie 2 du livre. L'exemple KTYP fournit une valeur des capitaux propres VAL(0)= DIV(0) x (1 + g) / (t – g), soit :

$54 \times (1 + 6 \%) / (10 \% - 6 \%) = \mathbf{1431}$ à comparer au montant de 1563 trouvé ci-dessus.

Les *valeurs* sont assez *proches*, ce qui est logique, KTYP présentant les mêmes caractéristiques économiques et financières dans les deux cas : taux de croissance, taux de rentabilité et taux de rétention. De plus, le taux d'actualisation a été recalculé afin d'assurer le chaînage logique entre une approche après et avant prise en compte de la structure de financement.

Les valeurs présentent toutefois une différence qui s'explique au niveau des taux de croissance retenus. Dans le premier modèle, le taux de croissance perpétuel est égal à 6 % tandis que, dans le deuxième, se succèdent deux périodes de croissance aux taux respectifs de 8 et 4 %. Les taux ne sont donc pas globalement tout à fait équivalents.

Si l'on calcule un taux de croissance équivalent au taux de croissance implicite correspondant au calcul de la valorisation par l'AFD présenté ci-dessus, on obtient, par le modèle de Gordon-Shapiro, exactement le même montant. Le *taux de croissance implicite* est obtenu par la formule suivante :

La formule de base du modèle de Gordon-Shapiro s'écrit de la façon suivante :

$$V_0 = \frac{DIV_0(1 + g)}{t - g}$$

Dès lors, il est possible d'écrire :

$$\frac{V_0}{DIV_0} = \frac{(1 + g)}{t - g}$$

et :

$$\frac{V_0}{DIV_0}t - \frac{V_0}{DIV_0}g = 1 + g$$

Enfin, on peut isoler le taux de croissance g :

$$\frac{\dfrac{V_0}{DIV_0}t - 1}{1 + \dfrac{V_0}{DIV_0}} = g$$

que l'on peut également réduire à :

$$\frac{V_0 t - DIV_0}{DIV_0 + V_0} = g$$

En estimant que la valeur des fonds propres de KTYP ait été bien estimée par le modèle AFD ci-dessus, il est possible de remplacer V0 par la valeur trouvée précédemment, soit 1563.

Le taux de croissance implicite devient donc, en sachant que le dernier dividende de KTYP s'élevait à 54 millions d'euros :

$$1563 = \frac{54(1 + g)}{t - g}$$

$$1563 = \frac{54(1 + g)}{10\% - g}$$

$$\frac{\frac{1563}{54} 10\% - 1}{1 + \frac{1563}{54}} = g$$

$$\boxed{g = 6,33\%}$$

L'application de la formule donne un taux égal à 6,33 %.

Nous avons par là à nouveau confirmé la démonstration de la parfaite cohérence entre les modèles de valorisation boursier et d'actualisation.

4. Analyse critique

Les méthodes d'évaluation par actualisation des flux disponibles présentent les avantages et les inconvénients suivants :

Avantages :

- solidité des fondements théoriques grâce à l'actualisation de flux futurs, la prise en compte des risques du marché ainsi que des risques spécifiques, industriel et financier, de la société évaluée ;

- nécessité de conduire un diagnostic de la société, obligeant l'évaluateur à prendre connaissance de tous les aspects opérationnels de l'entreprise ;

- intégration d'autant de points de vue que souhaitable, par exemple l'évolution de la stratégie, des changements de réglementation en matière de protection de l'environnement ou de synergies à mettre en œuvre dans le cadre d'un éventuel rapprochement ;

- extrême flexibilité, permettant de s'adapter à de nombreux cas, en particulier la nécessité d'évaluer des sous-ensembles ;

- possibilité de construire différents scénarios et de procéder à des analyses de sensibilité.

Inconvénients :

- incertitudes liées aux prévisions d'exploitation dès lors qu'elles dépassent la période du plan à moyen terme habituel, limité en général à trois ans ;
- nécessité de formuler de nombreuses hypothèses ;
- risques d'optimisme voire plus rarement de pessimisme excessifs, dus soit au désir des dirigeants de promettre d'excellentes performances dans un avenir trop lointain, soit à l'extrapolation d'une conjoncture économique, prolongation de tendances porteuses ou à contrario récessives ;
- poids de la valeur résiduelle dans la valeur totale.

La contrainte vertueuse de l'approche AFD est en résumé d'obliger à se poser les bonnes questions, sans y apporter de réponses satisfaisantes, lesquelles doivent être recherchées dans la connaissance de l'industrie de la société et de son environnement économique, juridique et technologique.

5. Analyse de sensibilité

Dans le but de souligner *l'impact des facteurs déterminants la valeur*, nous allons faire varier le *taux de croissance et de rentabilité* des flux futurs de manière significative.

Deuxième simulation – Variation de taux de croissance

À titre d'illustration, une deuxième simulation valorise KTYP en incorporant un taux de croissance moyen des flux, sur la période de prévision, supérieur à l'exemple précédent, soit 12 %.

Calcul des flux de la période explicite							
AFD KTYP	N0	N1	N2	N3	N4	N5	**FLUX NORMALISE**
Chiffres d'affaires	900	1 008	1 129	1 264	1 416	1 586	1 650
Taux de croissance du CA		12%	12%	12%	12%	12%	4%

Résultat d'exploitation	150	168	188	211	236	264	275
En % du CA	17%	17%	17%	17%	17%	17%	17%
Impôt normatif	50	56	63	70	79	88	92
Résultat d'exploitation net	100	112	125	140	157	176	183
Amortissements	100	112	125	141	157	176	183
MBA	**200**	**224**	**251**	**281**	**315**	**352**	**367**
Investissements	100	112	125	141	157	176	183
Variation BFR		24	27	30	34	38	14
MBA disponible	**100**	**88**	**99**	**110**	**124**	**138**	**169**
Facteur d'actualisation		0,909	0,826	0,751	0,683	0,621	0,621
Flux actualisés		80	81	83	84	86	105
Flux actualisés cumulés		**80**	**161**	**244**	**329**	**415**	

* Chiffres en M€.

Figure 18 – Tableau des flux de la période explicite

La somme des flux actualisés sur la période explicite est égale à **415**, le taux de croissance sur la période explicite ressortant à 12 % par an et le taux de résultats d'exploitation à 17 % du CA.

Calcul de la valeur actualisée de la valeur résiduelle

Celle-ci est calculée comme précédemment à partir du flux de la dernière année de la période explicite et actualisé au taux de rentabilité attendu par les actionnaires, minoré d'un taux de croissance à l'infini.

Ce flux est actualisé au taux de rendement de 10 % imputé du taux de croissance perpétuel de 4 %.

HYPOTHÈSES	
Tx croissance CA	12%
Tx d'actualisation	10%
Tx de marge	17%
Prix par action	373 €

Valeur des flux	415
Valeur terminale	1 751
Valeur de l'entreprise	**2 165**
DFN	300
Valeur des fonds propres	**1 865**

Figures 19 et 19' – Rappel des hypothèses et détermination de la valeur des fonds propres

$VAL_r = 105 / (10\% - 4\%) = 1751$

La valeur de l'entreprise est donc égale à,

$VAL_p + VAL_r = 415 + 1751 = 2165$

KTYP est cependant endettée de 300. On suppose cette dette perpétuelle et une stabilité du coût d'endettement.

La *valeur actualisée nette du capital*, une fois la dette retranchée, ressort à :

$VAL = VAL_p + VAL_r - D$

$= 415 + 1751 - 300 = \mathbf{1865}$

Retour sur le modèle boursier de Gordon-Shapiro

Si l'on calcule le taux de croissance équivalent au taux de croissance implicite correspondant au calcul de la valorisation par l'AFD présenté ci-dessus, on obtient, par le modèle de Gordon-Shapiro, exactement le même montant. Le taux de croissance implicite est obtenu par la formule suivante :

$$VAL = 1865 = \frac{54(1 + g)}{t - g}$$

$$1865 = \frac{54(1 + g)}{10\% - g}$$

$$\frac{\frac{1865}{54}10\% - 1}{1 + \frac{1865}{54}}$$

$$\boxed{g = 6,90\%}$$

Troisième simulation – Variation du taux de marge d'exploitation

À titre d'illustration, une troisième simulation valorise KTYP en incorporant un taux de marge, sur la période de prévision, inférieur à l'exemple initial, soit 12 %.

Calcul des flux de la période explicite							
AFD KTYP	No	N1	N2	N3	N4	N5	**FLUX NORMALISE**
Chiffres d'affaires	900	972	1050	1134	1224	1322	1375
Taux de croissance du CA		8%	8%	8%	8%	8%	4%
Résultat d'exploitation	150	162	175	189	204	220	229
En % du CA	12%	12%	12%	12%	12%	12%	12%
Impôt normatif	36	39	42	45	49	53	55
Rex net	72	78	84	91	98	106	110
Amortissements	100	108	117	126	136	147	153
MBA	**172**	**186**	**201**	**217**	**234**	**253**	**263**
Investissements	100	108	117	126	136	147	153
Variation BFR		16	17	19	20	22	12
MBA disponible	**72**	**62**	**67**	**72**	**78**	**84**	**98**
Facteur d'actualisation		0,909	0,826	0,751	0,683	0,621	0,621
Flux actualisés		56	55	54	53	52	61
Flux actualisés cumulés		**56**	**111**	**165**	**219**	**271**	

* Chiffres en M€.

Figure 20 – Tableau des flux de la période explicite

La somme des flux actualisés sur la période explicite est égale à **271**, le taux de croissance sur la période explicite ressortant à 8 % par an et le taux de résultats d'exploitation à 12 % du CA.

Calcul de la valeur actualisée de la valeur résiduelle

Celle-ci est calculée à partir du flux de la dernière année de la période explicite et actualisé au taux de rentabilité attendu par les actionnaires, minoré d'un taux de croissance à l'infini.

Ce flux est actualisé au taux de rendement de 10 % imputé du taux de croissance perpétuel de 4 %.

HYPOTHÈSES	
Tx croissance CA	8 %
Tx d'actualisation	10 %
Marge d'Exploit.	12 %
Prix par action	198 €

Valeur des flux	271
Val. terminale	1 017
Valeur de l'entreprise	**1 288**
DFN 31/12/2002	300
Valeur des fonds propres	**988**

Figures 21 et 21' – Rappel des hypothèses et détermination de la valeur des fonds propres

$VAL_r = 61 / (10 \% \_ 4 \%) = 1017$

La valeur de l'entreprise est donc égale à :

$VALp + VALr = 271 + 1017 = 1288$

KTYP est cependant endettée de 300. On suppose cette dette perpétuelle et une stabilité du coût d'endettement.

La valeur actualisée nette du capital, une fois la dette retranchée, ressort à :

$VAL = VAL_p + VAL_r - D$

$= 271 + 1017 - 300 = \mathbf{988}$

Synthèse de l'analyse de sensibilité

L'évaluation de KTYP a été calculée en faisant successivement varier :

– le taux de croissance de 8 à 12 % ;

– le taux de marge d'exploitation de 12 à 17 %.

La meilleure manière de comprendre l'impact de ces déterminants de la valeur est de les résumer sous la forme d'une matrice, comme sur la figure 22.

Marge d'exploitation \ Croissance	8 %	12 %
12 %	Valeur des Fonds Propres 988 M€	Valeur des Fonds Propres 1 187 M€
17 %	Valeur des Fonds Propres 1 563 M€	Valeur des Fonds Propres 1 866 M€

Figure 22 – Impact du taux de croissance et de la marge d'exploitation sur la valeur

La valeur trouvée, beaucoup plus élevée que la précédente, montre *l'impact de la croissance*. Avec un taux de croissance moyen qui passe de *8 à 12 %* sur la seule première période de cinq années, la valeur de KTYP augmente de près de *20 %*. Une augmentation certes élevée de 5 % du *taux de marge d'exploitation* induit une augmentation de la valeur de *58 %*.

Ces facteurs ne sont pas les seuls à prendre en compte. La variation des besoins en *investissements* et surtout en *fonds de roulement* et bien évidemment le taux d'actualisation ont notamment un impact très sensible.

Quatrième simulation – Variation du taux d'actualisation

À titre indicatif, dans le but de prendre conscience de la sensibilité de la valeur au taux d'actualisation, une quatrième simulation valorise KTYP en incorporant un taux d'actualisation supérieur, à 12 %.

Calcul des flux de la période explicite							
AFD KTYP	N0	N1	N2	N3	N4	N5	**FLUX NORMALISÉ**
Chiffres d'affaires	900	972	1 050	1 134	1 224	1 322	1 375
Taux de croissance du CA		8%	8%	8%	8%	8%	4%
Résultat d'exploitation	150	162	175	189	204	220	229
En % du CA	17%	17%	17%	17%	17%	17%	17%
Impôt normatif	50	54	58	63	68	73	76

Rex net	100	108	117	126	136	147	153
Amortissements	100	108	117	126	136	147	153
MBA	**200**	**216**	**233**	**252**	**272**	**294**	**306**
Investissements	100	108	117	126	136	147	153
Variation BFR		16	17	19	20	22	12
MBA disponible	**100**	**92**	**99**	**107**	**116**	**125**	**141**
Facteur d'actualisation		0,893	0,797	0,712	0,636	0,567	0,567
Flux actualisés		82	79	76	74	71	80
Flux actualisés cumulés		**82**	**161**	**238**	**311**	**382**	

* Chiffres en M€.

Figure 23 – Tableau des flux de la période explicite

La somme des flux actualisés sur la période explicite est égale à **382**.

Calcul de la valeur actualisée de la valeur résiduelle

Celle-ci est calculée à partir de la formule d'une perpétuité :

– le flux de la dernière année de la période explicite est normé ;
– il est ensuite transformé en premier flux de la période résuduelle par application d'un taux de croissance annuel à long terme ;
– puis il est divisé par le coût du capital minoré d'un taux de croissance à l'infini ;
– il est enfin actualisé à la valeur d'aujourd'hui.

HYPOTHÈSES	
Tx croissance CA	8 %
Tx d'actualisation	12 %
Marge d'Exploit.	17 %
Prix par action	127 €

Valeur des flux	382
Val. terminale	1 000
Valeur de l'entreprise	**1 382**
DFN 31/12/2002	300
Valeur des fonds propres	**1 082**

Figures 24 et 24' – Rappel des hypothèses et détermination de la valeur des fonds propres

La valeur résiduelle, obtenue à partir du flux de l'année 6 tenant compte d'une croissance perpétuelle de 4 %, devient :

$VAL_r = 80 / (12 \% - 4 \%) = 1000$

La valeur de l'entreprise est donc égale à :

$VAL_p + VALr = 382 + 1000 = 1382$

La *valeur nette du capital de la société* est de

$382 + 1000 - 300 = \mathbf{1082}$.

Ainsi une variation de 2 % du taux d'actualisation, soit une augmentation de 20 %, se traduit par une baisse de valeur de 44 %.

L'analyse de sensibilité souligne la nature de la démarche AFD et les précautions à prendre lorsque l'on utilise ce modèle de valorisation. *Le montant auquel on aboutit est d'autant plus fiable que l'on a bien étudié ses composantes et les conséquences de leurs variations. L'AFD est la seule méthode permettant cette approche compréhensive reliant les facteurs économiques et financiers.*

Les éléments sensibles sont :

- la croissance des résultats ;

- la variation en conséquence du taux de distribution ;

- la variation de la *dette* ; si elle augmente, la valeur du capital, tout étant égal par ailleurs, diminue d'autant ;

- la modification de la dette a en principe un impact sur le taux d'intérêt et donc sur le calcul du *CMPC*.

Ces différents éléments expliquent les *possibles divergences pouvant apparaître entre les calculs de valorisation effectués à partir des méthodes boursières ou d'actualisation des flux disponibles.*

CHAPITRE 4

Nouvelles méthodes d'évaluation

1. Modélisation à Phases de Croissance Multiples (PCM©)

Cette modélisation répond à la critique faite à l'afd qui repose sur des prévisions simplifiées.

La modélisation de la valorisation à deux ou plusieurs phases de croissance obéit à une équation simple. Le raisonnement peut être mené comme suit : la valeur d'entreprise (VAL) est composée de la valeur calculée sur la période explicite (VAL_p) et de la valeur résiduelle estimée à l'issue de cette période explicite (VAL_r).

$$VAL = VAL_p + VAL_r$$

La période explicite ou période de modélisation peut elle-même être décomposée en deux ou plusieurs phases de croissance différentes afin de donner une vision plus construite de l'évolution de l'entreprise.

$$VAL = V_1 + V_2 + VAL_r$$

Dès lors, il est possible de formuler une équation de la valorisation de l'entreprise, en fonction des flux disponibles des deux sous-périodes reflétant la croissance propre à chacune, du coût du capital (CMPC), des considérations du temps et du taux de croissance perpétuel :

$$VAL = \sum_{i=1}^{N_1} \frac{FD_i}{(1+CMPC)^i} + \sum_{j=N_1+1}^{N_2} \frac{FD_j}{(1+CMPC)^J}$$

$$+ \left[\frac{1}{(CMPC)^{N_2}}\right]\left[\frac{FD_{N_2}(1+g)}{CMPC - g}\right]$$

où le premier terme représente la valeur des flux sur la première phase de la période explicite (V_1), le deuxième terme, la valeur des flux sur la deuxième phase de la période explicite (V_2), les deux derniers, la détermination de la valeur résiduelle à l'issue de la période explicite (VAL_r).

Modèle à phases de croissance multiples (PCM)

Le schéma ci-dessous (figure 25) présente l'évolution, à travers le temps, de la valeur de l'entreprise, dans une modélisation à phases de croissance multiples « classique », c'est-à-dire avec une période explicite composée de deux périodes de croissance différentes et d'une valeur résiduelle en croissance constante.

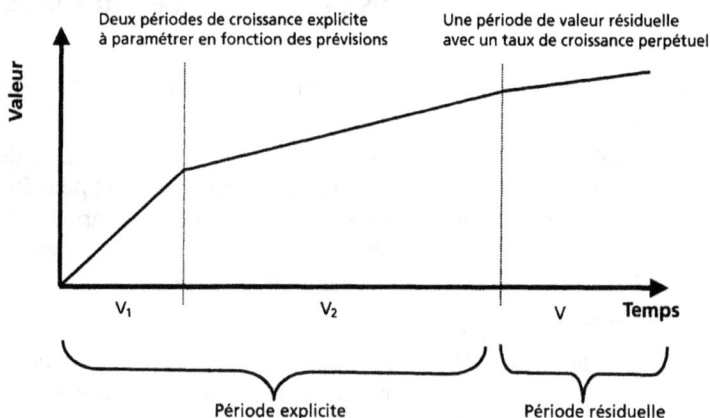

Figure 25 – Schéma des flux dans le modèle PCM

Le recours à cette variante permet de mener une analyse plus fine des projections d'exploitation, notamment sur l'évolution des taux de croissance et de rentabilité dont la détermination impacte de manière significative la valorisation.

Simulation à l'aide du modèle à PCM

Une simulation de valorisation de KTYP à l'aide du modèle à PCM est menée et présentée ci-dessous. Une première phase de cinq ans modélise une croissance de 15 %, une seconde phase de même amplitude modélise une croissance de 10 %. Les hypothèses de croissance à perpétuité, à 4 %, et de taux de marge d'exploitation, à 17 %, sont conservées.

Calcul des flux de la période explicite

KTYP	N0	N+1	N+2	N+3	N+4	N+5	N+6	N+7	N+8	N+9	N+10	FLUX NORMALISE
Chiffres d'affaires	900	1035	1190	1369	1574	1810	1991	2190	2409	2650	2915	3207
Taux de croissance du CA		**15%**	**15%**	**15%**	**15%**	**15%**	**10%**	**10%**	**10%**	**10%**	**10%**	**4%**
Résultat d'exploitation	150	173	198	228	262	302	332	365	402	442	486	534
Taux de Marge	17%	17%	17%	17%	17%	17%	17%	17%	17%	17%	17%	17%
Impôt normatif	50	58	66	76	87	101	111	122	134	147	162	178
Résultat d'exploitation net	100	115	132	152	175	201	221	243	268	294	324	356
Résultat d'exploitation net	100	115	132	152	175	201	221	243	268	294	324	356
Amortissements	100,0	115,0	132,3	152,1	174,9	201,1	221,2	243,4	267,7	294,5	323,9	356,3
MBA	**200**	**230**	**264**	**304**	**350**	**402**	**442**	**487**	**535**	**589**	**648**	**713**
Investissements	100,0	115,0	132,3	152,1	174,9	201,1	221,2	243,4	267,7	294,5	323,9	356,3
Variation BFR		30,0	34,5	39,7	45,6	52,5	40,2	44,2	48,7	53,5	58,9	64,8
MBA disponible	**100**	**85**	**98**	**112**	**129**	**149**	**181**	**199**	**219**	**241**	**265**	**292**

Chiffres en M€

Figure 26 – Tableau des flux de la période explicite

La somme des flux actualisés sur la période explicite est égale à **934** millions d'euros.

Calcul de la valeur terminale

La valeur terminale, calculée de la même manière que dans le modèle d'actualisation des flux disponibles, à l'aide de la formule de Gordon-Shapiro, s'élève à 1,873 milliard d'euros.

Rappel des hypothèses

HYPOTHÈSES	
Tx croissance CA	15% pendant 5 ans, 10% sur les 5 années suivantes
Tx d'actualisation	10 %
Marge d'Exploit.	17 %
Prix par action	501 €

Valeur des flux	934
Val. terminale	1 873
Valeur de l'entreprise	**2 807**
DFN 31/12/2002	300
Valeur des fonds propres	**2 507**

Figures 27 et 27' – Rappel des hypothèses et détermination de la valeur des fonds propres

Au total, la valeur d'entreprise de KTYP ressort à 2,5 milliards d'euros, soit 1 milliard d'euros de plus que dans la première simulation par l'actualisation des flux disponibles.

Cet exemple illustre bien l'impact très significatif sur la valeur d'un taux de croissance très élevé.

2. Modèle de la « période explicite »

Pour répondre à la critique du manque de fiabilité du modèle AFD qui accorde trop d'importance à la valeur résiduelle, il est possible de *limiter la valorisation des flux sur une période explicite étendue* de dix à vingt ans. Au-delà, l'hypothèse prévaut que les avantages compétitifs spécifiques de l'entreprise disparaissent et que le taux de rentabilité économique des nouveaux projets, ou taux de rentabilité économique marginal, devient égal au CMPC.

© Éditions d'Organisation

Dans cette méthode, reposant sur l'actualisation des flux disponibles, la vie future de l'entreprise est découpée en deux types de périodes : la première correspond à la période explicite, la seconde, à la période résiduelle. Cette dernière identifie l'instant à partir duquel l'entreprise ne détient plus d'avantage compétitif sur sa concurrence et que sa rentabilité économique est égale au coût du capital. *À l'issue de la période explicite, la création supplémentaire de valeur devient nulle, la valeur de l'entreprise étant alors estimée par une formule de rente à perpétuité basée sur le résultat net.*

Dès lors, même s'il y a croissance, il n'y a plus création de valeur. En d'autres termes, à cet horizon, l'entreprise dégagera une VOPC nulle, et sa valeur sera donnée par la formule du flux perpétuel : Val = BEN/t.

Cette méthode peut être appliquée raisonnablement dans des secteurs où les entreprises bénéficient de cash-flows, de longues rentes de technologies ou encore de positions de marché très fortes.

Il est possible de formuler la valorisation comme suit :

$$\text{VAL} = \sum_{i=1}^{N_1} \frac{FF_i}{(1+\text{CMPC})^i} + \sum_{j=N_1+1}^{N_2} \frac{FF_j}{(1+\text{CMPC})^j}$$

$$+ \left[\frac{1}{(\text{CMPC})^{N_2}}\right]\left[\frac{FF_{N_2}}{\text{CMPC}}\right]$$

où le premier terme représente la valeur des flux disponibles sur la première phase de la période explicite (V_1), le deuxième terme, la valeur des flux sur la deuxième phase de la période explicite (V_2), les deux derniers, la détermination de la valeur résiduelle à l'issue de la période explicite (VAL_r), qui s'apparente à une rente de montant FD_{N2} perpétuelle.

Modèle explicite

Le schéma ci-dessous présente l'évolution, à travers le temps, de la valeur de l'entreprise, dans une modélisation à phases de croissance multiples sur la période explicite, c'est-à-dire avec une période explicite composée de deux périodes de croissance différentes et d'une valeur résiduelle en rente perpétuelle.

Calcul des flux de la période explicite

Deux périodes de croissance explicite

Une période de valeur résiduelle où l'entreprise ne crée pas de valeur. Elle présente deux caractéristisques : r = t
VOPC = 0.

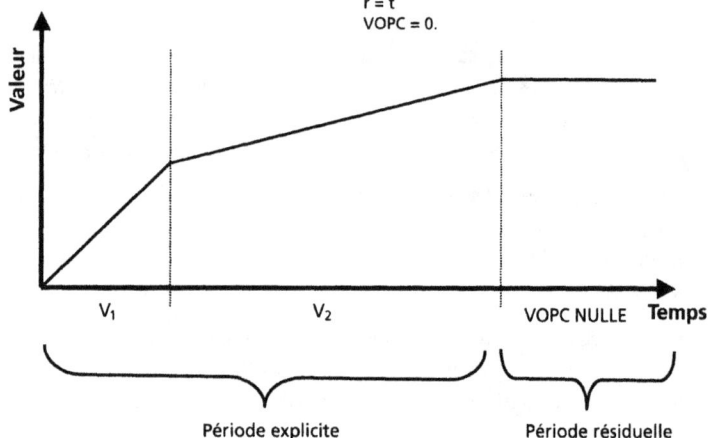

Figure 28 – Schéma des flux dans le modèle de la période explicite

HYPOTHÈSES	
Tx croissance CA	8 %
Tx d'actualisation	10 %
Marge d'Exploit.	17 %
Prix par action	250 €

Valeur des flux	1 030
Val. terminale	520
Valeur de l'entreprise	**1 550**
DFN 31/12/2002	300
Valeur des fonds propres	**1 250**

Figures 29 et 29' – Rappel des hypothèses et détermination de la valeur des fonds propres

La valeur résiduelle, obtenue à partir du flux de l'année 6 en rente perpétuelle, devient donc :

$\text{VAL}_r = 217 \times 0{,}239 / (10\ \%) = 520$

La valeur de l'entreprise est donc égale à :

VALp + VALr = 1030 + 520 = 1550

La *valeur nette du capital de la société* est de 1030 + 520 − 300 = **1250**, à comparer à la valeur calculée à 1563 dans la première simulation affichant une croissance perpétuelle de 4 %. La « perte de l'avantage concurrentiel » à l'issue des périodes explicites se traduit par une diminution de la valorisation de 1563 – 1250 = 313, soit une baisse de 20 %.

On remarquera par ailleurs que *le pourcentage de valeur explicite par rapport à la valeur totale est beaucoup plus important, ce qui produit des résultats plus fiables.*

3. Modèle « sans perpétuité »

Dans cette méthode, la vie future de l'entreprise est découpée en une ou plusieurs périodes explicites assorties de taux de croissance différenciés.

Cette méthode implique que *la société, à l'issue de ces périodes explicites, ne crée plus aucune valeur.*

La formule permettant de calculer une valorisation en fonction de l'« espérance de vie » de l'entreprise après la période explicite est une simple transformation mathématique de la formule d'actualisation classique et est donnée comme suit :

$$\text{VAL} = \sum_{i=1}^{N_1} \frac{FF_i}{(1+\text{CMPC})^i} + \left[\frac{1}{(1+\text{CMPC})^N} \right]$$

$$\left[\frac{FF_N(1+g)}{(\text{CMPC}-g)} \right] \left[1 - \left(\frac{1+g}{1+\text{CMPC}} \right)^P \right]$$

L'entreprise a pour espérance de vie N+P années, N années de période explicite, P années de valeur résiduelle.

À l'issue de ces N+P années, l'entreprise non seulement ne dégage plus de valeur, mais n'en a plus car ses flux futurs sont nuls.

Cette méthode ne s'applique pas à un certain nombre de secteurs où il est peu crédible de soutenir que les actifs ne puissent être vendus même à une échéance éloignée, ne serait-ce que dans l'optique d'un redéploiement différent.

Par contre, dans des secteurs à fort contenu d'actifs immatériels dits « démodables » ou dans le cas d'exploitations de ressources limitées comme par exemple une mine ou une usine nucléaire, une telle démarche pourra être retenue, tout en n'oubliant pas de déduire les coûts de fermeture.

La valeur de l'entreprise

Modèle appliqué à KTYP

Calcul des flux de la période explicite

Chiffres en M€

AFD KTYP	N	N+1	N+2	N+3	N+4	N+5	N+6	N+7	N+8	N+9	N+10	N+11	N+12	N+13	N+14	N+15
Chiffres d'affaires	900	972	1050	1134	1224	1322	1375	1430	1488	1547	1609	1673	1740	1810	1882	1957
Taux de croissance du CA		8%	8%	8%	8%	8%	4%	4%	4%	4%	4%	4%	4%	4%	4%	4%
Résultat d'exploitation	150	162	175	189	204	220	229	238	248	258	268	279	290	302	314	326
En % du CA	17%	17%	17%	17%	17%	17%	17%	17%	17%	17%	17%	17%	17%	17%	17%	17%
Impôt normatif	50	54	58	63	68	73	76	79	83	86	89	93	97	101	105	109
Rex net	100	108	117	126	136	147	153	159	165	172	179	186	193	201	209	217
Amortissements	100,0	108,0	116,6	126,0	136,0	146,9	152,8	158,9	165,3	171,9	178,8	185,9	193,4	201,1	209,1	217,5
MBA	200	216	233	252	272	294	306	318	331	344	358	372	387	402	418	435
Investissements	100,0	108,0	116,6	126,0	136,0	146,9	152,8	158,9	165,3	171,9	178,8	185,9	193,4	201,1	209,1	217,5
Variation BFR		16,0	17,3	18,7	20,2	21,8	11,8	12,2	12,7	13,2	13,7	14,3	14,9	15,5	16,1	16,7
MBA disponible	100	92	99	107	116	125	141	147	153	159	165	172	178	186	193	201
Facteur d'actualisation		0,909	0,826	0,751	0,683	0,621	0,564	0,513	0,467	0,424	0,386	0,350	0,319	0,290	0,263	0,239
Flux actualisés		84	82	81	79	78	80	75	71	67	64	60	57	54	51	48
Flux actualisés cumulés		84	166	246	325	403	483	558	629	697	760	820	877	931	982	1030

Figure 31 – Tableau des flux de la période explicite

Chiffres en M€

Modèle de la période explicite appliqué à KTYP

Le tableau de la figure 31 produit la séquence des flux de KTYP dans le modèle de la « période explicite ».

La somme des flux actualisés sur la période explicite est égale à **1030**, le taux de croissance sur la période explicite ressortant à 8 % par an pendant cinq ans puis à 4 % pendant dix ans et le taux de résultats d'exploitation à 17 % du CA.

Calcul de la valeur actualisée de la valeur résiduelle

Dans ce modèle, à l'issue de la période explicite, l'entreprise ne bénéficie plus de l'avantage concurrentiel qui lui permet de créer de la valeur. Sa rentabilité est dès lors égale à son coût du capital. La valeur résiduelle est calculée à partir du flux de la dernière année de la période explicite et actualisé au taux de rentabilité attendu par les actionnaires, à la manière de la rente perpétuelle.

Ce dernier flux est actualisé au taux de rendement de 10 %.

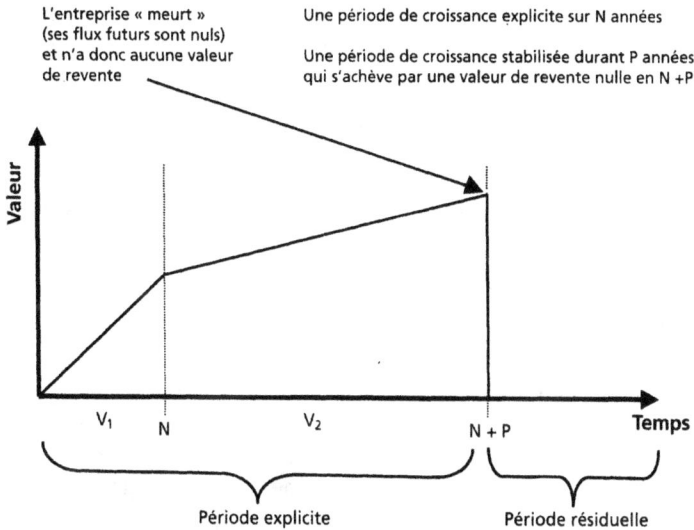

Figure 30 – Schéma des flux dans le modèle sans perpétuité

Modèle sans perpétuité

Le schéma de la figure 30 présente l'évolution, à travers le temps, de la valeur de l'entreprise, dans une modélisation à Phases de Croissance Multiples sans perpétuité, c'est-à-dire avec une période explicite composée de deux périodes de croissance différentes et d'une valeur résiduelle nulle.

Modèle de la période sans perpétuité appliqué à KTYP

La somme des flux actualisés sur la période explicite est égale à **1 030**, le taux de croissance sur la période explicite ressortant à 8 % par an pendant cinq ans puis à 4 % pendant dix ans et le taux de résultats d'exploitation à 17 % du CA.

Dans ce modèle, la valeur *résiduelle* devient donc nulle.

HYPOTHÈSES	
Tx croissance CA	8 %
Tx d'actualisation	10 %
Marge d'Exploit.	17 %
Prix par action	146 €

Valeur des flux	1 030
Val. terminale	0
Valeur de l'entreprise	**1 030**
DFN 31/12/2002	300
Valeur des fonds propres	**730**

Figures 32 et 32' – Rappel des hypothèses et détermination de la valeur des fonds propres

La valeur de l'entreprise est donc égale à :

VALp + VALr = 1030 + 0 = 1030

La *valeur nette du capital de la société* est de 1030 – 300 = 730.

Ainsi, la réduction de l'horizon des flux de l'entreprise a un impact important sur *le calcul de la valorisation,* réduisant la valeur de l'entreprise KTYP de 1863 (première simulation) à 1030, soit une réduction de 45 % de la valeur actuelle de l'entreprise.

En guise de brève conclusion sur *l'impact de la rentabilité financière et du taux de croissance sur la valeur*, le modèle de valorisation sur la période explicite implique qu'après cette période explicite de croissance deux phénomènes interviennent :

– la rentabilité financière r s'égalise au coût du capital t et l'entreprise n'a plus aucun intérêt à financer de la croissance ; il n'y a plus de création de valeur supplémentaire ;

– Il peut y avoir encore de la valeur mais l'entreprise ne crée plus de valeur supplémentaire.

À partir du moment où r = t, la valeur se stabilise comme celle d'une rente perpétuelle à BEN/t.

4. Rachat d'entreprise avec effet de levier et VA Ajustée (VAA)

a) Valeur actuelle ajustée (VAA)

L'évaluation par la méthode de l'actualisation des flux financiers au taux moyen pondéré du capital a le mérite d'être la plus connue et la plus populaire. Elle n'en demeure pas moins problématique :

– son utilisation suppose la détermination d'un taux d'endettement cible (le rapport D/VAL qui sert à calculer le CMPC) ;

– ce *taux d'endettement cible* est supposé maintenu constant au cours de la période d'actualisation, ce qui rend la méthode peu utilisable pour des projets portant sur des sociétés dont la structure financière est déséquilibrée et n'a pas vocation à se maintenir dans le temps (sociétés en difficulté ou ayant fait l'objet d'un LBO).

Une autre méthode existe, qui permet de s'affranchir de ces limites et d'évaluer une entreprise en deux étapes :

■ Dans un premier temps, l'entreprise est évaluée indépendamment de sa structure financière, en actualisant les Flux Disponibles à un taux égal au taux de rendement attendu par un actionnaire d'une entreprise de risque identique mais complètement désendettée (*i.e.* le taux d'actualisation est calculé en ajoutant au taux sans risque la prime de risque multipliée par le bêta désendetté, tsd = Rf + Bsd (Rm – Rf) (cf Partie 3, chapitre 3) ;

■ Dans un second temps, la valeur de l'économie d'impôt permise par la dette de la société est ajoutée à la valeur de l'entreprise. Ces économies d'impôt sont actualisées au taux sans risque. Au cours de cette étape, la structure financière réelle de la société peut être projetée, et les économies d'impôt permises par les charges d'intérêt de cette dette peuvent être évaluées précisément.

En effet, il est nécessaire de prendre en compte l'avantage lié aux paiements des intérêts de la dette. En actualisant la masse des intérêts de cette dette, il est désormais possible de s'abstraire du problème de la constance de la structure financière rencontré dans la méthode AFD.

La somme des deux éléments conduit à une valeur d'entreprise dont il faut ensuite déduire la dette pour obtenir la valeur des capitaux propres. Cette méthode d'évaluation, appelée APV (*Adjusted Present Value*) par les Anglo-Saxons et Valeur Actuelle Ajustée (VAA) dans la littérature francophone, trouve sa justification théorique dans l'application littérale du théorème de Modigliani-Miller :

$$VAL_e = VAL_{sd} + xD$$

qui exprime que la valeur d'une entreprise endettée est égale à la valeur d'une entreprise désendettée identique plus une quantité xD, représentant la valeur de la dette multipliée par le taux d'impôt, qui n'est autre que l'actualisation au taux sans risque Rf de l'économie d'impôt annuelle Rf.D qui est dégagée chaque année grâce à la dette.

Le tableau suivant retrace les calculs à mener pour obtenir la valeur actualisée de l'économie d'impôts dans le cadre d'un projet d'investissements d'une durée de cinq ans, dont le principal de la dette est de 100 000 euros et où l'intérêt de la dette et le facteur d'escompte sont égaux à 8 %, le taux d'imposition s'inscrivant à 33,33 %.

Modèle VAA

Année	Capital restant dû en début de période	Intérêt	Valeur de l'économie d'impôt	Valeur acualisée
1	100 000 €	8 000 €	2 667 €	2 469 €
2	80 000 €	6 400 €	2 133 €	1 829 €
3	60 000 €	4 800 €	1 600 €	1 270 €
4	40 000 €	3 200 €	1 067 €	784 €
5	20 000 €	1 600 €	533 €	363 €
			Total	6 715 €

Figure 33 – Tableau de calcul de la valeur de l'économie d'impôts dans le modèle VA

La mise en œuvre de cette approche donne un montant de la valeur incluant une économie d'impôt maximale qui doit être revisité à la lumière de :

– la capacité de l'entreprise à connaître cinq années de bénéfices ; en effet, cette économie d'impôts n'a de valeur que si l'entreprise est en mesure de payer un impôt, *i.e.* si elle est capable de dégager un bénéfice ;

– l'évolution du taux d'impôt sur les sociétés (IS).

b) Reprise d'entreprise avec effet de levier (LBO)

Le rachat d'entreprise avec effet de levier (ou Leveraged Buy Out) est une opération financière qui s'est considérablement développée en Europe au cours des années quatre-vingt-dix sous l'influence des expériences anglo-saxonnes.

Le financement de l'acquisition d'une entreprise, la « cible », sous forme de LBO se fait grâce à un fort recours à l'endettement. Cette dette est détenue par une société holding contrôlant la société cible.

La mission de la cible est de dégager un flux de trésorerie disponible suffisant pour que la holding puisse supporter les intérêts de la dette et l'amortissement du capital. À cette condition l'investissement dégagera une rentabilité des fonds propres (TRI) bien supérieure.

Exemple

Dans le cas où KTYP serait rachetée avec effet de levier (LBO), c'est-à-dire par une holding achetant les capitaux propres de KTYP avec un recours fort à l'endettement et sur la base d'une valorisation de KTYP de 1,4 milliard d'euros, le premier compte de résultat de l'ensemble serait consolidé, comme le montre la figure 34.

Chiffres en M€	KTYP	HOLDING	CONSOLIDE
Résultat avant frais financiers et impôts	150	100	150
– Frais financiers	0	48	48
– Impôts @ 33,33%	50	17	34
= Résultat net	100	35	68

Figure 34 – Compte de résultat consolidé dans le cadre de la reprise avec effet de levier

L'évaluation d'une telle structure ne peut être raisonnablement menée dans le respect de la méthode classique d'actualisation des flux disponibles. En effet, l'hypothèse de constance de la structure financière n'est pas tenable et le levier financier est voué à se réduire au fil des exercices.

Dès lors, il est courant de retenir la méthode de la valeur actuelle ajustée (VAA) ; laquelle, il faut le rappeler, s'articule en deux temps :

– évaluation de l'entreprise indépendamment de sa structure financière à l'aide du taux de rentabilité attendu désendetté ;

– ajustement de la valeur obtenue avec la valeur actuelle de l'économie d'impôts.

Évaluation de la cible dans un montage LBO

La première étape de cette méthode vise à déterminer la valeur de l'entreprise KTYP à l'aide d'un taux d'actualisation spécifique, le taux de rentabilité attendue désendetté. KTYP est ainsi considérée comme une entreprise entièrement financée par actions. Il est donc nécessaire de recalculer le taux de rentabilité attendue désendetté à l'aide de la formule suivante :

$$\text{CMPC} = t_{sd} - i \, (D \, / \, \text{Val}) \, x$$

où CMPC désigne le coût moyen pondéré du capital considéré après impôts

i, le coût de la dette avant impôts

D, la dette

VAL, la valeur d'entreprise

x, le taux d'imposition marginal

Dès lors, il est possible d'exprimer t_{sd} de la manière suivante :

$$t_{sd} = \text{CMPC} + i \, (D \, / \, \text{Val}) \, x$$

Appliquée à KTYP, cette transformation s'écrit :

$$t_{sd} = 10 \, \% + 8 \, \% \, (900 \, / \, 1400) \, 33{,}33 \, \% = 11{,}71 \, \%$$

Les flux attendus pour KTYP devront donc être actualisés à 11,71 %, comme suit.

Actualisation des flux ajustés de la cible

VAA KTYP	N0	N1	N2	N3	N4	N5	FLUX NORMALISE
Taux de croissance du CA	.	8%	8%	8%	8%	8%	4%
Chiffres d'affaires	900	972	1050	1134	1224	1322	1375
Taux de Marge	17%	17%	17%	17%	17%	17%	17%
Résultat d'exploitation	150	162	175	189	204	220	229
Impôt normatif	50	54	58	63	68	73	76
Résultat d'exploitation net	100	108	117	126	136	147	153
Amortissements	4,4	4,8	5,1	5,5	6,0	6,5	6,7
MBA	**104**	**113**	**122**	**132**	**142**	**153**	**160**
Investissements	4,4	4,8	5,1	5,5	6,0	6,5	6,7
Variation BFR		5,8	6,2	6,7	7,3	7,8	4,2
MBA disponible	**100**	**102**	**110**	**119**	**129**	**139**	**149**
Facteur d'actualisation		0,895	0,801	0,717	0,642	0,575	0,515
Flux actualisés		92	88	86	83	80	76
Flux actualisés cumulés		**92**	**180**	**266**	**348**	**428**	**505**

Figure 35 – Tableau des flux de la période explicite

Ajustement de la valeur par l'économie d'impôts

La deuxième étape consiste à *déterminer* la valeur de l'économie d'impôts. Elle commence par l'établissement de l'échéancier de l'emprunt. Pour KTYP, qui procède à une augmentation de sa dette de 600 millions d'euros, l'emprunt est amorti linéairement sur quinze ans. Le taux de l'emprunt contracté atteint 8 % et le taux d'imposition de 33,33 %.

Comme il a été précisé par ailleurs, cette économie d'impôts est suspendue à la capacité de l'entreprise de dégager un résultat avant impôts positif.

Or, la probabilité de survenance d'exercices déficitaires ne peut être exclue. Il apparaît donc difficile d'actualiser les montants d'économie d'impôts réalisés année après année au taux sans risque ou encore au taux de l'emprunt de KTYP.

Le taux de rentabilité attendue désendetté est privilégié : celui-ci représente en effet le risque sur les actifs de KTYP et est apte à donner une plus juste valeur de l'économie d'impôts.

Année	Capital restant dû en début de période	Intérêt	Valeur de l'économie d'impôt	Valeur Actualisée à 11.71%
1	600	48	16	14
2	560	45	15	12
3	520	42	14	10
4	480	38	13	8
5	440	35	12	7
6	400	32	11	5
7	360	29	10	4
8	320	26	8	3
9	280	22	7	3
10	240	19	6	2
11	200	16	5	2
12	160	13	4	1
13	120	10	3	1
14	80	6	2	0
15	40	3	1	0
			Total	73

Figure 36 – Tableau de calcul de la valeur de l'économie d'impôts dans le LBO KTYP

La valeur identifiée de l'économie d'impôts ressort à **73** millions d'euros.

La deuxième étape étant bouclée, il est possible de donner une valeur des fonds propres de la holding contrôlant KTYP.

Valeur des flux	428
Valeur terminale	992
Valeur de l'économie d'impôts	73
Valeur de l'entreprise	**1493**
Dette Financière Nette	900
Valeur des fonds propres	**593**

Figure 37 – Tableau de calcul de la valeur des fonds propres
de la holding contrôlant KTYP

Commentaires et conclusion

La valeur des fonds propres de la société holding détenant KTYP est donc estimée à 593 millions d'euros. La différence notable de valeur estimée des fonds propres est à rechercher dans la *plus grande prise de risque liée à ce type d'opération financière*. En effet, l'effet de levier peut se transformer rapidement en effet de ciseaux si la structure opérationnelle, KTYP, n'est pas en mesure de permettre à la holding de rembourser l'emprunt, c'est-à-dire *capable de verser des dividendes*.

Cependant, le lecteur averti pourra se demander pourquoi le LBO, qui semble réduire la valeur des fonds propres, est une opération financière si souvent utilisée dans la transmission d'entreprises.

Les raisons sont certainement à trouver dans ce qu'il est convenu d'appeler la « gouvernance d'entreprise ». Cette dernière est à l'origine la branche de la science économique et financière qui s'intéresse à la façon dont les parties prenantes contrôlent le retour sur leur investissement.

Dans la plupart des cas, le LBO s'accompagne d'une grande implication de la direction dans la mise de fonds initiale de la holding, ce que les Anglo-Saxons appellent le *Leverage Management Buy Out* (LMBO). Cette implication les responsabilise considérablement car de leurs actions dépend également leur patrimoine personnel. Motivés par cette incitation, les dirigeants seraient beaucoup plus enclins à conduire leurs efforts dans le sens de la création de valeur.

Sous le double effet de la diminution du levier financier par remboursement de la dette contractée et de la gestion efficiente de l'entreprise, la valeur des fonds propres ne devrait que s'élever. Cependant, le rachat d'entreprise avec effet de levier est une opération plus risquée sur le plan financier. Le bilan met en évidence les deux grandes sources de risque de l'entreprise : le risque économique et le risque financier, comme décrit dans le tableau de la figure 38.

ACTIFS DU BILAN = RISQUE ÉCONOMIQUE RISQUE SUR LES ACTIFS (Risques politiques, macroéconomiques, produits, ...)	PASSIFS DU BILAN = RISQUE FINANCIER L'IMPORTANCE DE LA DETTE (Cessation de paiement)

Figure 38 – Les deux grandes sources de risque : le risque économique et le risque financier

Une opération de rachat d'entreprise avec effet de levier n'est donc viable que lorsque le risque économique est contenu, lorsque l'entreprise est en mesure d'absorber un aléa raisonnable, c'est-à-dire une baisse passagère des flux financiers disponibles.

Malgré ses limites, la VAA doit être utilisée à la place de l'AFD quand la dette est élevée, car cette dernière rend le coût moyen pondéré du capital inutilisable.

CHAPITRE 5

Théorie des options, options réelles et valorisation

La diffusion récente de l'application de la théorie des options à la gestion financière et à l'évaluation mérite d'y consacrer quelques développements.

La méthode de l'AFD suppose, de façon implicite, que l'entreprise gère ses actifs réels de façon passive, d'où le recours, pour leur évaluation, aux techniques utilisées par l'investisseur qui évalue ses actifs financiers tels que les actions ou les obligations. Ce dernier n'a pas le pouvoir de faire varier les flux qu'il retire de son investissement. Mais l'entreprise contrôle ses flux et peut disposer d'une marge de manœuvre dans la gestion de ses actifs.

La méthode de l'AFD ignore totalement la flexibilité que sont susceptibles d'offrir les projets d'investissements de l'entreprise.

Par contre, d'autres actifs financiers comme des options ou des obligations convertibles offrent à l'investisseur un droit de prendre une décision individuelle affectant son gain monétaire. De même, l'entreprise bénéficie, dans la plupart de ses projets, d'un droit à la flexibilité sur son investissement et sa production future.

La direction d'une entreprise, dès lors qu'elle a la possibilité de modifier les caractéristiques du projet d'investissements (ex post) et ainsi de tirer avantage d'opportunités de gains ou de limitations de pertes, peut augmenter la valeur de ces actifs. Disposant de cette capacité de réaction à l'arrivée de flux d'informations, *elle accroît la flexibilité du projet et par conséquent la valeur du projet.*

Cette faculté qu'offre le projet au dirigeant de tirer avantage d'opportunités de gains et de limitations des pertes est ce que l'on pourrait appeler une option. En effet, la caractéristique d'une option est d'offrir un profil de gain asymétrique.

La valeur de ce droit ne peut en général pas être déterminée par les méthodes traditionnelles de l'évaluation. Cependant, il est possible de rapprocher ce profil de gain asymétrique du profil de gain d'une option financière et de donner une bonne approximation de la valeur générée grâce à des outils révolutionnaires et particulièrement sophistiqués apparus dans les années soixante-dix permettant de conférer un prix à des options financières.

Le mécanisme qui sous-tend cette démarche est le suivant : il est possible, en combinant *les deux outils plus complémentaires qu'antagonistes que sont l'actualisation des flux disponibles et la valorisation des options réelles*, de déterminer une valeur encore plus précise d'un projet d'investissements.

Il s'agira, dans un premier temps, de calculer la valeur actuelle nette du projet sans flexibilité puis d'y greffer la valeur actuelle nette de cette flexibilité.

Pour utiliser ces techniques « au quotidien » et dans le cadre de la gestion financière, il n'est pas nécessaire de faire appel à des techniques mathématiques complexes. L'important est de comprendre le fondement et les conditions nécessaires à l'utilisation de cette méthode[1].

1. Fondamentaux de la théorie des options

Deux grandes formes d'options existent et sont traitées sur les marchés financiers internationaux depuis bientôt trente ans :

- les options dites « européennes », exerçables à la maturité ;
- les options dites « américaines », exerçables jusqu'à la maturité.

Au sein de cette large segmentation, on distingue les options d'achat des options de vente :

- une *option d'achat* (ou *call*) est un produit dérivé conférant le droit à son porteur et non l'obligation d'acheter une certaine quantité de l'actif sous-jacent à un prix fixé, appelé prix d'exercice ;
- une *option de vente* (ou *put*) est un produit dérivé conférant le droit à son porteur et non l'obligation de vendre une certaine quantité de l'actif sous-jacent au prix d'exercice.

---

1. Pour approfondir la théorie mathématique des options, se référer à l'ouvrage de John C. Hull : *Options, Futures & Other Derivatives*, Prentice Hall, Englewood Cliffs, New Jersey, 2002, 5e édition.

Les différents paramètres déterminant la valeur d'une option sont :
- la valeur actuelle du sous-jacent : son prix ;
- la volatilité du sous-jacent ;
- le niveau des dividendes payés au titre du sous-jacent ;
- le prix d'exercice ;
- la durée de vie de l'option et la durée restant avant l'expiration de l'option ;
- le taux d'intérêt sur un placement ou un emprunt sans risque prévalant sur la durée de vie de l'option.

Il est possible de représenter le revenu d'une position en options, qu'elles soient européennes ou américaines, en fonction de l'évolution de la valeur du sous-jacent S_t de la façon suivante :

Pour l'option d'achat ou *call* :

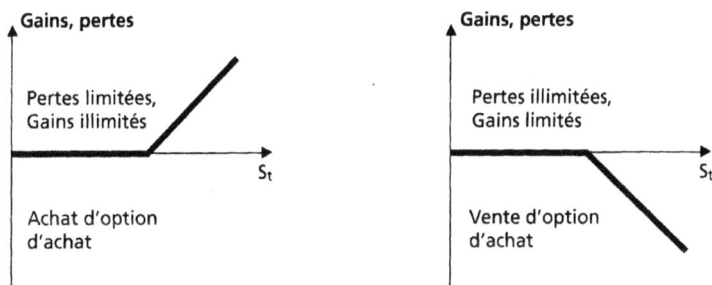

Figure 39 – Revenu d'un call en fonction de l'évolution du sous-jacent

Pour l'option de vente ou *put* :

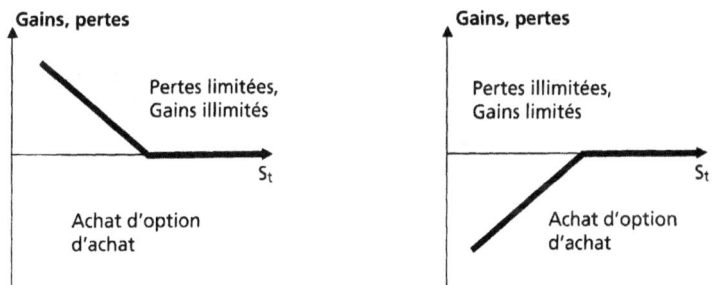

Figure 40 – Revenu d'un put en fonction de l'évolution du sous-jacent

Il faut remarquer, de ces illustrations, que la position acheteuse d'options est toujours une position où la perte est limitée et le gain, potentiellement illimité. L'investisseur connaît exactement, lorsqu'il achète des options, le montant de capitaux qu'il risque.

De manière symétrique, la position vendeuse d'options est une position où le gain est limité et la perte, potentiellement illimitée. Dès lors, l'investisseur prenant une telle position ne sait pas, s'il ne constitue pas une couverture, quel montant maximal il est susceptible de perdre.

2. Évaluation des options

Deux méthodes principales d'évaluation des options existent : la méthode *binomiale* et celle de *Black-Scholes-Merton*. Toutes deux possèdent de multiples versions et raffinements. Pour plus de simplicité, seules les versions originelles seront retenues.

Le modèle binomial, bien que postérieur au modèle de Black-Scholes-Merton, est présenté dans un premier temps du fait de son caractère plus intuitif.

Description sommaire du modèle binomial

Cette théorie a été développée par Cox, Ross & Rubinstein, en 1979[1]. Elle est basée sur une hypothèse simple d'évolution du prix de l'actif sous-jacent. À quelque moment que ce soit, le prix de l'actif peut soit monter, soit baisser, selon le schéma de la figure 41.

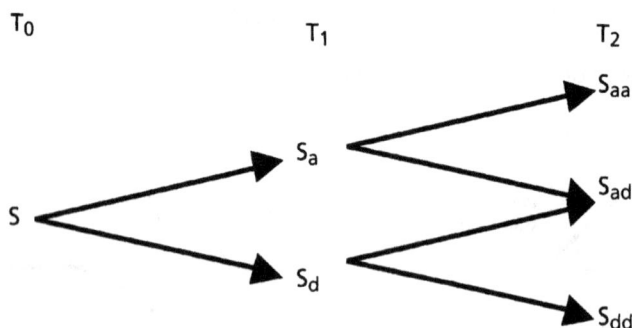

Figure 41 – Arbre d'évolution du prix de l'actif sous-jacent dans le modèle binomial

1. Voir J. Cox, S. Ross et M. Rubinstein : « Option Pricing : A Simplified Approach », *Journal of Financial Economics*, 1979.

Dans le schéma de la figure 41, la probabilité que le prix de l'actif augmente en Sa est de p, et donc celle qu'il diminue en Sd de $(1 - p)$.

Le principe général de *formulation du prix de l'option*, dans le cadre de cette théorie, repose sur la possibilité, pour tout investisseur, de répliquer les flux nés de la détention de l'option grâce à la construction d'un portefeuille combinant l'actif sous-jacent et l'actif sans risque. Dans ce modèle, l'hypothèse de base utilisée est l'existence d'un portefeuille de réplication de l'option considérée.

La deuxième grande hypothèse, le principe d'absence d'opportunité d'arbitrage (AOA), régit l'évolution du prix de l'option, la prime, en fonction de l'évolution du sous-jacent et permet de conclure à une équivalence de prix entre le produit optionnel existant et le portefeuille de réplication.

Ainsi pour l'option d'achat de l'exemple décrit ci-dessus, l'option ayant un prix d'exercice K impliquera un emprunt de B et l'acquisition de Δ actifs sous-jacents où :

Δ = Quantité d'unité d'actif sous-jacent acheté

$= (C_a - C_d) / (S_a - S_d)$

où C_a est la valeur de l'option d'achat si le prix de l'actif (action dans notre cas) est de S_a

et C_d, la valeur de l'option d'achat si le prix de l'actif est de S_d

Dans un processus binomial à plusieurs périodes, l'évaluation doit être effectuée de manière itérative, c'est-à-dire en allant de la dernière période et en remontant le temps jusqu'au présent. Les portefeuilles reproduisant l'option sont créés à chaque étape et évalués, donnant ainsi une valeur à l'option pour chaque instant.

Le résultat final de l'évaluation par la méthode binomiale est l'explicitation de la valeur de l'option en termes de portefeuille équivalent, composé de Δ actifs (appelé le delta de l'option) et de l'importance de prêt ou d'emprunt sans risque.

Valeur de l'option d'achat = valeur actuelle de l'actif sous-jacent x delta de l'option – l'emprunt nécessaire pour répliquer l'option.

Le modèle binomial est un modèle qui utilise des valeurs discrètes pour le prix de l'action et les unités de temps. Il utilise la loi de répartition statistique de Poisson qui autorise la discontinuité dans le prix.

Description sommaire de la méthode de Black-Scholes-Merton.

Le modèle de Black-Scholes-Merton[1] s'appuie sur une évolution continue du cours du sous-jacent, ce qui induit une plus grande complexité mathématique.

L'évolution du cours du sous-jacent suit une loi LogNormale. Une variable suit une loi LogNormale dès lors que le logarithme de cette variable est distribué normalement. Il est donc possible de caractériser entièrement cette distribution à partir de ses *deux premiers moments : son espérance et sa variance.*

Un avantage important du modèle de Black-Scholes-Merton sur le modèle binomial est de nécessiter peu de données et de calculs ; en revanche, ce n'est qu'un cas particulier du modèle binomial qui ne permet pas de rupture dans la fixation du prix du sous-jacent.

Dans ce modèle, les hypothèses retenues permettent en effet d'obtenir une formule fermée plus opérationnelle.

Il ne s'applique dans sa version originelle qu'à des options portant sur des actifs ne distribuant pas de revenus sur la durée de vie de l'option et dites européennes, *i.e.* dont l'exercice ne peut se faire qu'à la maturité de l'option et non jusqu'à la maturité de l'option (cas des options américaines).

La valeur d'une option d'achat européenne selon le modèle de Black-Scholes-Merton est fonction des variables suivantes :

S, valeur actuelle de l'actif sous-jacent,

K, prix d'exercice de l'option,

T, temps restant avant l'expiration de l'option,

r, taux d'intérêt d'emprunt ou de prêt sans risque correspondant à la vie d'une option,

σ^2, variance de ln(valeur de l'actif sous-jacent),

N(x), fonction de distribution normale de la variable x.

Le modèle peut être formulé sous une équation fermée prenant la forme suivante – valeur de l'option d'achat, notée c :

$$c = S \times N(d_1) - K \times e^{-rt} \times N(d_2)$$

---

1. Voir F. Black et M. Scholes : « The Pricing of Options and Corporate Liabilities », *Journal of Political Economy*, 1973, and R. C. Merton : « Theory of Rational Option Pricing », *Bell Journal of Economics and Management Science*, 1973.

où, pour reproduire le portefeuille équivalent, il faut acheter pour une valeur de $S \times N(d_1)$ d'actif sous-jacent ($N(D_1)$ est le delta de l'option) et emprunter $K \times e^{-rt} N(d_2)$, et où

$$
\begin{cases}
d_1 = \dfrac{\ln\left(\dfrac{S}{K}\right) + \left(r + \dfrac{\sigma^2}{2}\right) \times t}{\sigma\sqrt{t}} \\
d_2 = d_1 - \sigma \times \sqrt{t}
\end{cases}
$$

valeur de l'option de vente, notée p :

$$
p = K \times e^{-rt} \times N(-d_2) S \times N(-d_1)
$$

avec les mêmes valeurs de d_1 et d_2

L'évaluation d'une option est ensuite menée en quatre étapes :

– utiliser les données pour calculer d_1 et d_2 ;
– estimer les fonctions de distribution de la loi Normale $N(d_1)$ et $N(d_2)$;
– estimer la valeur actuelle du prix d'exercice en utilisant la formule suivante : valeur actuelle du prix d'exercice = $K \times e^{-rt}$;
– estimer la valeur de l'option d'achat avec la formule de Black-Scholes-Merton.

Ce modèle se fonde sur une évolution continue du prix de l'actif sous-jacent. La modélisation de celle-ci s'appuie sur la loi de répartition LogNormale.

À la suite de la découverte de cette formule du prix de l'option d'achat « européenne » sur un sous-jacent de type action ne versant pas de flux intermédiaire, plusieurs développements se sont succédés permettant d'éliminer certaines hypothèses restrictives telles que la rétention des bénéfices sur la durée de vie de l'option, l'absence d'imposition des sociétés, la constance des taux d'intérêt sur la durée de vie de l'option.

3. Application à l'évaluation

Face à l'incapacité des méthodes traditionnelles de l'évaluation d'identifier et de valoriser la flexibilité contenue dans certains projets d'investissements, certains auteurs ont mis en relation les modèles établis pour les options financières et le cadre industriel pour tenter de combler ce déficit.

Ainsi, et contrairement à la modélisation initiale, les options considérées dans la gestion financière et l'évaluation portent sur un sous-jacent « réel », prenant la forme d'un actif physique et non financier.

Type d'option	Commentaires
Option de sur-allocation Si le projet d'investissement immédiat est un succès.	Il peut être parfois d'un grand intérêt stratégique pour l'entreprise de se positionner sur un marché par la création d'un produit ou d'une marque spécifique. Cet investissement, même s'il doit afficher une VAN négative, peut, à plus long terme, offrir des perspectives intéressantes de création de valeur. Par exemple, l'investissement dans la construction de PC au début des années 1980 a permis à plusieurs entreprises de se positionner sur ce marché et d'y gagner une certaine notoriété.
Option d'abandon de projet	Dans le cas d'une évolution défavorable de la demande du produit, il peut être envisageable de mettre un terme prématuré au projet. Dans une telle situation, la possibilité de revente du matériel de production doit alors être pris en compte dans le calcul de la VAN du projet.
Option « Attendre & Voir » (ou « Wait & See ») Voir graphique	Dans un monde d'incertitudes, il peut être difficile d'y voir clair et l'information est un élément essentiel de la réussite.Si l'investissement peut être différé pour attendre l'arrivée d'informations clefs permettant de prendre une décision plus sûre, l'option peut être valorisée, même si la VAN du projet est négative.
Option d'adaptation du volume de production ou des méthodes	Elle doit mesurer la valeur de la flexibilité de la production. L'ajustement exact de la production au niveau de la demande est un facteur valorisable. En effet, pour deux machines permettant de produire une quantité donnée au même coût, on privilégiera celle qui offre la flexibilité la plus grande.Donner une valeur à l'Option Réelle nous permettra de donner une mesure objective de cette préférence.

Figure 42 – Quatre types d'options réelles sont couramment identifiées

On peut noter, dans le Tableau ci-dessus, quatre grands types d'options réelles couramment identifiées dans des projets d'investissements : option de sur-allocation si le projet d'investissements immédiat est un succès, option d'abandon de projet, option « Attendre & Voir » (ou *Wait & See*), option d'adaptation du volume de production ou des méthodes (cf. figure 42).

La valeur de l'option « Attendre & Voir » ou d'opportunité d'investissement différé peut être schématisée de la même façon qu'est représentée l'évolution de la valeur d'une option financière en fonction du cours du sous-jacent. On distingue en effet au travers de cette dernière sa valeur intrinsèque et sa valeur temps.

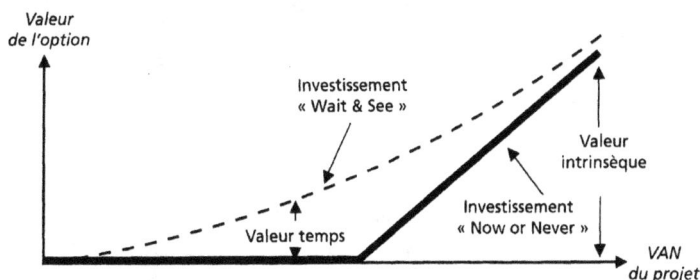

Figure 43 – Schéma de la valeur de l'option « Attendre & Voir »
en fonction de la VAN du projet

Dans le cadre des options réelles, l'investissement « Maintenant ou jamais » (*Now or Never*) n'offre pas de valeur temps, n'offre pas de valeur spéculative (courbe noire), contrairement à un investissement de type *Wait & See* qui offre une valeur temps en plus de la valeur intrinsèque (courbe en tirets).

Exemple d'utilisation de la méthode binomiale avec la société Kbizar

Agissant dans le secteur pétrolier, cette société d'exploration a pour activité l'exploitation de plusieurs champs. Chaque gisement peut être considéré comme suit.

La société achète un droit d'exploration pour deux ans, et au bout de deux ans peut soit acheter les droits d'exploitation et en tirer les bénéfices, soit ne pas acheter les droits d'exploitation, si elle considère le gisement du terrain non rentable comparé aux investissements à faire et aux coûts d'exploitation.

En utilisant la méthode de l'AFD, on rencontre un problème majeur, celui de sous-estimer les possibilités de développement de la société en multipliant les flux disponibles estimés s'il y a découverte et exploitation, par la probabilité de mise en exploitation.

En y incorporant une méthode d'évaluation des options, on peut alors estimer plus justement cette société. Dans l'exemple, le modèle binomial doit être retenu puisque la valeur de l'actif sousjacent (ici, celle des droits d'exploitation) suit un processus discret.

Détermination du type d'option considéré

Deux étapes de prospection ont lieu. Chacune dure un an et, au bout de chaque période, on peut déterminer la valeur du champ pétrolier. Le droit d'achat du terrain est possible au bout de deux ans. Avant toute prospection, le terrain, situé dans un lieu réputé riche en gisement de pétrole, peut être évalué à 20 M€ au bout d'un an de prospection, deux cas se présentent : le terrain vaut soit 30 M€ (possibilités de gisement fortes), soit il vaut 15 M€ (possibilités de gisement faibles). Au bout de la deuxième année de prospection, on détermine avec certitude la valeur du terrain : 40 M€ si le gisement est excellent, 20 M€, s'il est acceptable et 10 M€, s'il est médiocre.

D'autre part, le taux d'intérêt sans risque prévalant sur la maturité d'un an pour un emprunt ou un prêt est de 5 %.

Les cas possibles sont décrits dans la figure 44.

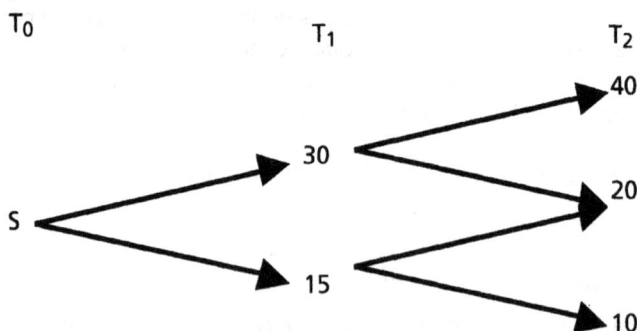

Figure 44 – Arbre d'évolution de la valeur du projet

Ce projet peut donc être considéré comme une option d'achat dont le cours du sous-jacent est actuellement de 20, le prix d'exercice K de 20 M€ (on n'achètera pas les droits d'exploitation si la valeur estimée du gisement est inférieure ou égale à ce niveau car cela ne serait pas rentable pour Kabizar).

■ Étape 1

Nous commençons à rebours, ainsi qu'expliqué dans la description de la méthode binomiale.

Pour les branches supérieures de l'arbre de décision nous avons :

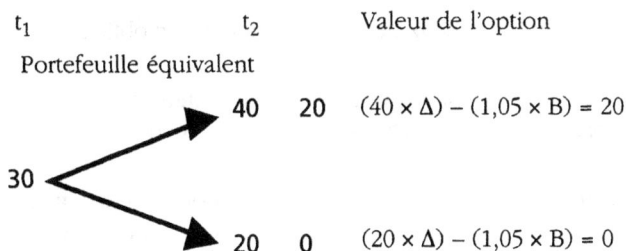

t_1 t_2 Valeur de l'option

Portefeuille équivalent

40   20 $(40 \times \Delta) - (1,05 \times B) = 20$

30

20   0 $(20 \times \Delta) - (1,05 \times B) = 0$

En résolvant les deux équations obtenues on trouve :

$\Delta = 1$ et $B = 19$. Le portefeuille équivalent est donc d'acheter un droit d'exploitation à 30 M€ et d'emprunter 19 M€. La valeur de l'option est égale à celle du portefeuille équivalent. L'option a donc une valeur de 30 – 19 = 11 M€.

De même, pour les branches inférieures, on trouve :

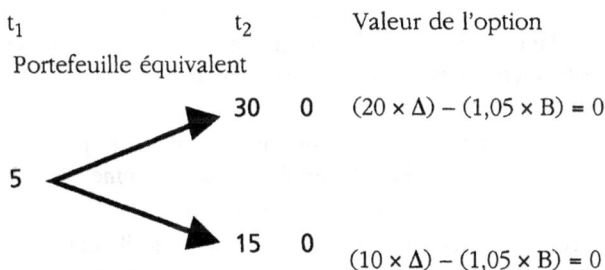

t_1 t_2 Valeur de l'option

Portefeuille équivalent

30   0 $(20 \times \Delta) - (1,05 \times B) = 0$

5

15   0 $(10 \times \Delta) - (1,05 \times B) = 0$

Ainsi, la valeur de l'option est nulle.

■ Étape 2

En considérant la période de temps précédente, on obtient :

| t_0 | | t_1 | | Valeur de l'option déterminée Étape 1 |

Portefeuille équivalent

30   0 $(30 \times \Delta) - (1,05 \times B) = 11$

5

15   0 $(15 \times \Delta) - (1,05 \times B) = 0$

En résolvant les deux dernières équations, on obtient $\Delta = 11/15$ et $B = 10,5$.

En des termes plus explicites, un portefeuille équivalent serait constitué de $11/15^e$ de droit d'exploitation et d'un emprunt de 10,5 M€. Ainsi :

Valeur de l'option d'achat = Valeur du portefeuille équivalent

= 11 / 15 × valeur actuelle du droit d'exploitation – 10,5

= 11 / 15 × 20 – 10,5 = 4,2 M€

Ainsi, si Kabizar dépense × M€ (actualisés) pour mener à bien les deux ans d'exploration, la valeur du projet sera de (4,2 – x) M€.

Exemple d'utilisation du modèle B-S-M avec la société Kbizar

La formule de Black-Scholes-Merton peut être considérée comme la limite du modèle binomial à mesure que le nombre de périodes tend vers l'infini.

Imaginons le cas d'un constructeur automobile faisant face au projet de lancement d'un nouveau modèle, un véhicule de niche nécessitant un investissement moins élevé que le lancement d'un véhicule de grande série.

La direction financière a estimé que la valeur du projet, estimée par la méthode de l'AFD, représente une somme d'environ 150 millions d'euros (au coût du capital de 14 %).

Cependant, il est identifié qu'en cas d'échec il sera possible au constructeur de mettre fin prématurément au projet et de vendre l'ensemble des actifs physiques ainsi que les nombreux brevets déposés pour ce modèle à un constructeur automobile asiatique, et ceci pour une valeur nette de 120 millions d'euros.

Cette option d'abandon de projet s'apparente tout à fait à la détention d'une option de vente (un « put ») dont le sous-jacent vaut aujourd'hui 150 millions d'euros, avec un prix d'exercice de 120 millions d'euros et dont la volatilité peut être estimée à 40 %, compte tenu du passé, des perspectives économiques et des études de marché.

Le constructeur asiatique indique qu'il est prêt à vous racheter vos actifs à l'horizon d'un an.

De plus, grâce à la solidité financière et au rating AAA de la société, il lui est possible de prêter et d'emprunter au taux sans risque, que l'on suppose de 5 % pour la maturité d'un an en question.

Avec ces données, il vous est possible de calculer la valeur du droit que vous détenez (cf. figure 45).

DÉTERMINATION DU PRIX DE L'OPTION DE VENTE	
S = Valeur actuelle de l'actif sous-jacent, en M€	150
K = Prix d'exercice de l'option, en M€	120
R = taux d'intérêt, en %	5%
σ = écart-type de ln(valeur de l'actif sous-jacent), en %	40%
T = temps restant avant l'expiration de l'option, en fraction d'années	1
– d1	-0,882
– d2	-0,482
N(– d1)	0,188
N(– d2)	0,314
S * N(– d1), en M€	28,298
K * e-rt * N(– d2), en M€	35,910
Valeur de l'option de vente p = – S * N(–d1) + K * e – rt * N(– d2) en M€	7,612

Figure 45 – Tableau de calcul de la valeur de l'option de vente

La valeur identifiée grâce à la formule de Black-Scholes-Merton est donc d'un peu plus de 7,5 millions d'euros qu'il faut rajouter à la valeur identifiée dans un premier temps par la direction financière, de 150 millions d'euros, pour atteindre une valeur totale du projet de 157,5 millions d'euros.

Analyse critique de l'outil dans le contexte de l'évaluation

Quelques écueils importants apparaissent toutefois lors de l'utilisation des modèles d'évaluation des options lorsque le sous-jacent n'est pas une valeur mobilière, mais un actif réel.

■ Le sous-jacent n'est pas coté

Les modèles décrits ci-dessus ont pour hypothèse de départ qu'un portefeuille équivalent à la possession d'une option peut être constitué à partir du sous-jacent et d'un prêt ou d'un emprunt sans risque. Bien que parfaitement justifiée dans le cas où le sous-jacent est coté, cette hypothèse n'étant que rarement vérifiée pour des actifs réels, l'évaluation d'options ayant pour sous-jacent des actifs réels doit être considérée avec prudence.

■ Le prix du sous-jacent suit un processus continu

C'est-à-dire qu'il n'y a pas de rupture dans la succession des valeurs qui peuvent être attribuées au cours du temps au sous-jacent. De même que, dans le premier écueil mentionné, cette hypothèse est acceptable lorsque le sous-jacent est coté. En revanche, si l'actif est réel et non coté et si $S < K$ (option « out of the money ») pour un actif réel ou non coté, la valeur de l'option risque d'être sous-estimée. Une solution est alors d'adapter la variance du prix du sous-jacent. L'augmenter si l'on est « out-of-the-money » et la diminuer lorsqu'on est « in-the-money ». Mais ces ajustements difficiles à faire précisément sont arbitraires.

■ La volatilité du sous-jacent est connue et fixe pour la durée de vie de l'option

Cette hypothèse, valable lorsque la durée de vie de l'option est de trois ou six mois, est difficilement vérifiable quand l'option est à plus long terme. Des variantes de modèles d'évaluation d'option existent qui prennent en compte une évolution aléatoire de la variance, cependant leur niveau de complexité les rend très difficilement applicables dans le cadre de la gestion financière.

■ L'exercice de l'option est instantané

Contrairement à un règlement sur un marché de capitaux, ceci n'est évidemment pas le cas à un niveau industriel, comme lorsqu'il s'agit de développer une technologie ou de construire un pipeline ou une plate-forme pétrolière.

Conclusion

L'évaluation des options implicites contenues dans les projets d'investissements semble aisée à première vue. *Mais il ne faut pas oublier que beaucoup de simplifications ont été opérées dans ce chapitre.*

En effet, l'application des formules mathématiques découvertes dans les années soixante-dix pour les options financières à des projets d'investissements reste délicate. Les hypothèses nécessaires aux simplifications mathématiques ne sont en général pas remplies par les projets d'investissements.

La première difficulté rencontrée se situe dans la cotation du prix de l'actif sous-jacent, que ce soit de façon discrète ou continue. Il est en général pas coté. Il faut bien comprendre que ceci empêche la constitution du portefeuille de réplication et donc la formulation d'un prix unique pour l'option.

De plus, des conditions telles que *l'absence d'opportunité d'arbitrage* constituent également un écueil important sur la justesse mathématique.

Les formules ne sont en effet pas tout à fait exactes pour les cas où ce qu'il a été convenu d'appeler l'actif sous-jacent par référence aux options financières n'est pas traité sur un marché parfaitement liquide. Ainsi il n'existe bien évidemment pas de marchés d'échange de l'usine de fabrication de voitures et le portefeuille de réplication est impossible.

Les formules de base qui ont été exposées apparaissent beaucoup plus valides dans le cas d'un projet portant sur un *actif traité sur des marchés*, tel que l'exploration d'une mine aurifère, d'aluminium et des métaux couramment traités ainsi que des denrées agricoles.

L'application à la gestion financière et à l'évaluation de la théorie des options reste néanmoins pertinente lorsqu'elle permet de mettre en exergue la valeur de la flexibilité du projet.

Mais il faut prendre garde. L'entreprise peut être, tout comme sur les marchés d'options, en position d'acheteuse ou de vendeuse d'options. Les exemples cités dans ce chapitre ont abordé en priorité la question de la détention d'options de vente ou d'achat.

Il faut toutefois remarquer que, si le constructeur automobile détient une option de vente sur son projet d'investissements, c'est parce que le constructeur asiatique est vendeur de cette option et que la valeur de son projet est elle-même diminuée du montant calculé pour la valeur de l'option.

Ainsi, l'entreprise devrait être en position de détention d'options réelles, que ce soit d'options de vente ou d'options d'achat. Trop d'entreprises subissent aujourd'hui le contrecoup des garanties qu'elles ont accordées à l'occasion de leurs transactions financières.

Ces entreprises se retrouvent finalement vendeuses d'options et encourent un risque faramineux. On peut citer par exemple les cours d'actions garantis, les clauses de rachat d'actions obligatoire dans les participations croisées et beaucoup d'autres. Or, les positions vendeuses d'options sont des positions où le gain est limité et la perte, potentiellement illimitée. Le risque est donc grand pour l'entreprise émettrice qui ne se serait pas couverte de voir sa valeur fondre.

Même si l'application des formules n'est pas tout à fait exacte, le recours à la théorie des options réelles permet d'appréhender de manière plus précise les éléments constitutifs de la valeur intrinsèque des actifs de l'entreprise et de mettre en relation stratégie et valeur.

En conclusion de la Partie 4 sur l'évaluation, deux principales méthodes de valorisation se dégagent :

– la méthode couramment pratiquée parce que d'un usage très simple, celle du *multiplicateur de résultats* ou d'autres indicateurs ; elle présente l'avantage de paraître assez objective puisqu'elle est dérivée des valeurs boursières, mais elle n'est fiable que si l'évaluateur a bien analysé les composantes de la valeur à laquelle il arrive et en particulier les éléments déterminant les valeurs boursières de référence auxquelles il a recouru ;

– la méthode de l'*actualisation des flux disponibles*, plus riche et plus flexible car elle permet à l'évaluateur d'intégrer à peu près n'importe quelle caractéristique économique ou financière à son étude à condition qu'elle ait fait l'objet de prévisions sérieuses ; la principale limite tant théorique que pratique de cette méthode reste la difficulté à déterminer de manière précise le niveau du taux d'actualisation à utiliser dans chaque cas précis.

Cette dernière méthode a, le lecteur l'aura compris, notre préférence tant elle est au cœur des principes dont nous souhaitons élargir l'usage, tant elle est flexible, riche de multiples possibilités et tant elle peut inciter à la rigueur. C'est en particulier par son biais que l'on peut espérer voir se propager le souci de piloter la valeur de l'entreprise. Ceci dit, puisqu'il s'agit de transposer une théorie qui s'est développée aux États-Unis et une pratique qui, même si elle est plus avancée qu'en Europe, est somme toute loin d'y être généralisée, il convient de souligner les différences d'environnement. Il y a, outre-Atlantique, beaucoup plus d'informations disponibles sur une population d'entreprises cotées, donc suivies, beaucoup plus large : études empiriques sur plus de cinquante ans de valeurs boursières, multiples bases de données relatives tant aux résultats qu'aux taux de rendement attendus, etc. En Europe, en une ou deux décennies, l'information alors quasi inexistante s'est grandement améliorée, la pratique nourrissant la pratique, et l'unification de l'espace européen accélérera progressivement le processus d'enrichissement du patrimoine d'informations existant.

Au-delà des deux familles de méthodes prévalant, nous avons vu, au début de l'ouvrage, que la méthode de l'*actif net réévalué* doit plutôt être utilisée comme méthode de *validation des valorisations obtenues par les autres méthodes*. Sa richesse provient des explications des différences de valeurs constatées. Il est toutefois vrai que, dans un contexte d'*inflation réduite* et de conjoncture économique ralentie, cette approche regagne de l'intérêt ; ceci est d'autant plus vrai que les sociétés ont momentanément tendance à dégager de *faibles résultats* par rapport à la normale, voire à générer des pertes. D'un autre côté, dans un environnement économique où le *changement s'accélère* et où la *production de services et d'actifs immatériels* augmente, il peut être dangereux de se limiter à raisonner sur les actifs sans se préoccuper de leur *rentabilité attendue et donc de leur contribution à la création de valeur.*

Les années quatre-vingt ont été caractérisées par une forte croissance, une hyperactivité financière et une course à la concentration et à la mondialisation. De manière générale, sur le marché des transactions, les sociétés, en particulier dans les activités de services ou à forte composante de services, ont été valorisées à des niveaux de prix très élevés. *Plus les flux à actualiser dépendent d'un taux de croissance des profits élevé ou d'une activité de services, plus ils sont volatiles.* Cette constatation implique qu'ils doivent être actualisés à un taux intégrant une *prime de risque plus forte*. Or la tendance prédominante, en quelque sorte un comportement de place, consistait, en France, par exemple, à actualiser les revenus disponibles futurs de la plupart des sociétés évaluées, offrant alors des perspectives ou tout au moins des projections de croissance élevées, à des taux intégrant une prime de risque de 3 à 5 %. C'est encore insuffisant. En période de crise, certaines sociétés, grandes comme moyennes, payent actuellement cher des acquisitions réalisées en haut de cycle au prix fort, sans parler des cascades de holdings endettés faisant face à une sévère attrition des flux disponibles dégagés.

L'effondrement du marché des acquisitions et des cessions s'explique en grande partie par le fait que les vendeurs n'ont pas encore intégré des corrections de prix à la baisse indispensables et que les sociétés se sont remises à privilégier l'innovation, la croissance interne et la conclusion d'alliances de toutes sortes (stratégiques, horizontales, verticales, etc.) moins consommatrices de capitaux et offrant en permanence des possibilités d'ajustements.

PARTIE 5

Suivi et pilotage
de la valeur

CHAPITRE 1

Stratégie et valeur

Le développement de la pratique de l'évaluation par l'actualisation des flux disponibles a souligné que l'important, au-delà du montant de l'évaluation auquel on aboutit, est d'identifier clairement les *principaux déterminants économiques et financiers* qui le font varier. Seul l'examen systématique de ces éléments permet de valider les différentes *options stratégiques* de l'entreprise afin de retenir celles qui offrent les meilleures perspectives de *création de valeur* à long terme.

C'est l'attitude qui doit présider dans la gestion des entreprises, et la stratégie doit privilégier la recherche des meilleurs leviers de valeur.

1. Concept de création de valeur actionnariale

Au-delà de l'explosion des opérations de fusions et acquisitions dans les années quatre-vingt, qui a eu pour conséquence de diffuser largement la pratique de la valorisation, le concept de la création de valeur a connu, la décennie suivante, un grand succès médiatique. Ceci est dû à deux phénomènes complémentaires : la gouvernance d'entreprise et l'élargissement des marchés financiers.

■ *La gouvernance d'entreprise* : l'actionnaire a aujourd'hui l'opportunité de faire valoir son point de vue de façon plus forte, grâce notamment au rassemblement organisé des actionnaires minoritaires et à l'action des fonds de pension. Auparavant, en cas de désaccord avec la direction, il n'avait d'autre solution que de céder ses titres.

■ *L'élargissement des marchés financiers* : le très fort développement des marchés d'actions à l'échelle mondiale, la montée en puissance des fonds de pension et des investisseurs institutionnels, le rôle prépondérant des agences de notation, le rôle accru des analystes financiers rendent l'environnement financier de l'entreprise beaucoup plus exigeant. L'entreprise se doit donc de parler ce langage commun.

2. Stratégie et création de valeur

Au-delà des différentes méthodes d'évaluation étudiées, la valeur est, en amont, largement déterminée par les stratégies que les dirigeants décident d'adopter.

Une entreprise appartient à un secteur d'activité qui est déterminé par ses acteurs et ses clients ainsi qu'un certain nombre d'éléments tels que les fournisseurs et les capacités de substitution. Son secteur et éventuellement d'autres secteurs offrent à tout moment à une entreprise des opportunités de développement ou de diversification.

C'est à partir de ces opportunités que l'entreprise définit régulièrement de nouveaux objectifs et les stratégies permettant de les atteindre. Le processus formel de décision doit être validé en fonction des éléments suivants :

– avantages compétitifs ;

– capacité de différenciation de l'offre ;

– ressources opérationnelles disponibles ;

– efficacité dans la mise en œuvre productive de ces ressources ;

– volume et coût des ressources financières ;

– risques.

C'est cette démarche qui permet aux dirigeants d'analyser les différentes *options stratégiques* offertes par le marché, via le processus de *cheminement de la valeur*.

3. Pilotage de la valeur actionnariale

Le pilotage de la valeur actionnariale recourt à trois grands types de modèles :

– les modèles comptables ;

– les modèles boursiers ;

– les modèles économiques.

Les outils de nature comptable présentent les défauts majeurs d'être statiques et de ne pas intégrer le risque à travers l'exigence de rentabilité des investisseurs. Parmi eux, on retrouve le Bénéfice Net Par Action (BNPA), le *Price to Book Ratio* (PBR) et les taux de rentabilité comptables (rentabilité opérationnelle des capitaux employés, ROCE, et rentabilité des fonds propres).

Les instruments de mesure externe de la valeur, ou *boursiers*, mesurent soit l'écart entre la valeur constatée sur le marché de l'actif économique et sa valeur comptable (la MVA), soit le taux de rentabilité de l'investisseur compte tenu de la progression de la valeur de l'action et du montant de dividendes versés (*Total Shareholder Return*, TSR). Ils sont également statiques car basés sur le passé qui ne laisse pas préjuger du futur.

Les modèles économiques sont les plus satisfaisants car ils tiennent compte de la rentabilité espérée sur un investissement dans un actif risqué et permettent le développement d'un langage commun. Il en existe deux à l'heure actuelle : la *Valeur Ajoutée Économique* (VAE) et la *Création de Valeur Actionnariale* (CVA).

Le développement de la pratique de ces modèles et les discussions qu'ils ont suscitées ont permis de concrétiser *quatre leviers d'action* :

– optimiser la stratégie et le portefeuille d'activités ;

– gérer de manière efficiente l'ensemble des ressources mises en œuvre ;

– optimiser la structure financière et la rentabilité ;

– améliorer la motivation des employés et la gestion des actifs incorporels tels que la marque.

Dirigeants, conseils et universitaires tentent même d'aller aujourd'hui plus loin. Des études empiriques établissent des corrélations entre la création de valeur à long terme et la qualité des stratégies et des actifs. Importent également la qualité des relations avec toutes les parties prenantes à l'entreprise (*stakeholders*) et la transparence de l'information mais plus encore, semblerait-il, l'existence d'une véritable *culture d'entreprise* pérenne.

4. Arbre de cheminement de la valeur

Le raisonnement par les outils de mesure interne de la création de valeur permet aux dirigeants d'analyser les différentes options stratégiques offertes par le marché, via le processus de cheminement de la valeur.

Le processus a été formalisé, notamment sur la base des travaux de Michael Porter (cf. figure 46). Il s'agit de remonter jusqu'aux leviers les plus en amont dont disposent les dirigeants pour augmenter la valeur de l'entreprise.

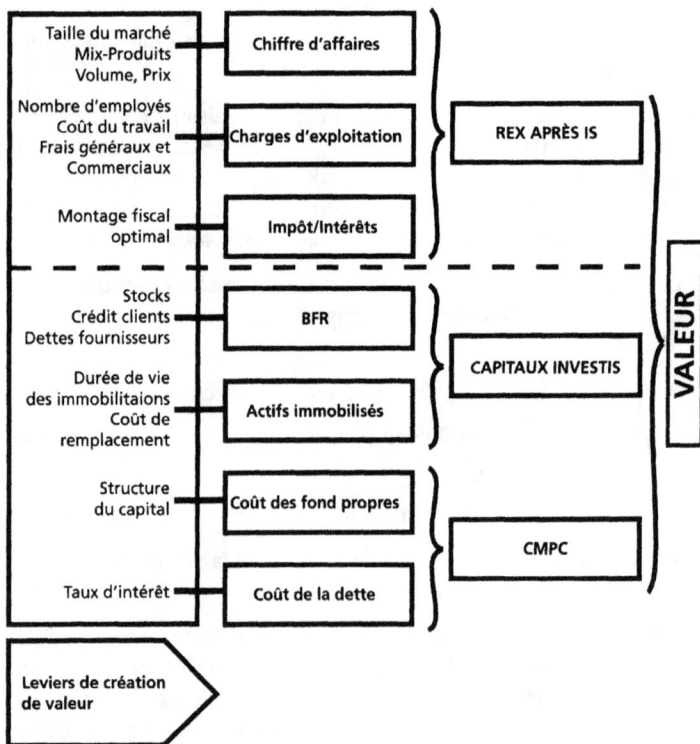

Figure 46 – Arbre de cheminement de la valeur

Ce diagramme représentant le cheminement de la valeur doit permettre à l'entreprise d'identifier les stratégies et les projets efficaces dans l'optique de maximiser la création de valeur à long terme pour l'actionnaire.

Le concept de valeur ne peut être déconnecté de l'analyse des éléments opérationnels et des ressources et de la manière dont ils cohabitent pour créer des résultats.

En amont de ce processus se situent les objectifs et la stratégie des entreprises, la hiérarchisation des projets, la sélection des investissements et l'allocation des ressources. Les dirigeants ont des options à prendre.

C'est pourquoi le processus d'évaluation doit être mis en perspective avec la stratégie qui vise en premier à sécuriser une croissance maximale assortie d'un niveau de risques minimisé.

Les démarches de l'EVA et de la CVA ont permis de diffuser et de systématiser les leviers de création de valeur dont disposent les directions générales d'entreprise.

5. Leviers de création de valeur

Les leviers de la maximisation de la création de la valeur relèvent des principales catégories d'action suivantes :

– augmenter les flux de revenu ;

– limiter l'usage des capitaux mis en œuvre, investissements et BFR ;

– baisser les risques et le coût des capitaux.

Toutes les grandes fonctions de l'entreprise sont impliquées :

– le niveau de chiffre d'affaires est, en amont, largement déterminé par les stratégies de conquête ou d'acquisition de parts de marché, la créativité et la qualité des produits, du marketing et des équipes commerciales ;

– les charges d'exploitation peuvent être contenues grâce à une politique porteuse en matière de ressources humaines, comme à une bonne organisation des achats et une gestion rigoureuse des actifs (quitte à envisager certaines externalisations) ;

– il revient aux services juridiques et fiscaux d'optimiser le montage fiscal ;

- la direction financière est chargée de diminuer le coût des fonds propres et le coût de la dette et d'assister les divisions opérationnelles dans le choix des investissements et la maîtrise du BFR ;
- et la direction générale de créer une culture positive et responsable centrée sur des objectifs et de minimiser l'ensemble des risques opérationnels et financiers encourus.

CHAPITRE 2

Le suivi de la création de valeur

La mesure de la création de valeur s'est d'abord développée à l'aide d'outils d'analyse financière simples et statiques.

1. Mesures externes de la création de valeur

Les outils les plus simples incluent les ratios capitalisation boursière/situation nette, la MVA et le retour sur investissement de l'actionnaire.

■ Le ratio capitalisation boursière/situation nette (ou *Market to Book Ratio*)

Le ratio CB/SN est un premier grand indicateur de création de valeur. Il est défini comme suit :

$$CB/SN = \frac{\text{CAPITALISATION BOURSIÈRE}}{\text{SITUATION NETTE}}$$

Le ratio CB/SN est égal au rapport entre la valeur de marché des titres émis par l'entreprise et la valeur comptable des capitaux propres, enregistrée comme telle au passif du bilan.

Cette mesure donne une appréciation, pour les investisseurs, de survaleur (goodwill) dégagée au fil des années par l'entreprise.

Le ratio est supérieur à 1 si la valeur boursière de l'entreprise est supérieure au montant cumulé de sommes investies dans cette entreprise depuis sa création. Cet outil ne permet pas d'appréhender la rentabilité dégagée.

■ La *Market Value Added* (MVA)

Pour une entreprise cotée, elle est égale à la somme de la capitalisation boursière et de la valeur de l'endettement net dont on retranche la valeur comptable de l'actif économique. La MVA, ou plutôt la variation de MVA, est un critère plus pertinent que la seule évolution du cours de Bourse puisqu'il met en regard l'augmentation de valeur et les capitaux investis pour y parvenir.

La principale limite réside dans la difficulté à élaborer une juste mesure de l'actif économique qui correspond à la notion de capitaux utilisés.

La MVA est égale à la somme de la capitalisation boursière et de la valeur de l'endettement net diminuée de la valeur comptable de l'actif économique et exprime le surplus dégagé par l'entreprise sur le montant de capital investi.

Ces deux premiers indicateurs permettent d'opérer une première classification entre les entreprises dites de croissance (*growth*), affichant un ratio CB/SN et une MVA élevés, et les valeurs dites de substance (*value*), pour lesquelles la MVA est proche de zéro, voire négative.

■ Le taux de rentabilité de l'actionnaire (TRA)

Le taux de rentabilité de l'actionnaire (ou *Total Shareholder Return*, TSR) est calculé sur la base de la plus-value réalisée et des dividendes reçus cumulés sur la période de détention des titres. C'est tout simplement la rentabilité, mesurée ex post, pour l'actionnaire de son investissement.

$$\text{TRA} = \frac{D_t + (P_t - P_{t-1})}{P_{t-1}}$$

■ Une variante est la Shareholder Value Added (SVA)

Elle est calculée comme suit :

SVA

= Variation du cours boursier

+ Dividendes versés au cours de l'année

− Dépenses d'augmentation de capital (en numéraire)

+ Rachat d'actions et autres paiements aux actionnaires

− Conversion des obligations convertibles

Ces quatre instruments de mesure externe de la création de valeur, maîtrisés depuis fort longtemps et dépoussiérés par quelques artifices, sont intéressants dans une perspective historique mais ils n'offrent pas les outils d'analyse indispensables pour comprendre l'avenir et ne permettent pas à l'entreprise de piloter son exploitation en fonction de ce critère.

2. La valeur ajoutée économique

a) Une mesure de la création de valeur

Créée au milieu des années quatre-vingt par Joël Stern et Benett Stewart, l'*Economic Value Added* (EVA) ou valeur ajoutée économique (VAE) est une *mesure du surplus de valeur produit par une entreprise sur une période de temps donné qui peut recouvrir un ou plusieurs exercices.* Selon les consultants qui en assurent la promotion, « elle est censée donner une mesure améliorée et objective de la qualité de la direction en place » en mesurant le supplément de valeur créée.

Cet instrument a connu un essor remarquable à la fin des années quatre-vingt aux États-Unis et au milieu des années quatre-vingt-dix dans le reste du monde, grâce à la publication des classements des entreprises « créatrices de valeur » par des revues économiques comme les magazines *l'Expansion*, en France, et *Fortune,* aux États-Unis.

La VAE est, dans un premier temps un outil permettant de mesurer ex post le niveau de richesse créée par l'entreprise pour ses actionnaires.

Son principe est de mesurer la différence entre la rentabilité dégagée par les actifs de la structure et le taux de rendement exigé sur les apports en capitaux nécessaires au financement de ces actifs. Cette différence apparaît donc comme une « création nette de richesses ».

Cette analyse n'est pourtant pas si récente. Déjà, Alfred Marshall, à la fin du XIXe siècle, avait défini le profit économique comme le « capital investi multiplié par la différence entre le retour sur investissement et le coût du capital ». De même, au milieu des années vingt, pour Donaldson Brown, directeur financier de General Motors, « l'objectif de la direction n'est pas nécessairement d'obtenir un rendement sur capitaux investis le plus fort possible mais d'assurer un profit sur chaque volume supplémentaire dépassant le coût du capital supplémentaire ».

L'outil de mesure de la création de valeur telle qu'elle a été reformulée par Joël Stern et Benett Stewart revêt la forme suivante :

VAE = (rentabilité des capitaux investis – coût du capital) x (capitaux investis)

La VAE permet donc de calculer chaque année ce que l'on pourrait appeler le *surplus économique dégagé par-delà la rémunération du capital utilisé* à son coût moyen pondéré du moment.

Application à KTYP : mesure de la VAE sur l'exercice écoulé

VAE KTYP	
Chiffres d'affaires	**900**
Résultat d'exploitation net	**100**
BFR	200,0
Actif Immobilisé Net	600,0
Capitaux investis	**800**
Rentabilité opérationelle des Capitaux Investis (ROCE)	**12,50%**
CMPC	10,00%
(ROCE-CMPC)	2,50%
(ROCE-CMPC) x Capitaux investis ou VAE	**20**

Figure 47 – Tableau de mesure de la VAE sur l'exercice écoulé

La première étape du raisonnement vise à établir le *montant des capitaux investis* de l'entreprise. Ces derniers rassemblent la masse des actifs qui représentent un coût pour l'entreprise. Pour cela, il est nécessaire d'en déterminer les deux composantes que sont l'actif immobilisé net et le BFR.

La rentabilité opérationnelle des capitaux investis (ROCE) est ensuite déterminée par le rapport du RE net d'impôts au montant des capitaux investis. En lui soustrayant le coût moyen pondéré du capital, il ressort un premier indicateur de rentabilité apparenté à un super bénéfice, indicateur de création ou de destruction de richesse.

En multipliant cette création relative de richesse obtenue par le montant des capitaux investis, la valeur ajoutée économique est établie et ressort ainsi au titre de l'exercice N0 à 20 millions d'euros.

Cette approche est mixte, recourant à la fois à la notion de rentabilité d'exploitation et de rendement financier. Elle ressemble aux anciennes méthodes de *rente du goodwill*. Nous sommes à nouveau devant une méthode privilégiant l'analyse du passé qui ne laisse pas préjuger de la création de valeur future.

Le deuxième champ d'application de la VAE se trouve dans l'évaluation.

La procédure de détermination relativement simple de la VAE la rend compatible avec des prévisions à moyen terme d'une entreprise. Il est donc possible de construire un tableau prévisionnel des VAE.

L'actualisation des VAE futures de l'entreprise doit permettre, à la manière de l'AFD, de la valoriser. Ainsi, la valeur de l'entreprise, comme nous l'avons déterminé par l'AFD, peut être décrite comme la somme de la VAE des actifs déjà détenus par l'entreprise et de la valeur actuelle des VAE de ses projets futurs.

Dès lors, les deux méthodes, VAE et AFD, devraient fournir, pour une période comparable, un calcul de la valeur de l'entreprise proche.

b) Application chiffrée à KTYP de l'évaluation globale par la VAE

La société KTYP présente un plan à moyen terme repris ci-dessous. La croissance de son résultat d'exploitation après impôt normatif s'affiche à 8 % par an sur les cinq années du plan et de 4 % à l'infini. Le CMPC est évalué à 10 %. Le tableau de la figure 48 reprend les données établies dans le cadre de l'évaluation par actualisation des flux disponibles (AFD) à perpétuité et établit une valeur des fonds propres de KTYP de 1,6 milliard d'euros.

Calcul par l'AFD

AFD KTYP	N0	N1	N2	N3	N4	N5	FLUX NORMALISE
Chiffres d'affaires	900	972	1 050	1 134	1 224	1 322	1 375
Taux de croissance du CA		8%	8%	8%	8%	8%	4%
Résultat d'exploitation	150	162	175	189	204	220	229
Taux de Marge	17%	17%	17%	17%	17%	17%	17%
Impôt normatif	50	54	58	63	68	73	76
Résultat d'exploitation net	100	108	117	126	136	147	153
Amortissements	100	108	117	126	136	147	153
MBA	**200**	**216**	**233**	**252**	**272**	**294**	**306**
Investissements	100	108	117	126	136	147	153
Variation BFR		16	17	19	20	22	12
MBA disponible	**100**	**92**	**99**	**107**	**116**	**125**	**141**
Facteur d'actualisation		0,909	0,826	0,751	0,683	0,621	0,621
Flux actualisés		84	82	81	79	78	88
Flux actualisés cumulés		**84**	**166**	**246**	**325**	**403**	

* Chiffres en M€

Figure 48 – Valorisation par AFD

HYPOTHÈSES	
Tx croissance CA	8 %
Tx d'actualisation	10 %
Marge d'Exploit.	17 %
Prix par action	313 €

Valeur des flux	403
Val. terminale	1 460
Valeur de l'entreprise	**1 863**
DFN 31/12/2002	300
Valeur des fonds propres	**1 563**

Figures 49 et 49' – Rappel des hypothèses et détermination de la valeur des fonds propres

Calcul par la VAE

Au travers de la VAE, le plan à moyen terme de KTYP fournit une valeur d'entreprise proche de celle obtenue par l'AFD. Le tableau de calcul de la VAE et de valorisation par la création de richesses est présenté ci-dessous.

VAE KTYP	N0	N1	N2	N3	N4	N5	Flux normalisé
Résultat d'exploitation net	100	108	117	126	136	147	153
Variation BFR		5,8	6,2	6,7	7,3	7,8	4,2
BFR	200	206	212	218	226	233	238
Actif Immobilisé Net	600	600	600	600	600	600	600
Capitaux investis	**800**	**806**	**812**	**819**	**826**	**834**	**838**
Rentabilité des Capitaux Investis (ROCI)	12,50%	13,40%	14,36%	15,39%	16,47%	17,62%	18,23%
CMPC	10,00%	10,00%	10,00%	10,00%	10,00%	10,00%	10,00%
(ROCI-CMPC)	2,50%	3,40%	4,36%	5,39%	6,47%	7,62%	8,23%
(ROCI-CMPC) x Capitaux investis ou VAE	**20,00**	**27,41**	**35,43**	**44,09**	**53,44**	**63,54**	**68,99**
Facteur d'actualisation		0,909	0,826	0,751	0,683	0,621	0,621
Flux actualisés		25	29	33	37	39	43
Flux actualisés cumulés		**25**	**54**	**87**	**124**	**163**	

Figure 50 – Valorisation par la VAE

Valeur des flux	163
Valeur terminale	714
Capital	800
Valeur de l'entreprise	**1 677**
Dette financière Nette	300
Valeur des fonds propres	**1 377**

Figure 51 – Détermination de la valeur des fonds propres

La valeur des fonds propres obtenue est légèrement plus faible que par l'AFD et ressort à 1,4 milliard d'euros ; ceci est dû au montant de capitaux investis retenu dans le cadre de l'évaluation par la VAE.

c) Critique de la VAE

L'analyse par la valeur ajoutée économique a connu son apogée au milieu des années quatre-vingt-dix. Depuis, son attrait a décliné. La description des avantages et limites de cet outil permet d'expliquer cette situation.

■ *Avantages* : de par sa ressemblance avec l'AFD, il est aisé d'identifier les avantages d'une telle démarche. La VAE détermine une création de richesse en numéraire et pas en pourcentage. En effet, pour conserver de hauts niveaux de rentabilité économique (ROCE) et ne pas en faire baisser la moyenne, des dirigeants pourraient renoncer à des projets créateurs de valeur. La VAE ne présente pas cet inconvénient.

La VAE permet de donner une plus juste mesure de la performance de l'entreprise que des indicateurs comme le cours de Bourse, en se fondant sur des éléments sur lesquels la direction a un réel pouvoir de décision, notamment les capitaux investis et la structure financière.

■ *Limites* : mais parce que la valeur actualisée des flux financiers futurs est rigoureusement égale à celle des VAE futures augmentées de la valeur nette comptable, les deux méthodes d'évaluation sont strictement identiques. La VAE n'est qu'une version moderne de la rente du goodwill, une version revue et corrigée par les théories modernes de la finance, la différence entre la valeur vénale et la valeur comptable de l'entreprise. La VAE n'apporte rien par rapport à la méthode AFD et souffre des mêmes limites :

– elle ignore l'existence d'options cachées (possibilité d'abandonner ou de retarder un investissement, faculté de restreindre les ambitions d'un projet ou au contraire d'en augmenter la taille et la portée, etc.), ce qui en fait une méthode peu adaptée aux entreprises de croissance ou au contraire aux entreprises positionnées sur des marchés en déclin ;

– elle présuppose que la structure financière de la société reste inchangée durant la période de référence, ce qui empêche de l'utiliser dans des situations de reprise d'entreprise par ses salariés ou financées par recours à un fort levier financier ; elle nécessite donc des adaptations ;

- la VAE reste un *outil statique* de mesure de la création de valeur, un instrument d'appréciation de la création de valeur instantanée. Elle défavorise les entreprises en phase d'investissement, comme les acteurs de l'industrie pharmaceutique pour privilégier des industries matures telles que le tabac et le pétrole ou à fort contenu immatériel, comme la confiserie et les cosmétiques. Elle a donc tendance à défavoriser les entreprises de croissance.

Si l'actualisation des VAE aboutit à des valorisations compatibles avec celles fournies par l'actualisation des flux disponibles, comment expliquer l'engouement dont a joui la VAE, alors que la méthode AFD était maîtrisée et largement appliquée depuis de nombreuses années déjà ?

Les apôtres de la VAE proclament que leur technique a sur l'actualisation des flux financiers futurs l'avantage de relier une méthode de valorisation prospective et tournée vers l'avenir avec une appréciation rétrospective des performances postérieures à l'exercice d'évaluation.

Selon eux, la VAE, parce qu'elle tient compte du coût d'opportunité du capital, serait une mesure appropriée de l'efficacité opérationnelle de la gestion et de l'allocation des ressources au sein de l'entreprise.

La VAE permettrait d'établir un classement des entreprises, une dichotomie entre les entreprises « créatrices de valeur » et les entreprises « destructrices de richesse ». Cette présentation ne résiste pas à l'analyse pour des raisons d'ordre méthodologique et logique.

Il est d'abord regrettable que la *VAE s'appuie sur la valeur comptable de l'actif d'exploitation* pour déterminer le coût d'opportunité du capital investi dans l'entreprise. Ne pas retraiter les comptes (ce qui suppose d'y accéder), c'est négliger l'importance de tous les actifs intangibles ou à réévaluer qui ne figurent pas explicitement au bilan de l'entreprise ou qui s'y trouvent inscrits pour un montant insuffisant comparé à leur valeur marchande.

Les actifs intangibles ou à réévaluer ont bien évidemment un coût d'opportunité qu'il est important de prendre en compte pour mesurer la création de richesse véritablement due aux dirigeants et non à une situation initiale favorable créée par la présence de ces actifs intangibles.

L'existence de ces actifs intangibles explique en effet pourquoi des entreprises telles que LVMH, L'Oréal ou Danone caracolent en tête des classements en termes de VAE. Leurs marques prestigieuses, leurs droits immatériels ne sont pas comptabilisés pour leur juste valeur au bilan si bien que le coût d'opportunité de leurs marques s'en trouve fortement sous-évalué par la VAE.

Inversement, d'autres équipes dirigeantes sont injustement pénalisées par la méthode VAE quand elles ont la charge d'actifs dédiés, d'investissements lourds à vocation précise et unique et plus généralement d'investissements irréversibles qui ont une valeur moins élevée aujourd'hui qu'ils n'en avaient par le passé. C'est le problème des coûts « engloutis », des *sunk costs* des Anglo-Saxons, qui explique pourquoi d'autres sociétés affichent des VAE très médiocres : leur actif comptable est très supérieur à la valeur de marché actuelle de leurs investissements, et ceux-ci ne peuvent servir à autre chose qu'à l'exploitation de la société.

La seule manière d'éviter ces écueils serait de calculer la VAE non pas à partir de la valeur comptable de l'entreprise mais à partir de sa *valeur économique*, c'est-à-dire de ses flux financiers actualisés.

Il y a toutefois aussi une erreur de logique à vouloir évaluer la performance d'une équipe dirigeante à l'aune de la VAE. Nous avons vu que la VAE souffre des mêmes faiblesses que l'actualisation des flux financiers dans la mesure où elle n'est pas capable de prendre en compte la valeur de la « flexibilité », la multiplicité des choix, des options et des opportunités s'offrant aux dirigeants d'une société.

Si les décisions des dirigeants de l'entreprise ne peuvent pas être évaluées par la méthode de la VAE, comment cette dernière peut-elle servir à évaluer leur performance ? Une VAE faible ou négative peut signaler une mauvaise performance, une surévaluation de la valeur des actifs utilisés par la société ou encore une mauvaise estimation du coût de son capital.

Toutefois, la VAE constitue un nouvel angle de vision sur la valeur et aura su attirer l'attention sur trois points fondamentaux dans l'approche de l'évaluation :

– la nécessité pour les dirigeants de suivre et de piloter régulièrement la valeur actionnariale ;

- l'importance d'une bonne appréciation de la valeur des capitaux immobilisés et de leur coût alors que les outils manquent ;
- l'identification des profils d'entreprises à forte création de valeur telles que les entreprises de la distribution.

Le principal problème de la VAE est qu'elle était presque toujours utilisée sur une courte période, généralement un exercice. C'est pourquoi il reste nécessaire de développer la pratique d'un instrument de mesure interne de la création de valeur cohérent avec l'horizon temporel de l'entreprise, soit le très long terme. Entre l'incapacité des outils de mesure externe de création de valeur à fournir une bonne appréhension des leviers opérationnels et la « myopie » qu'engendre une analyse par la VAE, l'instrument élaboré par Alfred Rappaport, la Création de Valeur Actionnariale (CVA), se positionne comme une excellente réponse.

3. Suivi opérationnel de la Création de Valeur Actionnariale (CVA)

Les outils et méthodes présentés ci-dessus privilégient un point de vue financier et à court terme. Par ailleurs, l'actualisation des flux disponibles est essentiellement utilisée pour évaluer les sociétés dans les contextes d'opérations de fusion et acquisition, d'opérations en capital et d'analyse financière.

Mais cette méthode pourrait parfaitement être utilisée par les dirigeants d'entreprise pour suivre régulièrement, par exemple au rythme des révisions annuelles des plans à moyen terme, la création de valeur dans l'entreprise. Il ne s'agirait au fond que de généraliser la discipline du choix des investissements aux unités opérationnelles de l'entreprise (concept de la *business unit*) puis de consolider cette approche au niveau du groupe. *La CVA combine heureusement les outils de l'évaluation par actualisation des flux et de la gestion de projet.* Cette méthode permet un meilleur dialogue entre les points de vue opérationnels et financiers.

De manière concrète, le montant de valeur créée sur une période donnée s'obtient dans un premier temps en calculant, chaque année de la période explicite, la valeur actionnariale. Ensuite, on calcule la création de valeur pour chaque année en soustrayant de la valeur actionnariale obtenue à la fin d'une année celle de l'année précédente. La création (ou la destruction) de valeur actionnariale (CVA) pour la période donnée est égale à la somme nette des flux de création annuels actualisés.

C'est le parti qu'a pris Alfred Rappaport dès la sortie en 1985 de son ouvrage *Creating Shareholder Value*.

Le calcul de la détermination de la valeur actionnariale annuelle se déroule en deux étapes :

- détermination du flux disponible sur la première année ;

- détermination, à partir de la deuxième année, de la valeur résiduelle en croissance nulle ; seule cette opération permet d'isoler la création de valeur année après année.

Le flux disponible est calculé comme suit :

Flux = [(CA actuel) x (1+ taux de croissance du CA) x (taux de marge opérationnelle) x (1 – taux d'imposition)] – [(CA actuel) x (taux de croissance du CA) x (investissement en actifs immobilisés et circulants, en % du CA)]

Le premier terme entre crochets peut être appelé le « flux disponible avant financement de tout nouvel investissement ».

C'est ce même flux qui va servir de base au calcul de la valeur résiduelle à partir de l'année suivante, comme suit :

$$\frac{\text{flux disponible avant financement de tout nouvel investissement}}{\text{CMPC}} = \text{VALr}$$

Le résultat obtenu de la sommation du flux de la période explicite et de la valeur résiduelle est donc bien, chaque année, la valeur actionnariale, en tenant bien compte de l'hypothèse que le nouvel investissement est entièrement financé par fonds propres.

C'est en le calculant année après année qu'il est dès lors possible de mesurer l'accroissement de valeur actionnariale issu des nouveaux projets. Sur une période donnée, l'augmentation de la valeur est égale à la différence entre les valeurs globales de début et de fin de période.

Le graphe schématisant le modèle de la CVA est présenté ci-après (cf. figure 52).

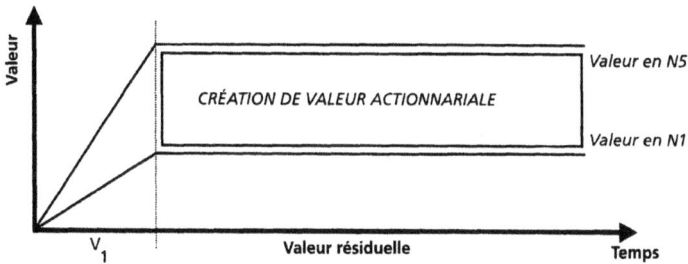

Figure 52 – Schéma modélisant la CVA

Ce graphe montre comment se bâtit la valeur actionnariale en isolant chaque année le surplus créé et en le valorisant ensuite en rente perpétuelle. Dans ce modèle, l'investissement en date 0 produit une hausse du résultat d'exploitation en date 1.

L'hypothèse qui est retenue dans ce modèle est que cette hausse du résultat d'exploitation est ensuite considérée comme perpétuelle. La valeur de cet investissement est donc figée après la première année et se calcule comme une rente perpétuelle.

Modèle de calcul CVA

Le tableau de détermination de la valeur actionnariale et de la création de valeur actionnariale pour l'entreprise KTYP est présenté ci-après.

À partir du chiffre d'affaires (900 M€) et du taux de croissance du chiffre d'affaires (8 % par an), il est possible de déterminer un résultat d'exploitation, fondé sur un niveau de marge opérationnelle, ici constant sur la période d'analyse (17 %).

Déduction faite de l'imposition et des investissements en actifs immobilisés et en actifs circulants, ou BFR, on obtient le montant de marge brute d'autofinancement, qu'il est nécessaire d'actualiser au coût des fonds propres pour obtenir la valeur actuelle de la marge brute d'exploitation (VA MBA).

La valeur résiduelle est déterminée par le résultat d'exploitation net d'impôts divisé par le coût des fonds propres (10 % pour KTYP), par respect de l'hypothèse de la rente perpétuelle. Le flux retenu dans le calcul de la valeur résiduelle est bien le résultat d'exploitation net d'impôts car, à cet horizon, l'entreprise n'a plus besoin d'investir pour maintenir ce flux.

La somme obtenue est donc la mesure de la valeur actionnariale annuelle. La création de valeur actionnariale est obtenue par différence entre deux mesures de valeur actionnariale successives. Appliqué à KTYP, le modèle présente les résultats suivants :

- la CVA est calculée sur des hypothèses de taux de croissance du CA de 8 % par an, de marge d'exploitation de 17 %, un taux d'imposition normatif de 33,33 %, un besoin d'investissement en actifs immobilisés de 8 % de la variation du CA, un besoin d'investissement en actifs circulants ou variation de BFR de 22,22 % et un coût moyen pondéré du capital de 10 % ;

- la croissance du CA est fixe sur les cinq années de prévision. Ceci signifie que KTYP a l'opportunité d'investir chaque année dans un projet dont le CA prévisionnel représente 8 % du CA de KTYP en date 0 ;

- les croissances du RE et de la MBA comparables à la croissance du CA, de 8 % par an, sont dues à la linéarité de la fonction de coûts et des besoins d'investissements nécessaires à la croissance.

Ceci implique donc une croissance de la valeur actionnariale de 8 % par an.

Année	CA	RE	RE net d'impôts	Investissement	MBA	VA MBA	Cum VA MBA	Valeur résiduelle	VA Vr	VA MBA + VA Vr	CVA
0	900,0										
1	972,0	165,2	110,2	21,8	88	80	80	1102	1001	1081	60
2	1049,8	178,5	119,0	23,5	95	79	159	1190	983	1142	59
3	1133,7	192,7	128,5	25,4	103	77	237	1285	965	1202	58
4	1224,4	208,2	138,8	27,4	111	76	313	1388	948	1261	57
5	1322,4	224,8	149,9	29,6	120	75	388	1499	931	1318	56

Figure 53 – Schéma Détermination de la création de valeur actionnariale (CVA)

Taux de croissance du CA	8,00%
Tx de marge d'exploitation	**17,00%**
Taux d'imposition normatif	33,33%
Investissement en actifs immobilisés, en % du CA	8,00%
Investissement en actifs circulants, en % du CA	22,22%
CMPC	10,00%

Figure 54 – Rappel des hypothèses.

La CVA prévisionnelle de KTYP entre l'année 1 et l'année 5 est égale à la somme des CVA annuelles sur cette période, d'où CVA = 290 M€

Par-delà les apparences, il convient de bien souligner que, dans cette méthode, chaque année, c'est la création de valeur et non de profit économique (comme dans la VAE), qui est calculée.

b) Le résultat d'exploitation marginal (REm)

Il s'agit ici, et d'après le modèle explicité auparavant, de déterminer le RE marginal minimal qui rend la CVA nulle.

Cet indicateur fixe le niveau *plancher à partir duquel tout nouvel investissement est créateur de valeur pour l'actionnaire.* Son avantage est de lier directement l'approche de la valorisation à la performance opérationnelle.

Le Résultat d'exploitation marginal (REm) est déterminé de la façon suivante :

Variation de valeur actionnariale

= [Valeur actuelle du flux disponible avant financement de tout nouvel investissement] – [valeur actuelle de l'investissement en actifs immobilisés et actifs circulants]

= [(CA « marginal ») × (taux de marge opérationnelle sur CA « marginal ») × (1 – taux d'imposition) / CMPC]

– [(CA « marginal ») × (investissement en actifs immobilisés et circulants, en % du CA) / (1+ CMPC)]

En posant cette relation égale à 0, il est possible d'exprimer le résultat d'exploitation exigible sur le nouvel investissement ou résultat d'exploitation marginal (REm) :

$$REm = \frac{\text{Investissement en actifs immobilisés et circulants}}{(1 + CMPC)\ (1 - \text{taux d'imposition})}$$

En appliquant cette formule à KTYP, il vient :

$$REm = \frac{(22,22\ \% + 8\ \%)\ (10\ \%)}{(1 + 10\ \%)\ (1 - 33,33\ \%)} = \textbf{4,12 \%}$$

Le résultat d'exploitation marginal, nécessaire au maintien de la valeur actionnariale s'inscrit donc, pour KTYP, à 4,1 % du chiffre d'affaires marginal sur les nouveaux investissements présentant les caractéristiques décrites, soit une variation de BFR de 22,2 % et un investissement en actifs immobilisés égal à 8 % de la variation du chiffre d'affaires.

La fiche de calcul de la CVA quant le REm est appliqué est présentée ci-après. La CVA est bien nulle sur les cinq années de prévision.

Sa détermination obéit à la même logique que dans le tableau 1. Seule la marge d'exploitation varie par rapport à la modélisation précédente.

Année	CA	RE	RE net d'impôts	Investis-sement	MBA	VA MBA	Valeur résiduelle	Cum VA MBA	VA Vr	VA MBA + VA Vr	CVA
0	900,0										
1	972,0	165,2	110,2	21,8	88	80	80	1102	1001	1081	60
2	1049,8	178,5	119,0	23,5	95	79	159	1190	983	1142	59
3	1133,7	192,7	128,5	25,4	103	77	237	1285	965	1202	58
4	1224,4	208,2	138,8	27,4	111	76	313	1388	948	1261	57
5	1322,4	224,8	149,9	29,6	120	75	388	1499	931	1318	56

Figure 55 – La création de valeur actionnariale est nulle avec le résultat d'exploitation marginal (REm)

Taux de croissance du CA	8,00%
Tx de marge d'exploitation	**4,12%**
Taux d'imposition	33,33%
Investissement en actifs immobilisés, en % du CA	8,00%
Investissement en actifs circulants, en % du CA	22,22%
CMPC	10,00%

Figure 56 – Rappel des hypothèses

La CVA est nulle pour un niveau de marge d'exploitation de 4,12 %. En dessous de ce niveau, dans le respect des hypothèses rappelées ci-dessus, KTYP ne doit pas engager cet investissement.

La Rem constitue un indicateur synthétique opérationnel qui permet de valider l'opportunité de tout nouveau projet du point de vue de la création de valeur. Il est bien plus fiable que le concept de profit économique et de rentabilité financière.

CHAPITRE 3

Pilotage de la Valeur Actionnariale (PVA©)

Les quatre premières parties du présent ouvrage ont eu pour objet, outre une étude approfondie des outils d'analyse financière, de démontrer qu'il n'existe pas de contradiction insurmontable entre l'évaluation boursière des sociétés et leur évaluation économique et fondamentale, pas de décalage entre l'offre et la demande de titres financiers et leur évaluation théorique, tout en soulignant *la contribution fondamentale d'un certain nombre de variables économiques, dont la croissance et la dette, à la valorisation d'une société*. Ces conclusions sont vraies pour autant que l'on se place bien dans le cadre d'analyse proposé et sous réserve des nécessaires ajustements dans le temps des marchés aux réalités économiques. En effet, comme cela a déjà été souligné, la perspective de l'investisseur boursier (notamment le gérant de fonds) peut se situer à très court terme alors que l'opérateur industriel acquiert une société sinon pour la vie tout au moins pour une longue période.

Pour conclure cet ouvrage, nous avons estimé utile de proposer un *modèle pratique et simple de pilotage de la valeur* : le modèle de Pilotage de la Valeur Actionnariale (PVA). Il met en œuvre les différents concepts de valeur boursière et de valeur fondamentale discutés tout au long de ce livre, ainsi que les principaux déterminants de ces valeurs. Ce modèle, qui ne constitue qu'une ébauche à raffiner, cherche à offrir aux divers intervenants financiers, investisseurs, dirigeants et analystes, une approche visant à détecter et à expliquer, au niveau des caractéristiques économiques des sociétés concernées, les incohérences apparentes de certaines valorisations boursières. Par-delà les débats théoriques, le modèle propose une méthode et un outil permettant aux analystes et dirigeants de mieux appréhender les problèmes de valorisation du capital des sociétés et d'appréciation des performances financières futures des entreprises, problèmes auxquels ils sont de plus en plus souvent exposés, et de décider de manière plus éclairée.

La proposition doit plus être considérée comme un axe d'étude destiné aux analystes et aux praticiens, qui, confrontés aux réalités des exigences de leurs métiers, le feront évoluer, l'affineront et l'adapteront à leurs besoins spécifiques. Elle ne constitue en aucun cas une solution figée.

Pour la clarté de l'explication, le modèle est d'entrée de jeu appliqué à trois valeurs cotées appartenant à des secteurs d'activité différents. Cette sélection permet d'ébaucher une typologie de profils et de mieux comprendre comment est susceptible d'évoluer la valeur d'une entreprise.

1. Fondements du modèle de la PVA

Pour rappel, la valeur théorique ou fondamentale d'une entreprise est égale à la somme actualisée des flux financiers futurs suivants :

$$VAL = \sum_{i=1}^{n} \frac{FF}{(1+t)_i}$$

avec n un nombre réel positif non nul.

Cette méthode implique que la valeur actuelle d'une entreprise incorpore l'anticipation de la croissance et donc des flux financiers futurs, unique source de valeur.

L'équation est difficile à utiliser dans la pratique, pour calculer la valeur d'une entreprise, car elle achoppe sur le problème de la prévision sur une très longue période, de la croissance et de sa traduction en termes de flux financiers quantitatifs.

Par contre, les sociétés cotées ont au moins une valeur relativement objective fournie par les marchés, et cette valeur intègre en principe une anticipation de croissance future.

Afin de progresser et de surmonter les difficultés d'application *du modèle théorique d'actualisation, le modèle de pilotage de la valeur actionnariale s'appuie sur un raisonnement déductif et part de la seule donnée existante*, à savoir *la capitalisation boursière*.

Reprenant le modèle de croissance, nous décomposerons *la valeur d'un société en la somme de la valeur de croissance zéro et de la valeur des opportunités de croissance.*

$$VAL = \frac{BEN}{t} + \frac{-(\alpha \times BEN) + (\alpha \times r \times BEN)/t}{t-g}$$

$$= \frac{BEN}{t} + \frac{\left(\frac{r}{t} - 1\right)\alpha \times BEN}{t-g}$$

Comme le montre bien la formule, la valeur des opportunités de croissance est égale à la valeur actualisée des flux financiers nets futurs engendrés pour l'éternité par la croissance cumulée, dont est déduit le manque à gagner pour l'actionnaire en termes de distribution immédiate. C'est le renoncement aux dividendes aujourd'hui qui permet de financer la croissance créatrice de dividendes demain. *Il faut noter également que la valeur actuelle des opportunités de croissance est positive si r > t > g.*

Rappelons encore *deux points fondamentaux :*

▪ Dans le cadre d'une croissance équilibrée, c'est-à-dire à structure financière de l'entreprise constante, le cas particulier de croissance zéro correspond à un taux de rétention des bénéfices nul. En effet, s'il n'y a pas d'opportunités de croissance rentables, l'entreprise, qui n'a pas besoin de capitaux propres supplémentaires, se doit de distribuer intégralement son flux disponible donc son bénéfice.

▪ Pour une rentabilité donnée et toujours dans le cadre d'une croissance équilibrée, le taux de croissance g, qui correspond également au taux de croissance des fonds propres, est fonction du taux de rétention des bénéfices, α, et de la rentabilité financière, $r(g = \alpha r)$.

2. Présentation du modèle

Le PVA met en œuvre, en trois Tableaux A, B et C, à partir d'exemples concrets d'entreprises, les différents concepts de *valeur boursière* et de *valeur intrinsèque et fondamentale*, ainsi que les déterminants de ces valeurs.

Ce modèle est caractérisé par un système de deux équations non linéaires à quatre inconnues qui sont : la valeur (VAL), la rentabi-

lité financière (r), le taux de croissance (g) et le taux de rétention des bénéfices (α).

Les deux formules qui lient entre elles les quatre paramètres sont :

$$\text{VAL}_0 = \frac{\text{DIV}_1}{t-g} = \frac{\text{DIV}_0(1+g)}{t-g} = \frac{(1-\alpha)\text{DIV}_0(1+g)}{t-g}$$

$$\alpha = g / r$$

L'échantillon des sociétés retenues pour illustrer le modèle est le suivant : Carrefour, PSA Peugeot-Citroën, Altran Technologies.

Carrefour

Carrefour est le leader européen et numéro deux mondial de la distribution, avec 70 MM€ de CA en 2001. Le groupe dont la croissance devrait, forte de ses réseaux de proximité denses, rester légèrement supérieure à celle du PNB, tire désormais l'essentiel de sa super croissance de l'étranger, notamment de marchés à très forts potentiels tels que la Chine.

Cependant, il est utile de noter que, depuis trois ans, la croissance du chiffre d'affaires du groupe (+ 36,4 % en moyenne par an) est supérieure à la croissance du résultat d'exploitation (+ 27 %) et du résultat net (+ 28 %), conduisant à une contraction du taux de marge entre 1999 et 2001 de 4,7 % à 4,1 %.

Carrefour bénéficie actuellement, malgré la correction des marchés financiers et la crise, d'une résistance exceptionnelle, forte de son caractère de valeur refuge et d'une combinaison de taux de croissance et de rentabilité supérieurs à la moyenne historique longue.

PSA Peugeot-Citroën

Deuxième constructeur automobile européen, avec 15,4 % de part de marché et sixième mondial, avec 5,5 %, le groupe PSA Peugeot-Citroën affiche, au titre de 2001, un record historique de 3 132 800 véhicules immatriculés. L'objectif pour 2002 est d'atteindre 3 250 000 véhicules vendus. Pour ses activités industrielles et commerciales, le groupe bénéficie depuis cinq ans d'une dynamique de croissance importante, doublant quasiment son chiffres d'affaires, passant de 28 à plus de 50 milliards d'euros entre 1997 et 2001. Son résultat d'exploitation passe de 100 millions à 2,4 milliards d'euros et porte son résultat net à 1,6 milliard en 2001, contre une perte importante mais réellement peu significative de 420 millions d'euros en 1997.

Sur les trois derniers exercices, la croissance des ventes du groupe s'établit à 17 % par an, le résultat d'exploitation, à près de 30 % et le résultat net de 57 %.

En hausse continue depuis plus de cinq ans, la valeur est claire-ment en haut de cycle, mais, grâce à sa capacité à prendre des parts de marché sur ses concurrents, sa surperformance devrait se prolonger encore quelques années avant de rejoindre un sentier de croissance très proche de celui de son secteur.

Altran Technologies

Fondé en 1982, Altran est le leader européen de solutions d'exter-nalisation des activités de recherche & développement. Sa forte croissance a été fondée sur une politique soutenue d'acquisitions de petites structures. Le CA 2001 s'affiche à 1,279 MM€, soit un taux de croissance moyen égal à 45 % sur les cinq dernières années. La galaxie Altran affiche également, au titre de 2001, un résultat d'exploitation égal à 234 millions d'euros, soit 18,3 % du chiffre d'affaires, ce taux de marge étant à peu près constant sur la période.

Altran est en 2002, à l'issue de la bulle technologique et financière, l'illustration parfaite de la société encore très surévaluée.

3. Mise en œuvre

Capitalisation et valeur des opportunités de croissance (VOPC)

La figure 58 – Tableau A permet de *constater, à partir de la capi-talisation boursière, la valeur des opportunités de croissance.* Cette valeur, ici résiduelle, est égale pour chaque société à la différence entre la capitalisation boursière constatée sur le marché et une valeur de croissance zéro appelée *valeur de rendement.*

On rappelle que la valeur de croissance zéro est égale à :

VAL = BEN/t

Le résultat net courant retenu, ligne (1), ou solde distribuable en cas de croissance zéro, est, en principe, le résultat net courant de l'exercice en cours. C'est donc un résultat calculé après paiement des intérêts de la dette et avant éléments exceptionnels.

Si toutefois ce solde se révélait cette année-là atypique ou si l'analyste a toutes raisons de penser que ce résultat particulier n'offre pas une indication correcte de la rentabilité attendue à l'avenir, il est tout à fait recommandé de retenir, dans le cadre du modèle proposé, une rentabilité normative ou corrigée. Il convient par exemple de procéder ainsi dans le cas d'une société en situation de retournement et déjà engagée sur la voie du redressement, ou dans le contexte d'une surchauffe ou d'une crise économique (estimation réalisée à partir de données historiques ou de sociétés comparables).

Au titre de l'exercice 2002, il convient de retenir un résultat net courant estimé(2), reflétant le consensus de marché auprès des analystes suivant le titre. Ainsi, il est possible d'obtenir sinon le résultat net courant le plus proche de la réalité constatée ex post, tout au moins un bon indicateur des anticipations moyennes formulées.

Puisqu'il est retenu un résultat après paiement des intérêts de la dette, le taux d'actualisation appliqué au modèle est le *taux de rendement attendu* (t) au moment de l'analyse par les investisseurs boursiers dans les titres appartenant à cette classe de risque. Afin de faire fonctionner le modèle présenté, nous retenons les taux d'actualisation de la figure 57.

Société	β	Taux d'actualisation
Peugeot	0,92	9,60%
Altran Technologies	1,76	13,80%
Carrefour	0,75	8,80%

Figure 57 – β et taux d'actualisation des trois sociétés étudiées

Dans certains cas, il peut être opportun de choisir, au lieu du taux constaté, un taux de rendement normatif, par exemple en cas d'anticipation de forte modification des taux d'intérêt ou en cas de redressement des résultats.

Un taux d'imposition normatif égal à 33 % est appliqué au résultat courant avant impôt.

Enfin, il convient de s'assurer que la capitalisation boursière ne reflète pas de mouvements boursiers erratiques et de retenir la moyenne des cours d'une année, par exemple.

Les sociétés sont classées par niveau décroissant de résultat net courant et donc, au facteur d'actualisation près, par ordre identique de valeur de rendement.

Le tableau ci-dessous permet de déduire une appréciation par le marché des perspectives de croissance des trois sociétés étudiées en donnant une mesure de la VOPC d'après le résultat net courant estimé sur l'exercice 2002 et la capitalisation boursière actuelle.

Tableau A – Capitalisation Boursière et VOPC			
En M€	**CARREFOUR**	**PEUGEOT**	**ALTRAN**
Résultat net courant 2001 (T=33,33%) (1)	1 720,7	1 575,0	137,0
Résultat net courant 2002 (e) (2)	1 828,0	1 677,0	161,0
Croissance réelle attendue 2002/2001 (3) (2) - (1) / (1) = (3)	6,2%	6,5%	17,5%
Capitalisation au 27/08/02 (4)	32 649	12 432	4 586*
P/B 2002 (e) (4)/(2)	17,9	7,4	28,5
Valeur de rendement (2) / t = (5)	20 879	17 459	1 168
VOPC (4) - (5) = (6)	11 769	– 5 027	3 417
VOPC/Capitalisation (6) / (4)	36,0%	– 40,4%	74,5%
Rendement attendu par les actionnaires (t)	8,8%	9,6%	13,8%

* Capitalisation (CB) d'Altran retenue à fin juin 2002

Figure 58 – Capitalisation boursière et VOPC

Interprétation

La VOPC constatée est égale dans ce tableau à la *différence entre la capitalisation boursière et la valeur de rendement BEN/t*. Le *rapport VOPC sur capitalisation* est dans ce mode de calcul une *fonction élémentaire du multiple P/B*. En effet, la VOPC de la ligne (6) vaut CB – (BEN/t). Le rapport VOPC/CB vaut donc, avec les mêmes notations : 1 – 1 / (t x P/B). Il s'agit bien d'une fonction croissante du P/B, comme le montre d'ailleurs clairement le tableau.

Deux sociétés (Carrefour et Altran) affichent une VOPC positive, au contraire de PSA. La part significative pour ces deux premières sociétés de la VOPC, dans la capitalisation boursière, montre que le cours d'une action peut contenir des perspectives de croissance importantes.

PSA affiche une VOPC négative, malgré d'excellentes performances commerciales et de rentabilité, qui s'explique par la perception ancrée dans le marché que l'industrie automobile est cyclique, assortie de faibles perspectives de croissance et de rentabilité et que PSA en particulier est en haut de cycle.

Les valeurs de distribution bénéficient par contre de la réputation de sociétés produisant des flux financiers disponibles généreux en partie de par leur besoin de financement d'exploitation structurellement négatif. Carrefour dégage donc naturellement une VOPC importante.

Pour ce qui concerne Altran, la VOPC la plus importante en termes de pourcentage de la capitalisation boursière s'explique par une cotation visiblement élevée, à presque trente fois les résultats. Nous sommes dans la situation classique d'une société qui a connu pendant une période assez longue une croissance très forte et dont le marché extrapole à long terme des niveaux trop élevés de croissance. À l'exception de cas très rares, une société ne peut pas soutenir une croissance d'environ 30 % pendant trente ans. *Les arbres ne grimpent pas jusqu'au ciel.*

Afin de remédier à l'absence relative de signification de certains résultats du tableau de la figure 58, l'on peut être amené à raisonner sur la base de rentabilité normative.

Complément d'analyse normative

À titre d'exemple, PSA est sous-évaluée par le marché et son résultat d'exploitation actuel est supérieur à l'historique.

Pour obtenir un résultat normatif plus conforme aux réalités économiques de l'industrie automobile, il est nécessaire d'ajuster la rentabilité d'exploitation à une tendance longue de 4 %, correspondant à une marge d'exploitation de milieu de cycle.

Ainsi, pour un chiffre d'affaires en 2002 estimé à 52,098 MM€, le résultat normatif s'élève à 2,084 MM€. Avec un taux d'imposition normatif de 33 %, le résultat normatif net s'inscrit à 1,39 MM€.

À partir de ce résultat normatif net, il est possible de réévaluer PSA sur la base d'un multiple de 10 et de ramener sa valeur à un montant égal à 13,9 MM€, légèrement inférieur à celui de sa valeur de rendement de $(1,39)/(9,6 \%) = 14,5$ MM€.

Cette situation ferait apparaître une VOPC de 13,9 – 14,5 = – 600 M€. PSA ayant un profil de société à faible potentiel de VOPC, cette situation normée est plus proche de la réalité et confirme que PSA est actuellement sous-valorisée.

Rentabilité, croissance et distribution

La figure 59 – Tableau B a pour objet de bien faire ressortir les *caractéristiques économiques fondamentales* sous-tendant la valeur des opportunités de croissance constatées. Ces caractéristiques sont, pour l'essentiel : *la rentabilité financière, la croissance et le taux de rétention des bénéfices, dont on déduit le taux de distribution.*

À cette fin, on calcule le taux de croissance par deux approches différentes.

Après un rappel du total des capitaux propres, la ligne (8) indique le taux de rentabilité constaté, ce taux définissant, en principe, le taux de croissance maximal permis à l'entreprise dans le cadre d'une croissance équilibrée.

La ligne (9) rappelle le taux d'endettement de la société, la ligne (10) le montant de dividendes versés.

La ligne (11) sert à calculer le taux de distribution de la société, la ligne (12) étant son complémentaire, c'est-à-dire le montant dégagé qui sera réintégré dans l'entreprise pour financer les nouveaux projets.

La ligne (13) indique le taux de croissance calculé à partir des taux de rentabilité et de rétention du bénéfice constatés ci-dessus, en fixant les variables α et r et en utilisant la formule $g = \alpha \times r$.

À ce stade, il est important de bien définir la rentabilité financière r utilisée. L'approche par la rentabilité financière historique est ici calculée par le rapport du résultat net courant (le flux) au stock de capitaux propres et non à la capitalisation boursière.

La ligne (14) présente le taux de croissance implicite en fixant la valeur de l'entreprise (VAL), égale à sa capitalisation boursière et la rentabilité financière (r), égale à sa rentabilité financière 2002e. Plus précisément, ce taux est calculé à l'aide de la formule donnant la valeur d'une entreprise dans le modèle de croissance :

$VAL = (1 - g / r) \, BEN / (t - g)$; d'où l'on tire aisément :

$$g = t\frac{(VAL - BEN/t)}{(VAL - BEN/r)}$$

La ligne (14) est calculée en prenant :

BEN = résultat net courant 2002e

VAL = capitalisation boursière

r = rentabilité financière 2002e (ligne 8)

Enfin, la ligne (15) donne le taux de distribution théorique pour la croissance que l'on vient de calculer. Ce taux de distribution est calculé à l'aide de la formule $(1 - \alpha) = (1 - g / r)$.

Tableau B – Rentabilité, croissance et distribution			
En M€	**CARREFOUR**	**PEUGEOT**	**ALTRAN**
Capitaux propres 2001	8 192	10 282	380
Capitaux propres 2002 (e) (7)	9 586	11 644	520
Rentabilité financière (e) (8)	19,1%	14,4%	30,9%
Taux d'endettement (9)	105,89%	11,0%	57,3%
Dividendes 2002 (e) (10)	434,0	315,0	21,1
Taux de distribution, d (10) / (2) = (11)	23,7%	18,8%	13,1%

Taux de rétention, α 1 - (11) = (12)	76,3%	81,2%	86,9%
Taux de croissance g (12) * (8) = (13)	14,5%	11,7%	26,9%
Taux de croissance implicite (14)	4,5%	N.S	11,6%
d = (1 – α) correspondant (15)	76,6%	N.S.	62,6%

Figure 59 – Rentabilité, croissance et distribution

Interprétation

Le cas PSA dégage une VOPC négative ; donc le g_i dérivé de cette méthode n'a pas de signification.

Ce tableau illustre bien les difficultés que rencontre l'analyste financier dans le maniement des concepts tels que la rentabilité financière ou le taux de distribution des bénéfices. La tenue des comptes en conformité avec le principe comptable du coût historique aboutit en général à une forte sous-estimation de la valeur des actifs de la société donc de ses capitaux propres, et, par voie de conséquence, à une surestimation de sa rentabilité financière mesurée par le rapport bénéfice net sur capitaux propres. Le résultat obtenu pour Altran de 30,9 % en témoigne.

Le taux de distribution est également un concept difficile à interpréter. Actuellement, dans un contexte de ralentissement économique, que dire d'une société qui décide de maintenir le niveau de dividendes qu'elle distribue à ses actionnaires alors que ses perspectives sont difficiles ? En effet, dans un contexte de ralentissement des investissements, comme c'est le cas actuellement, l'argent qui n'est pas immobilisé dans ces dépenses d'investissement doit-il être distribué ou mis en réserve pour permettre à l'entreprise de s'assurer un matelas de sécurité ?

Que devient, dans ces conditions, l'approche du modèle de croissance équilibrée où cette dernière est définie par la formule :
$g = \alpha r$?

Les deux calculs de la croissance sont :

■ Une première approche (ligne 13) consistant à fixer les variables rentabilité financière r et α égales respectivement à celles projetées pour l'année 2002 (lignes 8 et 12) et à en déduire, par la formule simple $g = \alpha \times r$, le taux de croissance.

Dans ce cas, la valeur des fonds propres de l'entreprise n'a évidemment plus aucune raison d'être égale à la capitalisation boursière. On constate que les taux de croissance calculés par cette méthode ne sont pas réalistes, si on les projette sur une période de temps infinie, mais paraissent plus raisonnables à court ou moyen terme.

Les rentabilités financières sont surestimées, par conséquent les taux de croissance, puisque g =α x r. Les taux de distribution calculés apparaissent anormalement bas lorsque l'on sait que la moyenne du marché s'établit autour de 40 %.

Les taux de croissance sont par conséquent irréalistes (c'est le cas de nos trois exemples), c'est-à-dire qu'ils sont trop importants et *ne sont pas soutenables à perpétuité*. Ce ne sont pas des taux de croissance compatibles avec le taux de croissance moyen à perpétuité du modèle de Gordon-Shapiro.

■ Une deuxième approche (ligne 14) consiste à partir de la valeur des fonds propres de l'entreprise (VAL), avec la capitalisation boursière et, pour une rentabilité financière donnée, de déduire le taux de croissance implicite, g_i.

Il est fourni par la formule de Gordon-Shapiro :

$$VAL = \frac{(1 - g/r)BEN}{t - g},$$

ou encore :

$$g = t\frac{(VAL - BEN/t)}{(VAL - BEN/r)}$$

Les taux obtenus par cette méthode apparaissent beaucoup plus faibles que dans le modèle de croissance stable. Une des explications qu'il est possible d'avancer est que l'on ne tient pas compte des *taux de distribution* constatés, lesquels sont déviants parce que *trop faibles*.

On remarque cependant que, lorsque l'on simule la croissance stable à l'aide d'un taux de rétention de 60 % correspondant à un taux de distribution de 40 %, les taux de croissance se rapprochent des taux de croissance implicites obtenus par la formule de Gordon-Shapiro.

Ce tableau souligne les incohérences des taux de croissance implicites des résultats.

La croissance, calculée par l'équation g = αr, ressort à un niveau trop élevé pour deux raisons :

- le taux de rétention égal à 81 % est trop important, et la rentabilité financière égale à 14,4 % est trop élevée par rapport à
l'historique pour PSA ;
- un réajustement de ces deux variables dégagera un taux plus
faible et en phase avec la réalité.

Les résultats qui ressortent à ce stade peuvent paraître cohérents à
première vue au regard de l'histoire récente de ces sociétés mais
qui sont en réalité beaucoup trop élevés dans le cadre d'une
perpétuité.

Complément d'analyse normative

En retenant un taux de distribution normatif de 40 % pour les trois
sociétés, correspondant à la moyenne du marché, les taux de
croissance calculés par la formule de la croissance stable se
rapprochent du taux de croissance implicite.

Il est en effet peu probable qu'à travers le temps, des sociétés
telles que PSA Peugeot-Citroën et Carrefour conservent un taux de
distribution de 20 %. Dès lors, les résultats obtenus sont un taux
de 11,4 % pour Carrefour, de 8,6 % pour PSA et de 18,6 % pour
Altran. Ces résultats, obtenus à l'aide d'un taux de distribution
normatif, sont beaucoup plus proches de la réalité.

Cette situation nous conduit à utiliser des taux de rentabilité et des
taux de rétention normatifs. À cette fin, nous avons calculé une
rentabilité normative en retenant la moyenne des rentabilités des
cinq dernières années (cf. tableau de l'annexe 1). Les rentabilités
passées ont été recalculées avec un taux d'impôt sur les sociétés
de 33 %.

Valorisation normative

Le tableau de la figure 60 présente une construction de la valorisation des sociétés de l'échantillon qui repose sur un *modèle de
croissance à plusieurs phases différenciées* et sur des déterminants
économiques et financiers non seulement normés mais dont la
cohérence a été validée entre le modèle boursier et d'actualisation
des flux.

Ainsi, la normalisation d'un taux de rentabilité financière et d'un
taux de rétention nous permet de déduire le taux de croissance à
perpétuité selon le modèle classique. Ce dernier est ensuite
décomposé en trois phases de croissance différentes.

En utilisant la formule g = αr, il est possible de dresser *une matrice de sensibilité* du taux de croissance g en fonction de la rentabilité financière r et du taux de rétention des bénéfices α.

α \ r	8%	9%	10%
40%	g = 3%	4%	4%
50%	4%	5%	5%
60%	5%	5%	6%

Figure 60 – Matrice d'analyse de sensibilité du taux de croissance

Calcul de valeurs normatives

Pour chaque société, le découpage en phases de croissance multiples obéit à une logique d'évolution relativement simple :

- une première période, pendant laquelle la société « continue sur sa lancée » et présente une croissance semblable à celle des années précédentes ;
- une période intermédiaire, pendant laquelle cette tendance s'atténue ;
- une période résiduelle, pendant laquelle l'entreprise ne crée plus de valeur. Les flux qu'elle dégage couvrent la rémunération des capitaux et ne dégagent plus d'excédent. L'action s'apparente à une obligation perpétuelle de valeur VAL = BEN/t car l'ensemble des bénéfices est distribué aux actionnaires sous forme de dividendes.

Les tableaux suivants B1, B2 et B3 récapitulent les hypothèses de croissance et de marge d'exploitation et déterminent les flux disponibles de Carrefour, Peugeot et Altran selon ce type de modélisation.

La synthèse de ces travaux est présentée ci-dessous.

Carrefour

Les hypothèses retenues pour Carrefour présentent un taux de croissance et une marge d'exploitation de 4 % par an pendant vingt ans.

La valeur terminale est une valeur de rendement, car, à cet horizon, l'entreprise perd son avantage concurrentiel, et les projets dans lesquels elle peut investir lui rapportent exactement le coût du capital ; d'où VAL = BEN/t à partir de l'année 2022.

Le coût moyen pondéré du capital (CMPC) est nécessaire dans la détermination de la valeur d'entreprise.

Les données ci-dessous sont présentées en milliards d'euros ; la valeur des flux sur la période explicite ressort à 28 milliards d'euros.

Valeur des flux	28,0
Valeur terminale	11,8
Valeur d'entreprise	39,7
Dette Financière Nette	8,7
Valeur des fonds propres	31,1

Figure 61 – Tableau B1_Résultats obtenus par une valorisation
à l'aide du modèle PCM pour Carrefour

PSA Peugeot-Citroën

Bénéficiant d'une dynamique commerciale supérieure à ses principaux concurrents européens, PSA présente, selon les hypothèses retenues, un taux de croissance de 6 % pendant les cinq premières années de la modélisation, avant de rejoindre le sentier de croissance du secteur automobile (4 %) pendant les quinze années suivantes, et une marge d'exploitation de 4 % par an pendant vingt ans.

La valeur terminale est une valeur de rendement, car, à cet horizon, l'entreprise perd son avantage concurrentiel et les projets dans lesquels elle peut investir lui rapportent exactement le coût du capital. D'où, VAL = BEN/t à partir de l'année 2022.

Valeur des flux	13,2
Valeur terminale	6,1
Valeur de l'entreprise	19,3
Dette Financière Nette	1,1
Valeur des fonds propres	18,2

En milliards d'euros.

Figure 62 – Tableau B2_Résultats obtenus par une valorisation
à l'aide du modèle PCM pour Peugeot

Altran Technologies

Altran Technologies présente depuis plusieurs années des taux de croissance élevés. Mais ceci est essentiellement dû à la croissance externe. La croissance organique de l'entreprise sur les cinq premières années est retenue à 8 % avant de se stabiliser à 4 % sur les quinze années suivantes.

La valeur terminale est également une valeur de rendement, car, à cet horizon, l'entreprise perdra son avantage concurrentiel et les projets dans lesquels elle peut investir lui rapportent exactement le coût du capital.

Valeur des flux	1 692
Valeur terminale	253
Valeur de l'entreprise	1 945
Dette Financière Nette	218
Valeur des fonds propres	1 727

Les données ci-dessus sont présentées en millions d'euros.

Figure 63 – Tableau B3_Résultats obtenus par une valorisation à l'aide du modèle PCM pour Altran

Présentation de la figure 64 – Tableau C

Le Tableau C vise à recalculer les valorisations en montrant les dividende. La ligne (16) fait apparaître *la valeur des fonds propres* obtenue par le modèle à phase de croissance multiples (PCM). Pour calculer la valeur de la société, ligne (16), nous avons fait les deux hypothèses suivantes :

- la rentabilité financière est constante et égale à la rentabilité financière normative 2002e;

- le dividende versé durant une année (i) est dérivé du taux de rétention $\alpha = gi/r$ obtenu à partir du taux de croissance et de rentabilité retenus. Cette deuxième hypothèse est compatible avec la première. En effet, un calcul simple montre aisément que la méthode de versement du dividende induite par cette hypothèse est la seule à même d'assurer la constance de la rentabilité financière. Les taux de croissance retenus n'ont bien sûr qu'une valeur indicative. Ils sont inspirés de l'ensemble des analyses qui reflètent l'opinion des professionnels sur ces sociétés.

La ligne (17) recalcule la valeur de rendement. Celle-ci est inchangée par rapport à la ligne (3) pour Carrefour et Altran, mais est différente pour Peugeot, qui affiche un résultat net courant normatif évalué à 1,39 MM€.

La ligne (18) fait ressortir la valeur actuelle des opportunités de croissance par soustraction de la valeur de rendement (17) à la valeur des fonds propres de l'entreprise déterminée par la modélisation (16). La ligne (6') rapporte la VOPC à la capitalisation.

Les lignes (19) et (20) indiquent successivement les niveaux de rentabilité financière et de taux de rétention cohérents, dans le modèle de croissance stable, avec les taux de croissance paramétrés dans la modélisation.

Le calcul de la ligne (22) fournit le taux de croissance implicite, c'est-à-dire en affectant les valeurs suivantes aux deux variables VAL et r :

VAL = prix avec modèle croissance variable (ligne 22),

r = rentabilité financière 2002e (ligne 8).

On obtient alors g par la formule suivante :

VAL = $(1 - g / r)$ x BEN / $(t - g)$

d'où l'on tire aisément :

$$g_i = t \frac{(VAL - BEN/t)}{(VAL - BEN/r)}$$

Tableau C – Valorisation normative – PCM			
En M€	**CARREFOUR**	**PEUGEOT**	**ALTRAN**
Capitalisation au 27/08/02 (4)	32 649	12 432	4 586,3
Valorisation PCM (16)	31 072	18 187	1 727
Valeur de rendement (3) / t = (17)	20 879	14 472	1 168
VOPC (16) - (17) = (18)	10 192	3 715	559
VOPC/Capitalisation (18) / (4) = (6')	31%	30%	12%

Rentabilité financière (19)	10%	9%	12%
Taux de distribution (20)	40%	50%	50%
Taux de croissance implicite par Gordon-Shapiro (21)	6,4%	5,8%	9,1%
g implicite par la VOPC (22)	4,3%	1,8%	5,7%

En M€

Figure 64 – Tableau C_Valorisation normative

Interprétation

Les valeurs des sociétés analysées sont recalculées de manière normative à l'aide du modèle de valorisation à phases de croissance multiples et comparées aux capitalisations relevées dans le premier tableau.

Les résultats redeviennent cohérents pour PSA et pour les deux autres valeurs. On remarquera, comme on l'a démontré précédemment, que lorsque les rentabilités financières sont inférieures au taux de rendement attendu, les VOPC sont négatives.

Ces calculs sont basés sur des taux de rentabilité et de distribution normatifs et sur des taux de croissance reflétant les perspectives économiques à très long terme et légèrement différenciés afin de prendre en compte des profils d'avantages compétitifs et de rentabilité qui peuvent être assez différents pendant les premières années de la période analysée. Cet ensemble de données apparaît maintenant *cohérent tant vis-à-vis du modèle boursier d'actualisation des dividendes versés à perpétuité que de celui de l'actualisation des flux disponibles et de la VOPC.*

Les brefs commentaires apportés à l'ébauche du modèle de pilotage de la valeur actionnariale (PVA) que nous proposons peuvent laisser le lecteur non totalement satisfait pour deux raisons :

■ La démarche, afin de rester didactique, s'est faite simplificatrice. La proposition de ce cadre d'analyse n'a d'autre objectif que de montrer le type d'outil que l'on peut développer à partir des concepts de valorisation longuement discutés ci-dessus. Seuls les praticiens de la gestion d'entreprise, en travaillant progressivement sur ce type de modèle, en feront des outils de référence, au fur et à mesure qu'ils intégreront le patrimoine commun de pratique.

■ Par souci de pragmatisme, nous avons opté pour une simulation de ce modèle de pilotage de valeur à partir d'exemples réels de sociétés cotées dont les caractéristiques ont été reprises. Or étant donné la situation économique du moment, les résultats ont le plus souvent diminué, ce qui rend l'explication du modèle moins aisé. Partant du principe que les entreprises ont vocation à générer résultats et croissance, nous pensons que cette proposition d'outil s'avérera, dans une conjoncture redevenue normale, plus séduisante. Mais les difficultés de mise en œuvre actuelles le rendent encore plus didactique.

4. Éléments financiers et valorisation

Tableau A – Fiche de renseignements financiers sur les valeurs étudiées au travers du modèle PVA

CARREFOUR		1999	2000	2001	2002(e)	
Chiffre d'Affaires		51 948	64 802	69 486	69 617	
Résultat d'Exploitation		1 979	2 725	2 826	3 047	
REX/CA		3,81%	4,21%	4,07%	4,38%	4,11%
Résultat net courant		1 263	1 490	1 721	1 828	
Rés net courant/CA		2,43%	2,30%	2,48%	2,63%	2,46%
Capitaux propres		7 535	8 932	8 192	9 586	

	Rentabilité de l'exercice	16,76%	16,68%	21,01%	19,07%	18,38%
	Rentabilité financière normée	(1)	27,6%	(2)	7,7%	
PEUGEOT		**1999**	**2000**	**2001**	**2002(e)**	
	Chiffre d'Affaires	36 740	42 978	50 288	52 098	
	Résultat d'Exploitation	1 432	1 857	2 404	2 761	
	REX/CA	3,90%	4,32%	4,78%	5,30%	4,57%
	Résultat net courant	728	1 374	1 575	1 677	
	Rés net courant/CA	1,98%	3,20%	3,13%	3,22%	2,88%
	Capitaux propres	8 332	9 361	10 282	11 644	
	Rentabilité de l'exercice	8,74%	14,68%	15,32%	14,40%	13,28%
	Rentabilité financière normée	(1)	28,7%	(2)	7,5%	

ALTRAN		1999	2000	2001	2002(e)	
	Chiffre d'Affaires	615	900	1 279	1 630	
	Résultat d'Exploitation	113	165	234	280	
	REX/CA	*18,40%*	*18,28%*	*18,27%*	*17,18%*	*18,03%*
	Résultat net courant (3)	64	92	137	161	
	Rés net courant/CA	*10,44%*	*10,26%*	*10,72%*	*9,88%*	*10,32%*
	Capitaux propres	189	263	380	520	
	Rentabilité de l'exercice	*33,91%*	*35,19%*	*36,02%*	*30,94%*	*34,02%*
	(3) Après participation des salariés					
	Rentabilité financière normée	*(1)*	*29,2%*	*(2)*	*17,1%*	

(1) (Résultat net courant 2002- Résultat net courant 1999)/(Capitaux propres 2002 - Capitaux propres 1999)

(2) (Résultat net courant 2002- Résultat net courant 2001)/(Capitaux propres 2002 - Capitaux propres 2001)

Figure 65

Tableau B

Fiche de calcul B1 – Valorisation de Carrefour à l'aide du modèle à phases de croissance multiples (PCM)

Chiffres en MM€	2002	2003	2004	2005	2006	2007	2008	2009	2010	2011	2012	2013	2014	2015	2016	2017	2018	2019	2020	2021	2022
Taux de croissance du CA		4%	4%	4%	4%	4%	4%	4%	4%	4%	4%	4%	4%	4%	4%	4%	4%	4%	4%	4%	4%
Chiffres d'affaires	69,62	72,40	75,30	78,31	81,44	84,70	88,09	91,61	95,28	99,09	103,05	107,17	111,46	115,92	120,55	125,38	130,39	135,61	141,03	146,67	152,54
Marge d'exploitation	4%	4%	4%	4%	4%	4%	4%	4%	4%	4%	4%	4%	4%	4%	4%	4%	4%	4%	4%	4%	4%
Résultat d'exploitation	2,78	2,90	3,01	3,13	3,26	3,39	3,52	3,66	3,81	3,96	4,12	4,29	4,46	4,64	4,82	5,02	5,22	5,42	5,64	5,87	6,10
Impôt normatif	0,93	0,97	1,00	1,04	1,09	1,13	1,17	1,22	1,27	1,32	1,37	1,43	1,49	1,55	1,61	1,67	1,74	1,81	1,88	1,96	2,03
Amortissements	3,00	3,12	3,24	3,37	3,51	3,65	3,80	3,95	4,11	4,27	4,44	4,62	4,80	5,00	5,20	5,40	5,62	5,84	6,08	6,32	6,57
MBA	4,86	5,05	5,25	5,46	5,68	5,91	6,15	6,39	6,65	6,91	7,19	7,48	7,78	8,09	8,41	8,75	9,10	9,46	9,84	10,23	10,64
Investissements	3,00	3,12	3,24	3,37	3,51	3,65	3,80	3,95	4,11	4,27	4,44	4,62	4,80	5,00	5,20	5,40	5,62	5,84	6,08	6,32	6,57
Variation de BFR	0,00	0,00	0,00	0,00	0,00	0,00	0,00	0,00	0,00	0,00	0,00	0,00	0,00	0,00	0,00	0,00	0,00	0,00	0,00	0,00	0,00
MBA disponible	1,86	1,93	2,01	2,09	2,17	2,26	2,35	2,44	2,54	2,64	2,75	2,86	2,97	3,09	3,21	3,34	3,48	3,62	3,76	3,91	4,07
Facteur d'actualisation	1,000	0,928	0,861	0,799	0,742	0,688	0,639	0,593	0,550	0,510	0,474	0,440	0,408	0,379	0,351	0,326	0,303	0,281	0,261	0,242	0,224
Flux actualisés	1,86	1,79	1,73	1,67	1,61	1,55	1,50	1,45	1,40	1,35	1,30	1,26	1,21	1,17	1,13	1,09	1,05	1,02	0,98	0,95	0,91
Flux actualisés cumulés	1,86	3,65	5,38	7,05	8,66	10,21	11,71	13,16	14,56	15,91	17,21	18,47	19,68	20,85	21,98	23,07	24,12	25,14	26,12	27,06	27,98

Fiche de calcul B2 – Valorisation de PSA Peugeot-Citroën à l'aide du modèle à phases de croissance multiples (PCM)

Chiffres en MM€	2002	2003	2004	2005	2006	2007	2008	2009	2010	2011	2012	2013	2014	2015	2016	2017	2018	2019	2020	2021	2022
Taux de croissance du CA		5%	5%	5%	5%	5%	4%	4%	4%	4%	4%	4%	4%	4%	4%	4%	4%	4%	4%	4%	4%
Chiffres d'affaires	52	55	57	60	63	66	69	72	75	78	81	84	87	91	95	98	102	106	111	115	120
Marge d'exploitation	4%	4%	4%	4%	4%	4%	4%	4%	4%	4%	4%	4%	4%	4%	4%	4%	4%	4%	4%	4%	4%
Resultat d'exploitation	2,08	2,19	2,30	2,41	2,53	2,66	2,77	2,88	2,99	3,11	3,24	3,37	3,50	3,64	3,79	3,94	4,09	4,26	4,43	4,61	4,79
Impôt normatif	0,69	0,73	0,77	0,80	0,84	0,89	0,92	0,96	1,00	1,04	1,08	1,12	1,17	1,21	1,26	1,31	1,36	1,42	1,48	1,54	1,60
Résultat d'exploitation net	1,39	1,46	1,53	1,61	1,69	1,77	1,84	1,92	1,99	2,07	2,16	2,24	2,33	2,43	2,52	2,62	2,73	2,84	2,95	3,07	3,19
Amortissements	2,20	2,31	2,43	2,55	2,67	2,81	2,92	3,04	3,16	3,28	3,42	3,55	3,69	3,84	4,00	4,16	4,32	4,50	4,68	4,86	5,06
MBA	3,59	3,77	3,96	4,16	4,36	4,58	4,76	4,95	5,15	5,36	5,57	5,80	6,03	6,27	6,52	6,78	7,05	7,33	7,63	7,93	8,25
Investissements	2,20	2,31	2,43	2,55	2,67	2,81	2,92	3,04	3,16	3,28	3,42	3,55	3,69	3,84	4,00	4,16	4,32	4,50	4,68	4,86	5,06
Variation de BFR	0,00	0,58	0,61	0,64	0,67	0,70	0,59	0,61	0,64	0,66	0,69	0,72	0,75	0,78	0,81	0,84	0,87	0,91	0,95	0,98	1,02
MBA disponible	1,39	0,88	0,92	0,97	1,02	1,07	1,25	1,30	1,36	1,41	1,47	1,52	1,59	1,65	1,72	1,78	1,85	1,93	2,01	2,09	2,17
Facteur d'actualisation	1,000	0,916	0,840	0,769	0,705	0,646	0,592	0,542	0,497	0,455	0,417	0,382	0,350	0,321	0,294	0,269	0,247	0,226	0,207	0,190	0,174
Flux actualisés	1,39	0,81	0,78	0,75	0,72	0,69	0,74	0,71	0,67	0,64	0,61	0,58	0,56	0,53	0,50	0,48	0,46	0,44	0,42	0,40	0,38
Flux actualisés cumulés	1,39	2,20	2,97·	3,72	4,44	5,13	5,87	6,58	7,25	7,89	8,50	9,08	9,64	10,17	10,67	11,15	11,61	12,05	12,46	12,86	13,24

Fiche de calcul B3 – Valorisation d'Altran Technologies à l'aide du modèle à phases de croissance multiples (PCM)

Chiffres en M€	2002	2003	2004	2005	2006	2007	2008	2009	2010	2011	2012	2013	2014	2015	2016	2017	2018	2019	2020	2021	2022
Taux de croissance du CA		8%	8%	8%	8%	8%	4%	4%	4%	4%	4%	4%	4%	4%	4%	4%	4%	4%	4%	4%	4%
Chiffres d'affaires	1630	1760	1901	2053	2218	2395	2491	2590	2694	2802	2914	3030	3152	3278	3409	3545	3687	3834	3988	4147	4313
Marge d'exploitation	15%	15%	15%	15%	15%	15%	15%	15%	15%	15%	15%	15%	15%	15%	15%	15%	15%	15%	15%	15%	15%
Resultat d'exploitation	244,50	264,06	285,18	308,00	332,64	359,25	373,62	388,57	404,11	420,27	437,08	454,57	472,75	491,66	511,33	531,78	553,05	575,17	598,18	622,11	646,99
Impôt normatif	81,49	88,01	95,05	102,66	110,87	119,74	124,53	129,51	134,69	140,08	145,68	151,51	157,57	163,87	170,42	177,24	184,33	191,70	199,37	207,35	215,64
Resultat d'exploitation net	163,01	176,05	190,13	205,34	221,77	239,51	249,09	259,06	269,42	280,20	291,40	303,06	315,18	327,79	340,90	354,54	368,72	383,47	398,81	414,76	431,35
Amortissements	16,02	17,30	18,69	20,18	21,80	23,54	24,48	25,46	26,48	27,54	28,64	29,78	30,98	32,21	33,50	34,84	36,24	37,69	39,19	40,76	42,39
MBA	179,03	193,35	208,82	225,52	243,57	263,05	273,57	284,52	295,90	307,73	320,04	332,84	346,16	360,00	374,40	389,38	404,96	421,15	438,00	455,52	473,74
Investissements	16,02	17,30	18,69	20,18	21,80	23,54	24,48	25,46	26,48	27,54	28,64	29,78	30,98	32,21	33,50	34,84	36,24	37,69	39,19	40,76	42,39
Variation de BFR	0,00	28,97	31,29	33,80	36,50	39,42	21,29	22,14	23,02	23,94	24,90	25,90	26,93	28,01	29,13	30,30	31,51	32,77	34,08	35,44	36,86
MBA disponible	163,01	147,07	158,84	171,55	185,27	200,09	227,81	236,92	246,40	256,25	266,50	277,16	288,25	299,78	311,77	324,24	337,21	350,70	364,72	379,31	394,49
Facteur d'actualisation	1,000	0,882	0,778	0,686	0,605	0,533	0,470	0,415	0,366	0,323	0,284	0,251	0,221	0,195	0,172	0,152	0,134	0,118	0,104	0,092	0,081
Flux actualisés	163,01	129,70	123,52	117,64	112,04	106,71	107,14	98,26	90,12	82,65	75,80	69,52	63,76	58,47	53,63	49,18	45,11	41,37	37,94	34,80	31,91
Flux actualisés cumulés	163,01	292,71	416,23	533,87	645,92	752,63	859,77	958,03	1048,14	1130,79	1206,59	1276,10	1339,86	1398,33	1451,96	1501,14	1546,24	1587,61	1625,55	1660,35	1692,26

Principales abréviations

A	actif total
AM	amortissements
ANC	actif net corrigé
BEN	bénéfice net
BFR	besoin en fonds de roulement
Δ BFR	variation du besoin en fonds de roulement
C	capitaux propres
D	endettement total
D/C	ratio d'endettement
DIV	dividendes
e	rentabilité économique
FF	Flux financier disponible (« free cash flow »)
g	croissance future moyenne des résultats
i	coût de la dette
INV	investissements
K = C + D	capitaux utilisés
r	rentabilité financière
RBE	résultat brut d'exploitation, équivalent à EBE, excédent brut d'exploitation

RE	résultat d'exploitation
t	taux de rendement attendu par les actionnaires
VAL	valeur actualisée nette du capital
x	taux d'impôt sur les sociétés
α	taux de rétention des bénéfices
σ	$1 - \alpha$ = taux de distribution des bénéfices

Exemple de base KTYP

Principales données financières

AM, amortissements = 100

BEN, bénéfice net = 84

BFR, besoin en fonds de roulement = 200

C, capitaux propres = 500

D, endettement total = 300

DIV, dividendes = 84 × 35,7 % = 54

e, rentabilité économique $\dfrac{150}{800}$ = 18,75 %

g, taux de croissance moyen = 6 %

i, coût de la dette = 8%

K, capitaux utilisés = C + D = 800

r, rentabilité financière = $\dfrac{84}{500}$ = 16,8 %

RBE, résultat brut d'exploitation = 250

RE, résultat d'exploitation = 150

VAL, valeur actualisée nette du capital $\dfrac{DIV}{t - g}$ = $\dfrac{54}{12\% - 6\%}$ = 900

x, taux d'impôt sur les sociétés = 33,33 %

α, taux de rétention des bénéfices = $\dfrac{g}{r}$ = $\dfrac{6}{18,6}$ = 35,7 %

σ, taux de distribution = $1 - \alpha$ = 64,3 %

Bilan et compte de résultat résumés KTYP

Bilan résumé (en M€)

Immobilisations brutes	950	Capitaux propres	500
Immobilisations nettes	600	Dettes financières	300
Stocks	220	Fournisseurs	150
Clients	130		
Total actif	950	Total passif	950

Compte de résultat résumé (en M€)

Produits d'exploitation	900
Consommations externes	380
Valeur ajoutée	520
Charges d'exploitation	270
Résultat brut d'exploitation	250
Dotations aux amortissements	100
Résultat d'exploitation	150
Charges financières nettes	24
Résultat courant avant IS	126
Impôt sur les sociétés	42
Résultat net	84

BIBLIOGRAPHIE

Sélection d'ouvrages

BENNINGA S. et SARIG O., *A valuation approach*, McGrawHill, 1997

BREALEY R. et MYERS S., *Principles of Corporate Finance*, 6e éd., McGrawHill, 1988

COPELANDT., KOLLER T. et MURRIN J., Mc Kinsey & Company, *Valuation measuring and managing the value of companies*, 3e éd., John Wiley & Sons Inc., 2000

DAROLLES Y. et PIERRE F., *L'évaluation des entreprises*, Publi Union, 1987

RAPPAPORT A., *Creating Shareholders value*, 2e éd., The Free Press, New York, 1998

VAN HORNE J., *Financial Management and Policy*, 8e éd., Prentice Hall, New Jersey, 1989

QUIRY P. et LEFUR Y., VERNIMMEN, *Finance d'entreprise*, 5e éd. Dalloz, 2002

BERTONECHE M. et KNIGHT R., *Financial Performance*, Butterworth Heinemann, 2001

BATSCH L., *Stratégie et Finance*, Economica, 1999

HULL J. C., *Options, Futures and other derivatives*, 4e éd., Prentice Hall, 2000

BLACK F., SCHOLES M., *The pricing of options and corporate liabilities*, article du Journal of Political Economy, 1973

MERTON R., Theory of rational option pricing, article du Bell Journal of Economics and Management Services, 1973

DAMODARAN A., *The dark side of valuation*, Prentice Hall, 2001

STEWART B. et STERN J., The Quest for value, Harpers, 1991

Index